中华优秀传统文化的多维探索

姜云霞 著

中国纺织出版社有限公司

内 容 提 要

本书旨在通过多维度的视角，深入剖析中华优秀传统文化的内涵与精髓，探讨其在当代社会的价值与意义，以及如何在新的时代背景下实现传承与创新。全书共分五章内容，从理论阐释到实践应用，从学校教育到社会治理，从家庭教育到乡村振兴，全方位、多角度地展现了中华优秀传统文化在现代社会中的生命力与影响力。希望能够为广大读者提供一个深入了解和学习中华优秀传统文化的平台，激发更多人对传统文化的兴趣与热爱，促进其在当代社会的传承与发展。

图书在版编目（CIP）数据

中华优秀传统文化的多维探索/姜云霞著. -- 北京：中国纺织出版社有限公司，2025.7. -- ISBN 978-7-5229-2756-5

Ⅰ．K203

中国国家版本馆 CIP 数据核字第 202584108A 号

责任编辑：郭　婷　周　航　责任校对：王蕙莹　责任印制：储志伟

中国纺织出版社有限公司出版发行
地址：北京市朝阳区百子湾东里 A407 号楼　邮政编码：100124
销售电话：010—67004422　传真：010—87155801
http://www.c-textilep.com
中国纺织出版社天猫旗舰店
官方微博 http://weibo.com/2119887771
河北延风印务有限公司印刷　各地新华书店经销
2025 年 7 月第 1 版第 1 次印刷
开本：710×1000　1/16　印张：13.5
字数：262 千字　定价：99.90 元

凡购本书，如有缺页、倒页、脱页，由本社图书营销中心调换

前　言

在人类文明浩瀚无垠的星河中，中华优秀传统文化犹如一颗璀璨夺目的明珠，穿越时空的长廊，历经数千年风雨的洗礼与磨砺，依旧熠熠生辉，照亮着中华民族前行的道路。它不仅是中华民族悠久历史的深厚积淀，承载着民族的记忆、情感与智慧，更是当今世界多元文化交响乐章中不可或缺的华丽音符，以其独特的魅力吸引着世界的目光，为全球文化多样性的发展贡献着中国智慧与中国方案。

随着全球化的浪潮席卷全球，各国文化在交流与碰撞中相互融合、共同发展。中华优秀传统文化的传承与发展问题，在此背景下更显其重要性与紧迫性。它不仅关乎中华民族文化根脉的延续，也是提升国家文化软实力、增强国际影响力的重要途径。我国综合国力的稳步提升，为中华优秀传统文化的传播与弘扬提供了更为广阔的舞台和更加坚实的支撑。

正是基于这样的时代背景与社会需求，《中华优秀传统文化的多维探索》一书应运而生。本书旨在通过多维度的视角，深入剖析中华优秀传统文化的内涵与精髓，探讨其在当代社会的价值与意义，以及如何在新的时代背景下实现传承与创新。全书精心设计了五章内容，从理论阐释到实践应用，从学校教育到社会治理，从家庭教育到乡村振兴，全方位、多角度地展现了中华优秀传统文化在现代社会中的生命力与影响力。

在撰写过程中，笔者秉持着严谨求实的科学态度，力求实现理论与实践的有机结合，既深入挖掘中华优秀传统文化的精神内核，又紧密结合当代社会的实际需求，提出了一系列富有前瞻性和可操作性的建议与策略。同时，本书还广泛吸纳了国内外相关领域的最新研究成果，力求使本书的内容更加丰富多彩、全面深入，为读者呈现一个立体、鲜活的中华优秀传统文化图景。

相信通过本书的出版，能够为广大读者提供一个深入了解和学习中华优秀传统文化的平台，激发更多人对传统文化的兴趣与热爱，促进其在当代社会的传承与发展。同时，也期待本书能够成为推动中华优秀传统文化传承与创新的重要力量，为构建人类命运共同体贡献中国智慧与中国力量。

姜云霞
2025 年 1 月

目　录

第一章　中华优秀传统文化的内涵与特征 ………………………… 1
第一节　中华优秀传统文化的历史渊源 ……………………………… 1
第二节　中华优秀传统文化的核心内容 ……………………………… 13
第三节　中华优秀传统文化的当代价值 ……………………………… 15

第二章　中华优秀传统文化与学校教育 …………………………… 20
第一节　文化与教育融合 ……………………………………………… 20
第二节　教育理念与中华优秀传统文化 ……………………………… 26
第三节　课程内容与中华优秀传统文化 ……………………………… 36
第四节　教学方法与手段 ……………………………………………… 43
第五节　师资培养与提升 ……………………………………………… 51
第六节　校园文化与活动 ……………………………………………… 66

第三章　中华优秀传统文化与社会治理 …………………………… 76
第一节　中华优秀传统文化中的社会治理思想 ……………………… 77
第二节　中华优秀传统文化在社会治理中的应用 …………………… 87
第三节　中华优秀传统文化与社会治理的融合实践 ………………… 96
第四节　中华优秀传统文化在社会治理中面临的困境与解决策略 … 102
第五节　中华优秀传统文化在社会治理中的发展趋势 ……………… 111

第四章　中华优秀传统文化与家庭教育 …………………………… 115
第一节　文化与教育价值 ……………………………………………… 115
第二节　传统思想在家庭教育中的应用 ……………………………… 121
第三节　礼仪文化与家庭建设 ………………………………………… 125

第四节　孝道文化与家庭教育 …………………………………… 130
　　第五节　德育传承与家风塑造 …………………………………… 137
　　第六节　艺术教育与审美培养 …………………………………… 146
　　第七节　经典阅读与智慧启迪 …………………………………… 154

第五章　中华优秀传统文化与乡村振兴 ………………………… 162
　　第一节　概述 ……………………………………………………… 162
　　第二节　文化基础 ………………………………………………… 164
　　第三节　乡村振兴概述 …………………………………………… 169
　　第四节　乡村文化振兴策略 ……………………………………… 179
　　第五节　实践案例 ………………………………………………… 195
　　第六节　政策与建议 ……………………………………………… 198

后　记 ………………………………………………………………… 207

第一章　中华优秀传统文化的内涵与特征

第一节　中华优秀传统文化的历史渊源

一、中华优秀传统文化起源概述

中华优秀传统文化起源于远古时代。中国的传统文化以儒家文化为主体，历史悠久，博大精深，涵盖了政治、经济、哲学、文学、艺术、医学、教育、科技等诸多领域，其内容丰富多样，具有深刻的思想内涵和独特的审美价值。

（一）时间与背景

中国传统文化起源于远古文化时期的神农氏时代之前，这是一个相当久远的时期。依据中国历史大系表顺序，经历了有巢氏、燧人氏、伏羲氏、神农氏、轩辕氏、尧、舜、禹等时代。❶《先秦史》中明确指出："吾国开化之迹，可征者始于巢、燧、羲、农。"

（二）发源地

中华文明起源为"多元一体"格局，但主流发源地是在中原地区，具体包括河南大部、苏皖北部、山东西部、河北南部、山西南部等在内的黄河中下游地区。这一地区被视为华夏文明和中华文明的发祥地，也被视为华夏民族的摇篮。

（三）文化元素与特点

传统文化发展至今，形成了具有丰富多彩文化元素的灿烂文化。❷ 这些文化元素包括各种思想、哲学、艺术、科技、习俗等。传统文化的特点鲜明，如民族特色鲜明，与世界其他国家的民族文化截然不同。显著特点在于儒、佛、道三家思想的平衡与融合，共同构成了民族文化的基石。传统文化内涵博大精深，其广

---

❶ 杨艳慧. 基于 SPOC 的大学生中国文化英文翻译能力培养研究 [J]. 吉林工程技术师范学院学报，2023，39 (3): 61-64.

❷ 林颖. 文化自信视域下国潮风在设计中的应用研究 [J]. 佛山陶瓷，2022，32 (8): 144-146.

度体现在丰富多彩的内容上，深度则表现在深邃的思想和理论中。

（四）文化意义与影响

中华优秀传统文化是中华民族在五千多年历史发展中积累下来的宝贵财富，有民为邦本、革故鼎新、任人唯贤等理念，有精忠报国、舍生取义等精神。这些理念和精神深刻影响着中华民族的性格、特征、思维方式，构筑起中华民族共有的精神家园。传统文化是中国人的安身立命之所，是中国特色社会主义文化的坚实基础，更是中华民族在激荡的时代背景下屹立世界的文化之基。

综上所述，中华优秀传统文化起源于远古时期，经过漫长的历史发展，形成了独具特色且内涵丰富的文化体系，对中华民族产生了深远的影响。[1] 古人通过对自然现象的观察、对社会生活的反思，以及对宇宙、生命等问题的探索，形成了独特的宇宙观、人生观和价值观。宇宙观上，人们相信宇宙是和谐统一的；人生观上，人们主张中庸之道；价值观上，人们强调道德伦理和家庭观念。

二、中华优秀传统文化发展阶段

中华优秀传统文化起源于远古时代，形成于先秦时期，发展于秦汉时期，融合于魏晋南北朝时期，丰富于唐宋时期，成熟于明清时期，其内容涵盖了政治、经济、哲学、文学、艺术、医学、教育、科技等诸多领域，是中华民族的精神财富和文化遗产。[2]

（一）先秦时期

先秦时期是中华优秀传统文化的形成期，这是中华文化发展的奠基阶段。先秦文化是中华文化的源头，是中华民族的根。中华优秀传统文化是中华民族的精神命脉，是涵养社会主义核心价值观的重要源泉，也是我们在世界文化激荡中站稳脚跟的坚实基础。[3]

先秦时期，即公元前 221 年（秦始皇统一六国）之前的历史时期，包括夏、商、西周、春秋、战国五个朝代。在先秦时期，中华文化逐渐形成，包括哲学、道德、法律、政治、经济、文学、艺术等方面的丰富思想和文化遗产。

在先秦时期，诸子百家的思想争鸣，形成了儒家、道家、法家、墨家等诸多学派，他们的思想成果构成了中国传统文化的核心内容。儒家文化强调仁爱、礼义、忠诚、孝顺等价值观，其代表人物有孔子、孟子等；道家文化主张自然、无

---

[1] 刘同仪，王祖荣. 中华优秀传统文化与党建相融合的探索与实践——以上海立信会计金融学院机关党委为例 [J]. 江西电力职业技术学院学报，2024, 37 (3): 115-117.
[2] 谢芳芳. 中华优秀传统文化有效融入中职德育路径探讨 [J]. 嘉应文学，2023(22): 170-172.
[3] 杜学文. 把握新时代文艺价值的理论维度——学习习近平文艺思想的体会 [J]. 中国文艺评论，2018(5): 4-16.

为、道法自然,其代表人物有老子、庄子等;法家文化强调法治、权谋、国家至上,其代表人物有韩非子、李斯等;墨家文化主张兼爱、非攻、节用等,其代表人物有墨子、禽滑厘等。

先秦时期的文学艺术也取得了重要的成就,如《诗经》《楚辞》等,以及音乐、舞蹈等艺术形式。先秦时期的政治制度也为后世奠定了基础,如封建制度、分封制等。先秦时期的经济制度主要为小农经济,这是中国封建社会的基础。

总的来说,先秦时期是中华优秀传统文化的形成期,对后世产生了深远的影响。

(二)秦汉时期

秦汉时期是中华优秀传统文化的发展阶段,这一时期的文化发展为后来的文化传承奠定了基础。

(1)统一的国家意识。秦始皇建立起中国历史上第一个统一的中央集权制的国家,这一时期的文化体现了强烈的国家意识。如《礼记》中的"天下为公,选贤与能"等思想,体现了对国家统一和稳定的追求。

(2)儒家文化的发展。秦汉时期,儒家文化得到了进一步的发展。董仲舒提出了"春秋大一统"的思想,使儒家文化成为当时的主导文化。《大学》《中庸》等儒家经典也在此时形成。

(3)道家文化的发展。秦汉时期,道家文化也得到了发展。《淮南子》就是在这一时期写成的。道家思想主张自然、无为,对后来的中国文化产生了深远影响。

(4)文学艺术的发展。秦汉时期,文学艺术也有了很大的发展。汉赋、乐府诗、散文、楚辞等都在秦汉时期形成并得到了完善。

(5)科技的发展。秦汉时期,科技也有了很大的发展。如《九章算术》《周髀算经》《太初历》《氾胜之书》等,这些书籍对后世产生了深远影响。

总的来说,秦汉时期是中华优秀传统文化的融合阶段,这一时期的文化发展为后来的文化传承奠定了基础。

(三)魏晋南北朝时期

魏晋南北朝时期是中华优秀传统文化的融合阶段,这一时期的文化氛围充满了活力和创新。

(1)儒家文化。儒家文化在魏晋南北朝时期仍然占据主导地位,其核心思想是仁爱、礼义、道德、忠诚等。儒家文化对社会秩序的维护和个人道德修养的重视为这一时期的社会稳定和文化繁荣做出了贡献。

(2)道家文化。道家文化在魏晋南北朝时期也有了一定的发展。道家思想主张自然、无为、道法自然等，这种思想在这一时期的文学、艺术等领域有了体现，如骈文、山水画等。

（3）佛教文化。佛教在魏晋南北朝时期传入中国，对中国文化产生了深远影响。佛教的核心思想是因果报应、轮回转世等，这些思想在这一时期的文学、艺术、哲学等领域都有所体现。

（4）文学艺术。魏晋南北朝时期的文学艺术非常繁荣，出现了许多杰出的文学家和艺术家。如曹植、陶渊明、王羲之等，他们的作品对后世产生了深远影响。

（5）科技进步。这一时期的科技也有了一定的发展，如农业、医学、数学等领域都取得了一些成就。

总的来说，魏晋南北朝时期是中华优秀传统文化的融合阶段，这一时期的文化繁荣和创新为后世奠定了基础。

（四）唐宋时期

中华优秀传统文化在唐宋时期的发展，展现出了空前的繁荣与创新。

1. 文学艺术方面

（1）诗歌。唐朝是中国古代诗歌发展的高峰，唐诗以其雄浑豪放、意境深远而著称，涌现出了李白、杜甫、白居易等一大批杰出的诗人。他们的诗歌不仅具有极高的艺术价值，还深刻反映了当时社会的风貌和人民的生活状态。❶宋朝时期，诗歌创作也取得了新的高峰，宋词以其婉约细腻、清新脱俗而闻名，苏轼、辛弃疾等词人的作品成为中国文学史上的经典。

（2）绘画与书法。唐宋时期的绘画艺术也达到了鼎盛，出现了许多杰出的画家和书法家。例如，唐朝的吴道子、韩干等画家以精湛的技艺和独特的风格，开创了中国绘画的新纪元。宋代的绘画则更加注重表现意境和情感，形成了"文人画"的风格。同时，颜真卿、黄庭坚等书法家的作品也代表了当时书法的最高成就。

2. 科技成就方面

唐宋时期，中国的科技也取得了举世瞩目的成就。例如，唐朝的数学家、天文学家李淳风是世界上第一个给风定级的人，他参与了《戊寅元历》的修订，还参与编撰了《推背图》等著作。宋朝的科学家沈括在天文、地理、数学、物理等领域都有杰出的贡献，他的《梦溪笔谈》被誉为中国古代科技百科全书。此外，唐宋时期还发明了活字印刷术、火药等重要的科技成果，这些发明不仅推动了中国科技的进步，还对世界科技发展产生了深远的影响。

---

❶ 马宇灏. 城市文脉视角下的城市新区公园景观设计研究 [D]. 西安：西安建筑科技大学，2023.

3. 哲学思想方面

唐宋时期，儒家、道家、佛家等哲学思想相互交融，形成了独特的中国哲学体系。儒学在这一时期得到了进一步的完善和发展，出现了程朱理学等新的学派。这些学派注重道德伦理的探讨和实践，对后世产生了深远的影响。同时，佛教和道教也得到了广泛的传播和发展，形成了多种流派和教义。这些哲学思想的交流和融合，不但促进了中国文化的传承和创新，而且对世界文化的发展产生了重要的影响。

4. 文化交流的扩大

唐宋时期，中国的文化交流也日益扩大。唐朝时期，中国的通商使者访问了东南亚、日本、印度等地，将传统的中国文化传播到了世界各地。宋朝时期，海上丝绸之路的开通更是促进了中国与东南亚、南亚、西亚等地的文化交流和贸易往来。这种文化交流不仅增强了中国的国际影响力，也丰富了中国文化的内涵和形式。

总之，中华优秀传统文化在唐宋时期得到了极大的发展和繁荣，为后世留下了宝贵的文化遗产和精神财富。

（五）元明清时期

这一时期，中华文化在继承传统的基础上，又吸收了来自蒙古族、满族等少数民族的文化元素，形成了具有时代特色的文化形态。同时，西方文化的传入也对中华文化产生了冲击与影响。中华优秀传统文化在元明清时期的发展，呈现出多元融合、创新发展的特点。

1. 元代文化的发展

（1）文学。元代文学在诗词、散曲、杂剧等方面都有显著的进步。特别是元曲，它结合了北方民歌和戏曲的优点，发展出了更为灵活多变的艺术形式，如关汉卿的《窦娥冤》、王实甫的《西厢记》等，都成为中国文学史上的经典之作。

（2）绘画。元代绘画以文人画为主流，注重表达画家的情感和个性。在山水画、花鸟画等方面都有创新，如赵孟頫的《鹊华秋色图》、黄公望的《富春山居图》等，都展现了元代绘画的独特魅力。

（3）戏曲。元杂剧是元代戏曲的主要形式，它融合了歌唱、舞蹈、表演等多种艺术形式，形成了独特的戏曲风格。元杂剧的出现，为中国戏曲的发展奠定了坚实的基础。

2. 明代文化的发展

（1）文学。明代文学以小说、戏曲等通俗文学为主流，出现了《三国演义》《水浒传》《西游记》《封神演义》等文学著作，这些作品不仅具有极高的文学价

值，还深刻反映了当时社会的风貌和人民的生活状态。❶

（2）绘画。明代绘画在继承元代文人画的基础上，更加注重表现技法的细腻和意境的深远。如文徵明、仇英等人的山水画、花鸟画和人物画，都达到了很高的艺术水平。

（3）戏曲。明代戏曲在元杂剧的基础上，进一步发展出了昆曲等更为精致的艺术形式。昆曲以其优美的唱腔、精湛的表演技艺和独特的音乐节奏，成为中国戏曲的瑰宝。

3. 清代文化的发展

（1）文学。清代文学在继承前代文学的基础上，更加注重表达个人的情感和思想。如纳兰性德的词作，以其真挚的情感和独特的艺术风格，赢得了广泛的赞誉。此外，清代还出现了《儒林外史》《聊斋志异》等优秀的讽刺小说和志怪小说。

（2）戏曲。清代戏曲在昆曲的基础上，进一步发展和丰富了戏曲艺术的形式。如京剧的形成和发展，不仅吸收了昆曲等戏曲艺术的精华，还融入了徽剧、汉剧等多种地方戏曲的特点，形成了具有独特艺术风格的戏曲形式。

（3）书画。清代书画在继承前代的基础上，更加注重笔墨技法的运用和意境的营造。如郑板桥的竹石画、石涛的山水画等，都以其独特的艺术风格和深厚的艺术造诣，赢得了广泛的赞誉。

总的来说，元明清时期的中华优秀传统文化在文学、绘画、戏曲等方面都有显著的发展和创新，不仅展现了各个时代的文化特点，也为后世留下了丰富的文化遗产和精神财富。

三、中华优秀传统文化形成的文明起源与影响因素

（一）文明起源

文明起源对中华优秀传统文化的产生起到了至关重要的促进作用。

1. 奠定物质基础

（1）地理环境与资源。中华文明起源于黄河流域和长江流域，这两个地区提供了丰富的自然资源，如肥沃的土地、适宜的气候和丰富的水资源。这些资源为农耕文明的发展奠定了基础，进而为中华文化的产生提供了物质保障。

（2）农业生产。在文明起源的过程中，农业生产逐渐兴起。据考古学家研究，中国早在公元前 6000 年左右的新石器时代晚期，人们就开始在黄河流域进行农业活动。农业的发展不仅改变了人类的生活方式，还促进了社会的分工和交

---

❶ 马宇灏. 城市文脉视角下的城市新区公园景观设计研究 [D]. 西安：西安建筑科技大学，2023.

流,为文化的繁荣打下了坚实的基础。

2. 提供社会结构基础

(1) 私有制兴起。随着农业生产的发展,私有制逐渐兴起。这促进了社会阶层的形成和复杂化,为文化的多样性提供了土壤。在私有制的基础上,人们开始追求更高的生活品质和精神需求,推动了文化艺术的发展。

(2) 城市、文字与礼仪建筑的出现。城市作为人类聚居的中心,为文化的传播和交流提供了平台。同时,文字的出现使得人类能够记录和传播知识、经验和文化,为文化的传承和发展奠定了基础。而礼仪建筑(如庙宇、宫殿、祭坛等)的建造则体现了人类精神文化的追求和表达方式。

3. 哲学思想的发展

哲学思想的发展为中华文化提供了丰富的思想基础和道德准则。

(1) 思想基础。哲学思想作为人类思考世界的根本方式,为中华文化提供了深刻的思想基础。儒家、道家、墨家等流派的思想体系,如儒家的"仁爱""礼义廉耻"等道德观念,道家的"道法自然""无为而治"等哲学思想,都为中华文化的发展提供了丰富的理论资源。

(2) 道德准则。哲学思想不仅提供了思考世界的方式,也为人们提供了行为的道德准则。例如,儒家的"修身齐家治国平天下"思想,强调了个人修养、家庭和谐、国家稳定和世界和平的重要性,对中华民族的道德建设产生了深远的影响。

(二) 影响因素

1. 地理环境

地理环境对中华优秀传统文化的产生具有深远的影响,具体可以从以下四个方面分析:

(1) 地理环境的复杂性与多样性促进文化的丰富性与多元性。中国的地理环境复杂多变,包括广阔的内陆、多样的地形、丰富的气候等。这种复杂性与多样性为中华民族提供了广阔的生存空间和多样的生产方式,使得中国文化在不同地区形成了各具特色的文化分支和流派。

黄河、长江等大河文明的兴起,为中华文化的产生提供了重要的物质基础。河流的灌溉和运输功能,使得农业生产得以发展,人口聚集,进而促进了城市、文字、礼仪、建筑等文明要素的出现。

(2) 地理环境的封闭性形成文化的独立性与内向性。中国地理环境相对封闭,四周被高山、海洋和沙漠等自然屏障所包围。这种封闭性使得中国文化在与外界的交流中相对独立,从而形成了独特的文化体系。

在相对封闭的环境中,中华文化更注重内部的自我完善和发展,形成了独特的价值观念和道德准则。如儒家思想中的"仁爱""礼义廉耻"等观念，就是在这种环境下形成的。

（3）地理环境的广阔性孕育文化的包容性与连续性。中国地理环境广阔无垠，为文化的包容性提供了条件。在广袤的土地上，不同民族和文化得以共存和交融，形成了多元一体的中华文化格局。

同时，广阔的地理环境也为文化的连续性提供了保障。即使遭受了外族入侵或自然灾害等挑战，中华文化也能够通过内部整合和适应环境变化而得以延续和发展。

（4）自然资源的分布对文化特色产生直接影响。黄河、长江流域的肥沃土地和适宜的气候条件，促进了农耕文化的发展，形成了典型的农耕文明。这种文明强调人与自然的和谐共生，注重农业生产和家族纽带。

而西北地区的干旱气候和草原资源，则促进了游牧文化的发展。游牧文化强调人与自然的抗争和适应，注重骑马射箭和英勇善战等特质。

总之，地理环境对中华优秀传统文化的产生具有深远的影响。地理环境的复杂性与多样性、封闭性、广阔性以及自然资源的分布等因素共同塑造了中华文化的独特性格和特质。

2. 历史演变

历史演变对中华优秀传统文化产生的促进作用，可以从以下四个方面进行分析。

（1）奠定文化基础。

①早期文明的形成：中华文明起源于约五千年前的新石器时代，这一时期出现了农业技术、陶器制作、汉字的形成等文化发明，为中华文化的产生奠定了坚实的基础。

②社会结构的形成：随着历史的演进，商周时期和春秋战国时期，中国的国家制度逐渐形成，为社会的稳定和文化的发展提供了重要支撑。这一时期，儒家思想开始萌芽并得到广泛传播，并成为中华传统文化的重要组成部分。

（2）促进文化繁荣。

①文化艺术的辉煌：在唐宋时期（618年—1279年），中华文化达到了一个高峰。这一时期的文学艺术繁荣，唐诗、宋词等艺术形式高度发展，诞生了大量传颂至今的经典作品和杰出艺术家。同时，书法、绘画、音乐等艺术形式也取得了巨大成就。

②科技和商业的兴盛：唐宋时期也是中国科技和商业发展的鼎盛时期。四大发明（造纸术、印刷术、火药、指南针）的出现，不仅推动了中国的科技进步，也对世界文明产生了深远影响。同时，丝绸之路的开放和海外贸易的繁荣，促进

了中华文化与世界的交流和融合。

（3）形成独特文化体系。

①儒家思想的深化：儒家思想在历史的演变中不断深化和发展，形成了完整的道德伦理体系和教育理念。儒家思想强调人伦关系、道德修养和社会责任，对中华民族的道德建设和人格塑造产生了深远影响。❶

②多元文化的交融：在历史的进程中，各种外来文化与中华文化不断交融，形成了独具特色的文化体系。佛教、道教等宗教文化的传入和融合，为中华文化注入了新的元素和活力。同时，各民族文化的交流和融合，也丰富了中华文化的内涵和多样性。

（4）塑造民族精神。

①历史使命感：历史的演变使中华民族形成了强烈的历史使命感。历代仁人志士都致力于传承和发扬中华文化，推动社会的进步和发展。这种历史使命感激励着中华民族不断前进，为文化的繁荣和国家的富强贡献力量。

②民族自信心：随着历史的演进，中华文化逐渐走向世界舞台，并受到越来越多国家的认可和赞誉。这增强了中华民族的自信心和自豪感，也促进了中华文化的国际传播和交流。

总之，历史演变通过奠定文化基础、促进文化繁荣、形成独特文化体系和塑造民族精神等方面，对中华优秀传统文化的产生起到了重要的促进作用。

3. 哲学思想

哲学思想在促进中华优秀传统文化产生的过程中扮演了核心和引领性的角色。哲学思想如何促进中华优秀传统文化产生的具体表现分析如下。

（1）构建文化思想基础。

①哲学思想的产生：在中国古代，儒家、道家、墨家等哲学思想流派兴起，这些思想体系为中华优秀传统文化提供了深厚的思想基础。例如，儒家的忠孝仁爱、礼义廉耻等观念，成为中国传统文化的核心价值观念。

②塑造文化内核：哲学思想塑造了中华文化的精神内核，影响了人们的道德观念、审美情趣以及生活方式。这些哲学思想不仅为古代中国社会的发展提供了理论指导，也为中华文化的传承与创新奠定了基础。

（2）促进文化多元交融。

①融合外来文化：在哲学思想的交流中，中华文化不断吸收外来文化的精髓，形成了独特的文化融合现象。例如，佛教的传入与儒、道等本土哲学思想的交融，促进了中华文化的丰富和发展。

---

❶ 张登祺. 依托中华优秀传统文化拓展语文教育——初中语文教育中传统文化教育的实施策略 [J]. 文化创新比较研究，2024，8 (19): 142-145.

②融合多元文化：在地域辽阔的中国，不同地区、不同民族的文化背景各异，但哲学思想作为共同的文化基因，促进了不同文化之间的交融与互鉴。这种文化交融使得中华优秀传统文化更具包容性和多样性。

（3）推动文化创新与发展。

①激发创新思维：哲学思想不断挑战和超越传统观念，激发人们的创新思维和创造力。在哲学思想的推动下，中国传统文化在继承中不断创新，形成了独具特色的文化景观。

②引领文化发展：随着时代的变迁，哲学思想也在不断发展变化。新的哲学思想不断涌现，为中华文化的发展注入了新的活力。例如，近代以来，面对西方文化的冲击，中华传统文化在融合与创新中实现了新的发展。

总之，哲学思想在促进中华优秀传统文化产生的过程中发挥了不可替代的作用。它构建了文化的思想基础，促进了文化的多元交融，推动了文化的创新与发展。因此，在传承和弘扬中华优秀传统文化的过程中，我们必须重视哲学思想的重要性，深入挖掘其内涵和价值，为推动中华文化的繁荣与发展做出更大的贡献。

4. 社会制度

社会制度在促进中华优秀传统文化产生的过程中起到了至关重要的作用。

（1）形成稳定的文化发展环境。

①维护社会秩序：在古代中国，封建制度通过明确的社会等级和伦理规范，为文化的稳定传承和发展提供了良好的社会秩序。这种秩序使得人民能够安居乐业，从而为文化的繁荣奠定了基础。

②保障文化教育资源：在封建制度下，教育资源的分配和利用得到了一定程度的保障。例如，儒家经典成为科举考试的重要内容，这不仅促进了儒家文化的传播，也提高了整体社会的文化素养。

（2）推动文化的融合与创新。

①多元文化的共存：在封建社会中，不同地域、民族的文化得以共存和融合。这种文化多元性为中华文化的丰富性提供了可能，也为不同文化间的交流和创新提供了机会。

②文化政策的制定：封建统治者通过制定文化政策，如修建图书馆、鼓励学术研究等，推动了文化的繁荣。同时，他们也通过对外来文化的引入和融合，促进了中华文化的创新和发展。

（3）塑造民族认同与文化自信。

①强调民族认同：封建制度下的社会结构一定程度上强调了民族认同和族群团结。这种认同不仅增强了民族的凝聚力，也为中华文化的传承和发展提供了强

大的精神支持。

②培养文化自信：在封建社会中，儒家文化作为主流文化，得到了广泛的传播和尊崇。这种文化自信使得中华民族在面对外来文化冲击时，能够坚守自己的文化根脉，并不断创新和发展。

总之，社会制度在促进中华优秀传统文化产生的过程中发挥了重要作用。它通过形成稳定的文化发展环境、推动文化的融合与创新以及塑造民族认同与文化自信等方面，为中华文化的繁荣和发展提供了有力支持。

5. 民族融合

民族融合在促进中华优秀传统文化产生的过程中扮演了至关重要的角色。以下是关于民族融合如何促进中华优秀传统文化产生的详细解释，分点表示和归纳如下：

（1）促进文化多元性的形成。

①多元文化的共存：中国是一个多民族国家，各民族在长期的历史进程中，形成了各自独特的文化传统。民族融合使得这些不同民族的文化得以共存，共同构成了中华文化的多元性。

②文化交流与借鉴：随着民族融合的进行，不同民族之间的文化交流日益频繁。这种交流不仅促进了文化的传播，还使得各民族的文化特色得以相互借鉴和融合，从而丰富了中华文化的内涵。

（2）推动文化的创新与发展。

①文化融合与创新：在民族融合的过程中，不同民族的文化元素相互碰撞、融合，产生了许多新的文化现象。这些新的文化现象不仅展现了中华文化的活力和创造力，还推动了中华文化的创新与发展。

②文化适应与变化：民族融合也促进了文化的适应和变化。为了适应新的社会环境和民族关系，各种文化元素需要相互调适和变化。这种文化适应和变化使得中华文化更具包容性和灵活性，能够更好地适应时代的发展需求。

（3）加强民族认同与文化自信。

①增强民族凝聚力：民族融合通过加强各民族之间的联系和互动，增强了中华民族的凝聚力。这种凝聚力使得中华文化在面临外来文化冲击时，能够保持自身的独特性和稳定性。

②培养文化自信：在民族融合的过程中，中华文化得到了广泛的传播和认可。各民族对中华文化的认同感和自豪感不断增强，从而培养了中华民族的文化自信。这种文化自信是中华文化持续繁荣发展的重要保障。

总之，民族融合通过促进文化多元性的形成、推动文化的创新与发展、加强民族认同与文化自信等方面，对中华优秀传统文化的产生起到了重要的促进作用。

6. 经济模式

经济模式对中华优秀传统文化的产生和发展起到了重要的促进作用。

（1）经济基础决定上层建筑，影响文化发展。

①农耕经济的持续性：中国传统的农耕经济模式保证了社会的稳定和经济的持续发展。这种持续性造就了中国文化的延续力，使中华文明能够绵延不断，具有极大的承受力、愈合力和凝聚力。

②农耕经济的多元结构：农耕经济不仅包含农业生产，还涵盖了手工业、商业等多元结构。这种多元性使得中国文化具有了包容性，能够包容百家学说和不同地区的文化，并长期吸纳周边少数民族的优秀文明。

（2）经济繁荣推动文化发展和创新。

①促进文化传承与发展：经济的繁荣为文化的传承和发展提供了必要的物质基础和资金支持。历史上的文化繁荣时期往往与经济繁荣相伴，如唐宋时期的经济与文化高度发展。

②推动文化创新：经济模式的变革和新兴产业的发展，推动了文化的创新。新的经济活动和文化消费方式的出现，促使文化产品和服务不断创新，以满足人们日益增长的精神文化需求。

（3）市场经济促进文化交流和融合。

①加速文化交流：市场经济的发展促进了各地之间的贸易和文化交流。商品和服务的流通，不仅带来了经济上的繁荣，也带来了文化的传播和交流，推动了中华文化的广泛传播和融合。

②扩大文化包容性：市场经济的发展使得各种文化形态有了更广阔的舞台和空间。不同文化形态在市场上的竞争和合作，使得中华文化在保持传统特色的同时，也更具包容性和开放性。

总之，经济模式对中华优秀传统文化的产生和发展起到了重要的促进作用。通过提供稳定的经济基础和资金支持、推动文化创新、促进文化交流和融合等方式，经济模式为中华文化的繁荣和发展奠定了坚实的基础。

综上所述，中华优秀传统文化的形成是在特定的历史背景下，受到地理环境、历史演变、哲学思想、社会制度、民族融合和经济模式等多方面因素共同影响的结果。这些因素相互作用，共同推动了中华文化的起源和演变，形成了独特而多样的中华文化传统。

第二节　中华优秀传统文化的核心内容

一、中华优秀传统文化的核心思想、基本精神和主要特征

1. 中华优秀传统文化的核心思想

中华优秀传统文化的核心思想理念主要包括"讲仁爱、重民本、守诚信、崇正义、尚和合、求大同"。这些思想理念是中华传统美德和民族精神的高度概括，是涵养社会主义核心价值观的重要源泉，集中体现了中华优秀传统文化的思想精华、道德精髓、根本精神和核心思想理念。❶

（1）讲仁爱。体现了儒家思想中的"仁爱"精神，即强调人与人之间的相互关爱、尊重和理解。

（2）重民本。体现了"以人为本"的思想，即重视人民的需求和利益，关注民生福祉。

（3）守诚信。强调诚信为人之本，是个人品德和社会风尚的基础。

（4）崇正义。倡导公正、公平、正义的社会风尚，反对不公不义的行为。

（5）尚和合。强调和谐共生的理念，追求人与人之间的和谐相处和社会的和谐稳定。

（6）求大同。倡导追求共同的理想和目标，实现国家和民族的统一和发展。

2. 中华优秀传统文化的基本精神

中华优秀传统文化的基本精神包括以下四个方面：

（1）刚健有为、自强不息。体现了中国传统文化中积极进取、奋发向上的精神风貌。儒家文化主张"积极进取、建功立业"，道家文化则主张"顺其自然、自我完善"。

（2）人本主义精神。强调以人为本，注重人的价值和尊严，尊重人的自由和权利。

（3）天人合一。体现了中华传统文化中人与自然和谐共生的思想，强调人类应遵循自然规律，与自然和谐相处。

（4）礼治精神。强调社会秩序和道德规范的重要性，注重通过礼仪制度来维护社会的稳定和和谐。

---

❶ 于超，于建福. 中华优秀传统文化融入高校思政课的价值与路径 [J]. 中国高等教育，2020(Z3): 40-42.

3. 中华优秀传统文化的主要特征

（1）本土性。中华传统文化是在漫长的历史长河中逐渐形成的，根植于本土，具有鲜明的民族特色和地方特色。

（2）多样性。在漫长的历史积淀中，不同地域形成了各自的区域文化，各区域的文化具有不同的特色，同时又具有相当程度的兼容性、渗透性和互补性。

（3）包容性。中华传统文化总是能以非凡的包容和会通精神来丰富和完善自己，对诸家学说采取兼容并蓄的学术主张。

（4）凝聚性。数千年来中国能维持统一之局而不衰，文化的统一性是重要原因。中华民族共同的文化特质具有巨大的凝聚力和向心力。❶

（5）连续性。中华文化是世界上连续性文化的典范，从古代到现代一直保持着传承和发展的连续性。

（6）伦理性。中华文化是以孝为核心的伦理型文化，各个分支都体现着孝亲、尊祖、敬宗、忠君等伦理性观念。

（7）人文性。中华文化注重将个体融进群体，强调人对宗族和国家的义务，具有重人生、讲入世的人文传统。

二、中华优秀传统文化在社会、政治、经济等方面的体现

1. 社会方面

（1）人文关怀和价值观。中华优秀传统文化强调人与人之间的和谐和互助，注重家庭和睦、邻里友善、社会安定。这种人文关怀在当今社会显得尤为重要，尤其是在快速现代化的进程中，能够平衡人与人之间的需求和关系，提供了社会和个人平衡的关键价值观。

（2）自强不息和追求卓越的精神。中华优秀传统文化鼓励人们自强不息、追求卓越，这种精神在现代社会中具有重要的激励作用，可以激励人们在面对困难和挑战时勇往直前，不断提高自身素质。

（3）民族团结和社会稳定。中华优秀传统文化注重民族团结和社会稳定，强调集体主义和爱国主义精神。这种精神在当今多民族、多文化的社会中尤为重要，有助于维护国家的统一和稳定。

2. 政治方面

（1）国家利益和民族大义。中华优秀传统文化强调国家利益大于个人利益，民族得失大于个人得失。这种观念影响了中华民族的价值观念，并在当今社会中体现为以爱国主义为核心的民族精神，对国家的政治稳定和发展具有重要意义。

（2）和平共处和合作共赢。中华优秀传统文化强调和平、和睦、谦和的相处

---

❶ 李春忠，贾广勇. 运用审辩式思维看待中华传统文化[J]. 教学考试，2022(26): 16-19.

态度，主张人与人之间的和谐共处。这种理念在国际政治中体现为和平共处五项原则，为国际关系的和谐稳定提供了重要的思想基础。

3. 经济方面

（1）勤俭节约和务实创新。中华优秀传统文化重视勤劳、节俭和俭朴的生活态度，强调做事踏实、不浮躁。这种务实精神在当今经济发展中仍然具有重要意义，有助于推动经济的可持续发展和转型升级。

（2）和谐共生的经济理念。中华优秀传统文化强调和谐共生的经济理念，即注重人与自然、人与社会的和谐发展。在全球化的今天，这种理念有助于推动绿色经济和可持续发展，为全球经济治理提供新的思路和方法。

综上所述，中华优秀传统文化在社会、政治、经济等方面都具有重要的体现和影响。它不仅是中华民族的精神瑰宝，也是现代社会发展的重要支撑和动力源泉。

第三节 中华优秀传统文化的当代价值

一、中华优秀传统文化在当代社会的价值与意义

中华优秀传统文化在当代社会的价值与意义是多方面的，以下是其主要的体现：

1. 社会和谐与道德建设

（1）弘扬传统美德。中华优秀传统文化中的"仁爱""诚信""忠孝"等道德观念，对于维护社会秩序、促进人际和谐具有积极作用。在当代社会，这些美德仍然具有重要的现实意义，能够引导人们树立正确的价值观，提高道德修养。

（2）塑造良好社会风尚。中华优秀传统文化强调的和谐、共赢理念，有助于引导社会形成积极向上的良好风尚。这种风尚能够促进社会的和谐稳定，提高人们的生活质量。

2. 政治稳定与国家发展

（1）坚定民族认同与国家凝聚力。中华优秀传统文化作为中华民族的精神纽带，能够增强民族认同感和国家凝聚力。在全球化背景下，这种认同感和凝聚力对于维护国家统一、实现民族复兴具有重要意义。

（2）提供政治智慧与治国理念。中华优秀传统文化中的"仁政""民本"等政治理念，为现代政治提供了宝贵的智慧。这些理念强调以人为本、以民为本，注重国家的长远发展和社会稳定，对于推动政治体制改革、完善社会治理结构具有积极作用。

3. 经济发展与创新创业

（1）激发创新创业精神。中华优秀传统文化中的自强不息、追求卓越的精神，能够激发人们的创新创业热情。这种精神有助于培养具有创新精神和实践能力的人才，推动经济的持续发展和转型升级。

（2）促进绿色发展与可持续发展。中华优秀传统文化强调的和谐共生理念，为绿色发展和可持续发展提供了重要的思想支撑。这种理念强调人与自然、人与社会的和谐共生，有助于推动经济发展与生态环境保护相协调。

4. 文化交流与国际合作

（1）增进文化理解与友谊。中华优秀传统文化作为中华民族的精神财富，具有重要的国际影响力。通过推广中华优秀传统文化，可以增进各国人民之间的文化理解与友谊，促进国际交流与合作。

（2）构建人类命运共同体。中华优秀传统文化倡导的和谐共生、合作共赢的理念，有助于构建人类命运共同体。这种理念强调各国之间的平等互信、互利共赢，为推动全球治理体系的改革与完善提供重要的思想基础。

综上所述，中华优秀传统文化在当代社会具有重要的价值与意义。它不仅是中华民族的精神瑰宝，也是推动社会进步、实现国家发展的重要力量。因此，我们应该深入挖掘和传承中华优秀传统文化，让其在当代社会中焕发出新的生机与活力。

二、中华优秀传统文化对社会和谐与个体成长的影响

中华优秀传统文化对社会和谐与个体成长的影响是深远而广泛的。

1. 中华优秀传统文化对社会和谐的影响

（1）弘扬和培育社会核心价值观。优秀传统文化强调的"仁爱""诚信""和谐"等价值理念，它们构成了社会主义核心价值观的重要来源，对于弘扬社会正气、培育良好社会风尚具有重要意义。

（2）促进社会凝聚力。优秀传统文化中的民族精神和文化认同，能够增强民族凝聚力和向心力，有助于维护国家统一和社会稳定。

（3）提倡和谐共生理念。优秀传统文化强调人与自然、人与社会的和谐共生，有助于推动绿色发展、可持续发展，实现社会的可持续发展和长治久安。

（4）提供社会治理智慧。优秀传统文化中的"以德治国""以礼治国"等理念，为现代社会治理提供了宝贵的智慧，有助于构建和谐社会、法治社会。

2. 中华优秀传统文化对个体成长的影响

（1）塑造良好的道德品质。优秀传统文化中的"诚信""孝悌""仁爱"等道德观念，对于塑造个体良好的道德品质具有重要作用，有助于培养具有高尚道德情操的人。

（2）培养积极进取的精神。优秀传统文化强调自强不息、积极进取的精神，能够激发个体的学习热情和创新精神，促进个体的全面发展和成长。

（3）传承中华美德和文化认同。优秀传统文化是中华民族的精神家园，传承中华优秀传统文化能够增强个体的文化认同感和自豪感，有助于培育具有民族精神的现代人。

（4）提供人生指导和智慧。优秀传统文化中蕴含的人生哲理和智慧，能够为个体提供宝贵的人生指导和智慧支持，帮助个体在面对人生挑战时保持冷静、坚定和乐观的态度。

综上所述，中华优秀传统文化对社会和谐与个体成长具有深远的影响。它不仅弘扬了社会核心价值观，促进了社会和谐稳定，还塑造了良好的道德品质，培养了积极进取的精神，传承了中华美德和提高了人们对中华优秀传统文化的文化认同感，为个体成长提供了宝贵的人生指导和智慧支持。因此，我们应该更加重视和传承中华优秀传统文化，让其在当代社会中继续发挥重要作用。

三、中华优秀传统文化对于社会治理的重要作用

中华优秀传统文化在社会治理中扮演着举足轻重的角色，其深厚的历史底蕴和丰富的思想内涵为现代社会治理提供了宝贵的经验和智慧。以下是中华优秀传统文化对于社会治理的五个重要作用：

1. 塑造道德观念，提升公民素质

中华优秀传统文化中蕴含着丰富的道德、德育信息，如"仁爱""诚信""礼义廉耻"等，这些观念对于塑造公民的道德品质、提升公民素质具有积极作用。通过传承和弘扬这些道德观念，可以引导人们树立正确的价值观，增强社会责任感，促进人与人之间的和谐相处，为社会治理奠定坚实的道德基础。

2. 提供治理智慧，优化治理策略

中华优秀传统文化中蕴含着丰富的治理智慧，如"天时、地利、人和""慎终如始"等，这些智慧为现代社会治理提供了有益的思路和借鉴。在制定社会治理策略时，可以借鉴这些智慧，充分考虑各种因素，制定科学、合理的治理方案，提高治理效率和效果。

3. 增强社会凝聚力，维护社会稳定

中华优秀传统文化是国家凝聚力和民族向心力的重要根基，其丰富的历史文化和独特的价值观念对于增强社会凝聚力具有重要作用。通过传承和弘扬中华优秀传统文化，可以激发人们的民族自豪感和归属感，增强社会凝聚力[1]，维护社

---

[1] 郭彦江. 助力优秀传统文化与乡村振兴有机融合——以乡风文明为例 [J]. 村委主任，2024(1): 78-80.

会稳定，为社会治理创造良好的社会环境。

4. 提供价值导向，引导社会风尚

中华优秀传统文化中的价值观念对于引导社会风尚具有重要作用。通过传承和弘扬"尊老爱幼""弃恶从善"等价值观念，可以引导人们树立正确的价值观和行为准则，营造良好的社会氛围。这种良好的社会氛围可以反过来推动社会治理的进步和发展，形成一个良性循环。

5. 影响基层社会治理结构和机制

中华优秀传统文化对于基层社会治理的机构设置、工作流程和工作规范等方面也产生了深远影响。例如，基层自治的规定内容中，"尊老爱幼、弃恶从善"等传统文化元素被充分运用，充实了国家法律、法规在基层的实践。这些传统文化元素在基层社会治理中的融入，不仅丰富了治理手段，还提高了治理效果。

综上所述，中华优秀传统文化对于社会治理具有多方面的重要作用。通过传承和弘扬中华优秀传统文化，可以塑造道德观念、提供治理智慧、增强社会凝聚力、引导社会风尚以及影响基层社会治理结构和机制等方面，推动社会治理体系的完善和社会治理能力的现代化。

四、中华优秀传统文化在家庭教育中的独特价值和作用

中华优秀传统文化在家庭教育中的独特价值和作用，主要体现在以下五个方面：

1. 塑造孩子高尚品格

中华优秀传统文化中蕴含着丰富的价值理念、人文精神、道德风范，如"仁爱""诚信""礼义廉耻"等，这些美德是塑造孩子高尚品格的宝贵财富。家长通过传承和弘扬这些美德，可以帮助孩子树立正确的人生观、价值观和世界观，培养良好的行为习惯和道德品质，为孩子的成长奠定坚实的基础。

2. 提升家长统合能力

家长作为孩子的第一任老师，其言行举止、综合素质对孩子的成长具有深远的影响。[1] 中华优秀传统文化中的"其身正，不令而行；其身不正，虽令不从"等言传身教的典范，以及"孟母三迁"等注重环境育人的实例，为家长提供了宝贵的教育经验。家长通过学习传统文化，可以提升自身的统合能力，梳理家庭教育中的事物，将所学到的知识归纳成一以贯之的系统体系，从而提升自身素质和综合判断能力，为孩子的培养创造更加理想的环境。

3. 提供家庭教育着力点

中华优秀传统文化中的教育观念、教育方法等，为家庭教育提供了重要的

---

[1] 才金叶. 道德与法治教学存在的问题及对策撬探[J]. 成才之路，2020 (33): 40-41.

着力点。家长可以通过学习传统文化，找到家庭教育的着力点，从而实现对孩子健全人格的培养。无论是在古代还是在现代，无论社会环境如何变化，家庭教育都可以从优秀中华传统文化中找到着力点，以点带面，逐步实现对孩子的全面培养。

4. 促进家庭和谐氛围

中华优秀传统文化中强调的和谐理念，如"家和万事兴"等，为家庭教育提供了有益的指导。家长通过学习传统文化，可以深刻理解和谐家庭的重要性，注重家庭成员之间的相互理解、相互尊重、相互支持，营造和谐的家庭氛围。这种和谐的家庭氛围对于孩子的成长具有积极的影响，可以促进孩子的身心健康和全面发展。

5. 弘扬民族文化自信心

中华优秀传统文化是中华民族的文化根脉，代表着中华民族独特的精神标识。[1] 家长在家庭教育中传承和弘扬中华优秀传统文化，可以帮助孩子树立民族文化自信心，增强对国家和民族的认同感和归属感。这种自信心和归属感可以激发孩子的爱国热情和社会责任感，为孩子的成长和发展注入强大的精神动力。

综上所述，中华优秀传统文化在家庭教育中具有独特的价值和作用。家长应该注重在家庭教育中传承和弘扬中华优秀传统文化，为孩子的成长和发展创造良好的环境。

---

[1] 于超，于建福. 中华优秀传统文化融入高校思政课的价值与路径 [J]. 中国高等教育，2020(Z3): 40-42.

第二章　中华优秀传统文化与学校教育

第一节　文化与教育融合

一、文化与教育的重要性

（一）文化在国家发展、社会进步和个人成长中的作用

文化在国家发展、社会进步和个人成长中扮演着至关重要的角色。

1. 在国家发展中的作用

（1）经济发展的动力。文化不仅是上层建筑，也是生产力的重要组成部分，具有商品属性。文化产品可以直接参与经济价值的创造，促进社会经济的发展。文化是国家的名片，是国家综合实力的重要标志。离开了文化支撑，即使经济繁荣，也难以确立和巩固强国地位。

（2）政治影响的反映。一定的文化是一定历史条件下经济、政治的反映，又反过来给经济、政治一定的影响。❶通过传承和弘扬优秀的传统文化，可以增强民族凝聚力和向心力，为国家的发展提供稳定的社会环境。

（3）国际形象塑造。文化在塑造国家形象和软实力方面发挥着重要作用。通过传播优秀的文化和价值观，可以塑造积极的国家形象，提升国际影响力和竞争力。

2. 在社会进步中的作用

（1）创新和创造力的源泉。文化是推动创新和创造力的源泉。文化的多样性为经济社会的创新提供了丰富的资源，推动了科技、艺术、设计和其他领域的发展。

（2）历史和传统的传承。文化承载着一个社会的历史和传统。通过保护和传承文化遗产，我们可以更好地了解和尊重自己的根源，弘扬民族精神和文化自信。同时，传统的艺术、手工艺和文化表演等也为社会进步提供了独特的旅游和

---

❶ 罗文君，张宏波. 论增强文化自信的两个维度 [J]. 当代经济，2014 (23): 32-34.

文化体验。

（3）社会凝聚力的增强。文化是社会凝聚力的重要因素。共同的价值观、信仰和文化活动有助于建立社区认同感和归属感，增强社会凝聚力。这种社会凝聚力有助于促进社区的经济发展和社会稳定，推动社会的和谐与进步。

3. 在个人成长中的作用

（1）价值观的塑造。文化中蕴含着一种价值传承，即是对礼仪、道德、生活方式等各个方面的规范。通过接受文化传承，个人可以逐渐建立起自己的价值体系，这些价值观会影响个人认知、行为方式、道德观念等方面，最终塑造人的人格。

（2）个性特征的形成。文化传承可促使人形成他们自己的独特特点，开发和发挥出非凡的思维、创造力和判断力。这种文化自信和自豪有助于个人发挥丰富多彩的想象力，从而促进个人发展的多元化。

（3）全面发展的促进。优秀文化能够促进人的全面发展，包括思想道德素质、科学文化素质和健康素质等各方面的提高。文化为个人提供了不可缺少的精神食粮，对促进人的全面发展起着不可替代的作用。❶

综上所述，文化在国家发展、社会进步和个人成长中都发挥着不可替代的作用。我们应该充分认识到文化的重要性，加强对文化的传承和弘扬，推动文化事业的繁荣发展。

（二）教育在文化传承与创新中的核心地位

教育作为社会发展的重要基石，承载着文化传承与创新的重任。在全球化的今天，文化的多元交流与碰撞愈发频繁，教育作为知识传递和人才培养的关键环节，其在文化传承与创新中的核心地位愈发凸显。

1. 文化传承基础

教育作为文化传承的基础，承载着传递和弘扬优秀传统文化的使命。通过学校教育、家庭教育和社会教育等多种方式，将传统文化中的价值观念、道德规范、历史传统等知识传递给下一代，使其成为连接过去与未来的桥梁。教育通过对传统文化的挖掘、整理、传承和弘扬，为文化的传承与创新提供了坚实的基础。

2. 知识传播媒介

教育作为知识传播的主要媒介，为文化传承与创新提供了丰富的资源。通过课堂教学、实践活动、学术研究等多种方式，教育将各类知识信息传递给学生，培养他们的知识储备和思维能力。同时，教育也为学生提供了学习不同文化的机

---

❶ 周淑珂. 大学生要牢固树立正确的"四观"——以西藏大学为例 [J]. 时代报告，2023 (7): 93-95.

会，促进了不同文化之间的交流与融合。这种知识传播的过程，不仅有助于文化的传承，也为文化的创新提供了源源不断的动力。

3. 创新人才培养

教育在创新人才培养方面发挥着至关重要的作用。通过培养学生的创新精神和实践能力，教育为社会的创新发展提供了源源不断的动力。[1] 在课程设置、教学方法、评价体系等方面，教育注重培养学生的创新思维和解决问题的能力，使他们具备在复杂环境中应对挑战的能力。这种创新人才的培养，不仅有助于推动文化的创新，也为国家的科技进步和经济发展提供了有力支持。

4. 文化创新动力

教育作为文化创新的重要动力，推动着文化的不断发展和进步。通过培养学生的批判性思维和创新能力，教育激发了学生的创新潜力，推动了文化的创新。同时，教育也鼓励师生进行学术研究和实践探索，为文化的创新提供了丰富的实践经验和理论支持。这种文化创新的动力，不仅有助于推动文化的繁荣和发展，也为社会的全面进步提供了有力保障。

5. 价值观塑造

教育在价值观塑造方面发挥着至关重要的作用。通过向学生传递正确的价值观和道德观念，教育培养他们成为具备良好道德品质和社会责任感的人。这种价值观的塑造，不仅有助于文化的传承和创新，也为社会的和谐稳定提供了有力保障。同时，教育也注重培养学生的国际视野和跨文化交流能力，使他们能够更好地理解和尊重不同文化之间的差异和多样性。

6. 多元文化交流

在全球化的背景下，多元文化之间的交流日益频繁。教育作为推动多元文化交流的重要平台，为不同文化之间的交流和理解提供了有力支持。通过举办文化节、艺术展览、国际交流等活动，教育为学生提供了学习和体验不同文化的机会，促进了不同文化之间的相互了解和融合。这种多元文化的交流，不仅有助于拓宽学生的视野和增强他们的文化自信心，也为文化的创新和发展提供了更广阔的舞台。

综上所述，教育在文化传承与创新中发挥着核心地位。通过文化传承基础、知识传播媒介、创新人才培养、文化创新动力、价值观塑造和多元文化交流等多个方面的作用，教育为推动文化的繁荣和发展做出了巨大贡献。因此，我们应该高度重视教育在文化传承与创新中的作用，加强教育改革和创新力度，为培养更多优秀人才和推动文化创新发展提供有力支持。

---

[1] 姚芹，王海英."双高计划"背景下高职院育人模式的具体内涵及价值研究 [J]. 知识文库，2024，40 (7): 187-190.

二、优秀传统文化与学校教育的关系

（一）优秀传统文化与学校教育的内在联系

优秀传统文化是一个民族的灵魂，是历史长河中积淀的智慧结晶。学校教育作为文化传承的重要载体，与优秀传统文化之间存在着紧密的内在联系。

1. 文化传承与教育

学校教育的首要任务之一是传承和弘扬优秀传统文化。通过课程设置、教材编写、教学方法等多种方式，学校将优秀传统文化的核心价值、道德观念和人文精神传递给学生，帮助他们了解和认同自己的文化根源。这种文化传承不仅有助于培养学生的民族自豪感和文化自信心，也为他们提供了宝贵的精神财富。

2. 价值观塑造

优秀传统文化蕴含着丰富的道德观念和人生哲理，这些观念对于塑造学生的价值观具有重要意义。❶学校通过优秀传统文化的教育，引导学生树立正确的价值观，如尊老爱幼、诚实守信、勤俭节约等，培养他们成为有道德、有责任感的人。这种价值观的塑造不仅有助于学生个人的成长，也有助于社会的和谐稳定。❷

3. 教育内容融合

优秀传统文化是学校教育内容的重要组成部分。学校可以将优秀传统文化与现代科学知识相结合，通过多样化的教育方式，如课堂教学、课外活动、社会实践等，让学生在学习过程中感受优秀传统文化的魅力。这种融合不仅有助于提升学生的学习兴趣和效果，也有助于培养学生的综合素质和能力。

4. 历史教育

历史是传统文化的重要组成部分，也是学校教育的必修课程之一。通过学习历史，学生可以了解祖先的智慧和贡献，理解历史的发展和变迁，从而更好地认识自己和社会。同时，历史教育还可以培养学生的历史责任感和使命感，激发他们为祖国的繁荣富强而努力奋斗的热情。

5. 社会行为规范

优秀传统文化中蕴含着丰富的社会行为规范，这些规范对于维护社会秩序和稳定具有重要作用。学校通过优秀传统文化的教育，引导学生了解并遵守社会行为规范，如尊师重道、友爱互助、文明礼貌等。这种教育不仅有助于学生个人的道德修养和素质提升，也有助于社会的文明进步和和谐发展。

---

❶ 孙卫峰. 中华优秀传统文化在终身教育中的构建路径探析[N]. 中国文化报，2023-10-17(003).

❷ 龙紫妍，李子龙. 课程思政融入高校舞蹈表演专业教学路径探索——以舞蹈综合实践课程为例[J]. 时代报告(奔流)，2024(4): 125-127.

6. 美学与艺术培养

优秀传统文化中蕴含着丰富的美学和艺术元素，如诗词歌赋、书画艺术、音乐舞蹈等。学校通过优秀传统文化的教育，可以培养学生的审美情趣和艺术鉴赏能力，提高他们的文化素养和人文情怀。同时，这种教育还可以激发学生的创造力和想象力，促进他们的全面发展。

7. 民族精神教育

民族精神是优秀传统文化的核心和灵魂，也是学校教育的重要内容之一。学校通过优秀传统文化的教育，向学生传递民族精神的核心要素，如爱国主义、集体主义、自强不息等。这种教育不仅有助于培养学生的民族自豪感和文化自信心，也有助于激发他们的爱国热情和奉献精神，为国家的发展和社会的进步贡献自己的力量。

综上所述，优秀传统文化与学校教育之间存在着紧密的内在联系。通过文化传承与教育、价值观塑造、教育内容融合、历史教育、社会行为规范、美学与艺术培养以及民族精神教育等方面的教育内容和方式，学校可以充分发挥传统文化在育人中的独特作用，为学生的全面发展和社会的文明进步提供有力支持。

（二）优秀传统文化在学校教育中的价值和意义

优秀传统文化是一个民族的精神支柱和文化根基，它承载着民族的历史、智慧和价值观。在现代社会，随着全球化的推进和信息技术的飞速发展，优秀传统文化的价值和意义愈发凸显。学校作为文化传承和人才培养的重要场所，将优秀传统文化融入教育之中，具有深远的价值和意义。

1. 传承历史脉络

学校通过优秀传统文化教育，让学生了解和掌握本民族的历史脉络，了解祖先的智慧和贡献，传承民族的优秀传统。这不仅有助于培养学生的历史意识和民族认同感，还有助于他们形成正确的历史观和世界观，从而更好地认识自己和世界。

2. 德育培养

优秀传统文化中蕴含着丰富的道德观念和人生哲理，这些观念对于培养学生的品德和道德素养具有重要意义。学校通过优秀传统文化教育，引导学生学习传统道德观念，如尊老爱幼、诚实守信、勤俭节约等，帮助他们形成正确的价值观和道德观，培养良好的道德品质和社会责任感。

3. 智识提升

优秀传统文化中蕴含着丰富的知识和智慧，学校通过优秀传统文化教育，将这些知识融入课程之中，让学生在学习过程中感受优秀传统文化的魅力。这不仅有助于提升学生的文化素养和知识水平，还有助于培养他们的批判性思维和创新能力，为未来的学习和生活奠定坚实的基础。

4. 艺术熏陶

优秀传统文化中蕴含着丰富的艺术元素，如诗词歌赋、书画艺术、音乐舞蹈等。学校通过优秀传统文化教育，让学生在艺术欣赏和创作过程中感受传统文化的韵味，培养他们的审美情趣和艺术鉴赏能力。这不仅有助于提升学生的综合素质和创造力，还有助于培养他们的情感和情操，丰富他们的精神生活。

5. 情感共鸣

优秀传统文化是一个民族的情感纽带，它承载着民族的记忆和情感。学校通过优秀传统文化教育，让学生了解和体验传统文化的情感内涵，与他们产生情感共鸣。这种共鸣不仅有助于增强学生的民族自豪感和文化自信心，还有助于培养他们的爱国情怀和奉献精神，❶为国家的繁荣富强贡献自己的力量。

6. 创新启发

优秀传统文化历史悠久，其内涵和价值具有永恒的价值。学校通过优秀传统文化教育，引导学生从中汲取智慧和灵感，激发他们的创新精神和创造力。这不仅有助于培养学生的创新思维和实践能力，还有助于他们在未来的学习和工作中发挥更大的作用，并推动社会的进步和发展。

7. 国际交流

优秀传统文化是一个民族的独特符号和标识，它在国际交流中具有重要的地位和作用。学校通过优秀传统文化教育，让学生了解本民族的文化特色和优势，培养他们的跨文化交流能力和国际视野。这不仅有助于增强学生的国际竞争力，还有助于促进不同文化之间的交流和融合，推动世界的和平与发展。

8. 社会和谐

优秀传统文化中蕴含着和谐社会的理念和价值观，如仁爱、诚信、宽容等。学校通过优秀传统文化教育，引导学生学习这些价值观并将其融入日常生活中，培养他们的和谐意识和公民意识。这不仅有助于促进校园的和谐稳定，还有助于推动社会的和谐进步和发展。

综上所述，优秀传统文化在学校教育中具有深远的价值和意义。通过传承历史脉络、德育培养、智识提升、艺术熏陶、情感共鸣、创新启发、国际交流和社会和谐等方面的教育内容和方式，学校可以充分发挥传统文化的育人作用，为学生的全面发展和社会的和谐进步提供有力支持。

---

❶ 谢茜，佘醒，马玲. 中华传统文化与现代设计课程融合的教学模式构建 [J]. 包装工程，2024，45 (S1): 513-517.

第二节 教育理念与中华优秀传统文化

一、教育理念的形成与发展

（一）教育理念的演变过程

教育理念作为指导教育实践活动的核心思想，其发展历程跨越了数千年，经历了从古代到当代的深刻变革。下面将从古代教育理念、近代教育理念、现代教育理念以及当代教育理念四个方面，探讨教育理念的演变过程。

1. 古代教育理念

（1）起源与特点。古代教育理念深深植根于各文明的哲学、宗教和社会制度之中。在中国，儒家思想占据了主导地位，强调"教化万民""有教无类"和"因材施教"。儒家教育重视道德教育、礼仪规范和社会责任感的培养，追求"君子"人格的形成。在西方，古希腊哲学家如柏拉图和亚里士多德等，提出了关于教育目的、内容和方法的重要思想，强调理性、美德和智慧的培养。

（2）代表性理念。

①儒家教育：以"仁、义、礼、智、信"为核心，注重道德修养和社会秩序。

②古希腊哲学教育：追求智慧与美德的统一，强调思辨能力和逻辑思维的培养。

2. 近代教育理念

（1）背景与转型。随着工业革命的到来，社会对技术型人才的需求急剧增加，这促使教育理念发生了重大转变。近代教育开始注重科学知识的传授和实用技能的培养，以满足社会经济发展的需要。同时，随着民主思想的兴起，教育普及成为重要议题，教育权利逐渐从贵族阶层扩展到普通民众。

（2）代表性理念。

①实用主义教育：以美国教育家杜威为代表，强调教育应服务于生活，注重学生的实际操作能力和问题解决能力的培养。

②国家主义教育：强调教育应以国家需求为导向，国家全面控制教育。

3. 现代教育理念

（1）全球化与多元化。进入 20 世纪后，随着全球化的加速和科技的飞速发展，现代教育理念呈现出多元化和包容性的特点。教育不再局限于传统的学科体系，而是更加注重跨学科整合和综合素质的培养。同时，教育国际化趋势明显，国际教育交流与合作日益频繁。

（2）代表性理念。

①终身教育：强调教育应贯穿人的一生，不仅仅局限于学校教育阶段，而是应鼓励人们不断学习、更新知识。

②全人教育：关注学生全面发展，包括智力、情感、道德、身体等多个方面，旨在培养具有创新精神和社会责任感的人才。

③教育信息化：利用信息技术手段改进教学手段和方法，提高教学效率和质量，促进教育公平。

4. 当代教育理念

（1）创新与未来导向。当代教育理念更加注重创新精神和未来导向。面对快速变化的社会环境和未来挑战，教育需要培养学生的创新思维、批判性思维和解决问题的能力。同时，随着人工智能、大数据等新技术的发展，教育领域也开始探索智能化教学的可能性。

（2）代表性理念。

① STEM 教育：强调科学、技术、工程和数学四个领域的整合学习，旨在培养学生的创新思维和实践能力。

②个性化教育：利用技术手段实现因材施教，关注每个学生的独特需求和兴趣点，提供个性化的学习路径和支持。

③可持续发展教育：关注环境、经济和社会可持续发展的问题，培养学生的环保意识和社会责任感，为未来世界的可持续发展做出贡献。

总之，教育理念的演变过程是一个不断适应社会发展需求、融合新思想和新技术的过程。从古代到当代，教育理念经历了从注重道德修养到注重科学实用、从强调知识传授到注重能力培养、从单一学科体系到跨学科整合、从封闭保守到开放包容的深刻变革。未来，随着科技的不断进步和社会的持续发展，教育理念将继续演进和完善，为培养更多具有创新精神和社会责任感的人才贡献力量。

（二）教育理念与传统文化的关系

在教育领域，教育理念与传统文化之间存在着千丝万缕的联系。两者相互交织、相互影响，共同塑造了教育的面貌和内涵。

1. 理念起源与文化根基

教育理念的起源往往深植于特定的文化土壤之中。不同的文化背景孕育了各具特色的教育理念。例如，儒家文化强调"仁爱""礼义"，这些思想成为中国传统教育理念的重要基石，影响着数千年的教育实践。同样，西方古希腊哲学中的理性主义、自然主义等思想，也为西方教育理念的形成提供了深厚的思想资源。因此，教育理念的形成与发展，离不开其所在文化根基的滋养。

2. 传统文化对教育的影响

传统文化对教育的影响是深远而广泛的。它不仅为教育提供了价值导向和道德规范，还塑造了教育的内容、方法和目标。在中国，传统文化强调"德育为先"，这一思想在教育实践中得到了充分体现，形成了注重品德教育、强调人格培养的教育特色。而在西方，传统文化中的理性主义精神促进了自然科学教育的发展，推动了教育向科学化、系统化的方向迈进。

3. 教育理念对传统的传承

教育理念在传承传统文化方面发挥着重要作用。通过教育，我们可以将传统文化中的精髓传递给下一代，使之得以延续和发展。教育理念中的课程设置、教材内容、教学方法等，都是传承传统文化的重要途径。例如，在课程设置上，许多国家都会将传统文化作为必修或选修课程纳入教育体系；在教学方法上，通过讲解、讨论、实践等方式，引导学生深入理解和体验传统文化的魅力。

4. 融合创新：现代与传统对话

在教育领域，现代与传统并不是对立的，而是可以相互融合、相互促进的。现代教育理念在吸收传统文化精髓的基础上，不断进行创新和发展，以适应时代的变化和需求。同时，传统文化也在与现代教育理念的对话中焕发出新的生机和活力。这种融合创新的过程，不仅丰富了教育的内涵和外延，还促进了文化的多样性和繁荣。

5. 核心价值观的共同塑造

教育理念与传统文化在塑造核心价值观方面具有共同的作用。无论是现代教育理念还是传统文化，都强调对人的全面发展和社会责任感的培养。通过教育，我们可以引导学生树立正确的世界观、人生观和价值观，培养他们成为具有高尚品德、创新精神和社会责任感的人才。[1] 这种核心价值观的塑造，不仅有助于个人的成长和发展，也有助于社会的和谐与进步。

6. 教育方法的文化适应性

教育方法的选择和应用需要充分考虑文化适应性。不同的文化背景和社会

---

[1] 徐楠. 红色影视文化对新时代大学生价值观的影响研究 [D]. 南京：南京信息工程大学，2023.

环境对教育方法有着不同的要求和期望。因此，在教育实践中，我们需要根据具体的文化背景和实际情况选择合适的教育方法。例如，在一些注重集体主义和集体荣誉感的文化中，合作学习、团队项目等方法可能更加有效，而在一些强调个人主义和独立思考的文化中，自主学习、探究式学习等方法可能更加适合。

7. 传统文化资源的利用与开发

传统文化是一座丰富的资源库，为教育提供了宝贵的素材和灵感。通过深入挖掘和利用传统文化资源，我们可以丰富教育的内容和形式，提高教育的吸引力和感染力。例如，我们可以利用传统节日、民俗活动、历史故事等资源开展主题教育活动，也可以将传统艺术形式如书法、绘画、音乐等融入课堂教学之中，培养学生的审美能力和文化素养。同时，我们还需要不断创新开发新的传统文化资源利用方式，以适应时代的变化和需求。

总之，教育理念与传统文化之间存在着紧密的联系和相互作用。我们应该充分认识到这种关系的重要性，并积极采取措施促进两者的融合与发展，为培养更多具有创新精神和社会责任感的人才贡献力量。

二、传统文化对教育理念的影响

（一）传统文化对教育理念的塑造作用

传统文化，作为民族历史与智慧的结晶，不仅承载着深厚的文化底蕴，还对教育理念的塑造产生了深远影响。在教育实践中，传统文化以其独特的魅力，为教育理念提供了丰富的思想资源和精神支撑。

1. 伦理道德教育根基

传统文化是伦理道德教育的根基。儒家思想强调"仁爱""礼义廉耻"等道德观念，这些思想成了中国古代乃至现代教育体系中不可或缺的部分。通过传统文化的熏陶，学生能够在潜移默化中树立正确的道德观、价值观，培养高尚的道德情操和社会责任感。这种伦理道德教育不仅关乎个人的品德修养，更关乎社会的和谐与稳定。

2. 尊师重道学风培育

"尊师重道"是传统文化中的重要理念，它强调对知识和学问的尊重，以及对教师的崇敬之情。在教育领域，这一理念促使形成了尊师重教的良好学风形成。学生尊重教师，虚心求教，教师则以身作则，严谨治学。这种相互尊重、共同进步的师生关系，为教育质量的提升和教育事业的发展奠定了坚实基础。

3. 经典诵读智慧启迪

传统文化中的经典著作，如《论语》《诗经》《史记》等，蕴含着丰富的智慧和人生哲理。通过诵读经典，学生不仅能够获得语言文字的训练，更能领略到古代先贤的智慧和思想精髓。这种智慧启迪有助于培养学生的思考能力、判断能力和创新能力，为他们未来的学习和生活提供有力支持。

4. 礼仪规范行为塑造

传统文化注重礼仪规范的教育，认为这是个人修养和社会秩序的重要体现。在教育过程中，通过教授学生礼仪规范，可以培养他们的文明举止、优雅气质和良好品德。这种礼仪规范的行为塑造不仅有助于学生的个人成长，也有助于社会的文明进步。

5. 创新思维历史借鉴

传统文化中蕴含着丰富的创新思维和历史智慧。通过学习和研究传统文化，学生可以从中汲取创新灵感和历史借鉴，❶ 为现代科技的发展和社会问题的解决提供新思路和新方法。同时，传统文化中的创新精神和探索精神也激励着学生勇于尝试、敢于创新。

6. 集体主义价值导向

传统文化中强调集体主义精神，认为个人应服从集体、服务集体。在教育领域，这一价值导向促使学生形成团结协作、互帮互助的良好风尚。通过集体活动和社会实践等方式，学生可以深刻体会到集体力量的重要性，并学会在集体中发挥自己的作用、贡献自己的力量。

7. 坚韧不拔意志培养

传统文化中蕴含着坚韧不拔、自强不息的精神。这种精神在教育过程中得到了充分体现和传承。通过面对困难和挑战的不断努力和奋斗，学生可以逐渐培养出坚韧不拔的意志品质和勇往直前的精神风貌。这种意志培养不仅有助于学生在学业上取得优异成绩，更有助于他们在未来的生活和工作中应对各种挑战和困难。

8. 和谐共生生态观念

传统文化中蕴含着和谐共生的生态观念，强调人与自然的和谐相处、相互依存。在教育领域，这一观念促使学生形成尊重自然、保护环境的意识和习惯。通过生态教育和环保实践活动等方式，学生可以深入了解生态环境的重要性和脆弱性，并学会以实际行动为保护生态环境贡献自己的力量。

综上所述，传统文化在教育理念的塑造中发挥着不可替代的作用。它不仅为教育提供了丰富的思想资源和精神支撑，还通过具体的教育实践方式影响着学生的成长和发展。因此，在教育领域我们应充分发掘和利用传统文化资源，为培养更多具有高尚品德、创新能力和社会责任感的人才贡献力量。

---

❶ 王静. 论国学教育对弘扬优秀传统文化的重要性[J]. 汉字文化，2023(18): 49-51.

（二）举例说明传统文化在现代教育理念中的体现

传统文化在现代教育理念中的体现是多方面的，以下通过五个具体实例来进行说明。

1. 课程设置与教学内容融合

实例：上海市某小学开设的"诗语传承"特色课程，就是一个典型的将传统文化融入现代教育的实例。在这门课程中，学生不仅学习古代诗词的背诵和鉴赏，还通过创作和表演来深化对古诗词的理解和感悟。学校通过组织诗词大赛、诗会等活动，激发了学生对古诗词的兴趣，有效传承了优秀传统文化，并提升了学生的语言表达能力和审美能力。这种课程设置和教学内容的创新，使优秀传统文化在现代教育体系中焕发出新的活力。

2. 教学方法与活动创新

实例：湖南省岳阳市某中学将围棋与数学课程相结合，推出了"棋道大讲堂"课程。这一创新的教学方式，不仅让学生在学习围棋的过程中锻炼了数学思维能力，还体验到了优秀传统文化的智慧和哲学思考。学校还邀请国内知名的围棋大师来校授课，为学生提供了更多元化的学习资源和机会。这种教学方法的创新，实现了传统文化与现代学科的有机融合，促进了学生的全面发展。

3. 道德教育与价值引导

实例：在高校思想政治教育中，中华优秀传统文化被广泛运用以引导学生树立正确的道德观和价值观。例如，高校教师在讲授社会主义核心价值观时，可以结合儒家思想中的"仁爱""礼义"等观念，引导学生理解这些传统美德的现代意义，并在日常生活中践行。通过这种方式，学生能够在学习过程中感受到传统文化的魅力，同时增强民族认同感和文化自信。

4. 校园文化建设与氛围营造

实例：许多学校注重将优秀传统文化元素融入校园文化建设中，通过悬挂古诗词书画、设置传统文化长廊等方式，营造浓厚的传统文化氛围。这种氛围的营造不仅美化了校园环境，还让学生在潜移默化中接受传统文化的熏陶和感染。同时，学校还组织各种传统文化主题活动，如书法、国画、民乐欣赏等，激发学生的兴趣和参与度，进一步加深学生对优秀传统文化的了解和认同。

5. 融合现代科技手段

实例：在优秀传统文化教育中，现代科技手段的运用也越来越普遍。例如，一些学校利用虚拟现实（VR）技术让学生身临其境地体验古代文化场景；通过在线平台提供多样化的传统文化学习资源；利用大数据分析学生的学习行为和兴趣偏好，为他们提供个性化的学习路径等。这些现代科技手段的运用，不仅提高了传统文化教育的趣味性和互动性，还使传统文化更加贴近现代生活，更容易被年轻一代所接受和传承。

综上所述，优秀传统文化在现代教育理念中的体现是多方面的，从课程设置与教学内容的创新、教学方法与活动的多样化、道德教育与价值引导的强化、校园文化建设与氛围的营造到融合现代科技手段等方面都有所体现。这些实践不仅有助于传承和弘扬优秀传统文化，还促进了学生的全面发展和创新能力的培养。

三、基于优秀传统文化的现代教育理念构建

在当今全球化与信息化并行的时代背景下，优秀传统文化作为民族精神的根基与智慧的结晶，对于塑造现代教育理念、促进学生全面发展起着不可替代的作用。构建一个基于传统文化的现代教育理念框架，需要通过八个核心维度——文化认同与自信、教育理念融合、课程体系构建、教学方法创新、课外活动拓展、师资队伍建设、社会责任培养及国际视野融合，来探讨如何在现代教育中有效传承与弘扬优秀传统文化。

（一）文化认同与自信

1. 内容概述

文化认同与自信是现代教育的基石。在优秀传统文化教育框架下，首要任务是培养学生的文化认同感，使他们对本民族的历史、文化、价值观产生深厚的情感联系和认同。同时，通过深入学习优秀传统文化的精髓，增强学生的文化自信，使他们能够在多元文化的世界中坚守本民族的文化根脉，同时开放包容地接纳其他文化。

2. 实施策略

（1）课程渗透。在各学科教学中融入优秀传统文化元素，如语文课的古诗词鉴赏、历史课的历史人物与事件讲述等。

（2）文化活动。定期举办文化节庆活动、传统艺术展览等，让学生在参与中体验优秀传统文化的魅力。

（3）家校合作。加强与家庭和社会的联系，共同营造浓厚的优秀传统文化氛围，形成文化认同与自信的合力。

（二）教育理念融合

1. 内容概述

优秀传统文化与现代教育理念并非对立，而是可以相互融合、相互促进的。在构建现代教育理念框架时，应充分挖掘优秀传统文化中的教育智慧，如"因材施教""启发式教学"等，与现代教育理念相结合，形成具有中国特色的现代教育理念体系。

2. 实施策略

（1）理论研究。加强优秀传统文化与现代教育理念融合的理论研究，探索其内在逻辑与实践路径。

（2）教师培训。对教师进行优秀传统文化与教育理念的融合培训，提升他们的专业素养和教学能力。❶

（3）实践探索。鼓励教师在教学实践中尝试融合优秀传统文化与现代教育理念的方法与策略，总结经验并推广。

（三）课程体系构建

1. 内容概述

课程体系是优秀传统文化教育的重要载体。构建基于优秀传统文化的现代教育课程体系，应涵盖语言文学、历史哲学、艺术审美等多个领域，形成层次清晰、内容丰富的课程体系。

2. 实施策略

（1）课程设置。根据学生年龄特点和认知规律，设置不同年级的优秀传统文化课程，确保课程的系统性和连贯性。

（2）教材编写。组织专家编写高质量的优秀传统文化教材，注重内容的科学性、趣味性和时代性。

（3）跨学科整合。加强优秀传统文化课程与其他学科的整合，如将优秀传统文化融入数学、科学等学科教学中，实现跨学科教育。

（四）教学方法创新

1. 内容概述

教学方法的创新是提高优秀传统文化教育质量的关键。在传承与弘扬优秀传统文化的过程中，应不断探索适合学生特点的教学方法，如情境教学、项目式学习等，以激发学生的学习兴趣和积极性。❷

2. 实施策略

（1）情境教学。创设与优秀传统文化相关的情境，让学生在情境中学习、体验和感悟。❸

（2）项目式学习。围绕优秀传统文化主题设计项目式学习任务，鼓励学生自主探究、合作交流。

---

❶ 李金菊. 如何在小学语文四年级教学中弘扬中华优秀传统文化 [C]// 中国陶行知研究会. 2023 年第七届生活教育学术论坛论文集. 乌鲁木齐市第 109 中学，2023: 4.

❷ 黄霞. 基于 OBE 理念的"一体三维三翼"课堂教学模式改革与实践——以工商管理专业为例 [J]. 老字号品牌营销，2024 (11): 209-211.

❸ 靳立恒. 高中英语教学中多元读写模式的运用策略 [J]. 山东教育，2024 (11): 57-58.

（3）数字化教学。利用现代信息技术手段，如虚拟现实（VR）、增强现实（AR）等，丰富优秀传统文化教学手段和形式。

（五）课外活动拓展

1. 内容概述

课外活动是优秀传统文化教育的重要延伸。通过组织丰富多彩的课外活动，可以进一步拓展学生的视野和知识面，增强他们的实践能力和创新能力。

2. 实施策略

（1）社团组织。成立优秀传统文化相关的学生社团或兴趣小组，如书法社、戏曲社等，为学生提供展示和交流的平台。

（2）社会实践。组织学生参与优秀传统文化相关的社会实践活动，如参观博物馆、参与非物质文化遗产保护等。

（3）志愿服务。鼓励学生参与优秀传统文化传承与弘扬的志愿服务活动，培养他们的社会责任感和奉献精神。[1]

（六）师资队伍建设

1. 内容概述

师资队伍是优秀传统文化教育质量的保证。建设一支高素质、专业化的师资队伍，对于推动优秀传统文化教育的发展具有重要意义。

2. 实施策略

（1）专业培训。定期组织教师参加优秀传统文化教育与教学方面的专业培训，提升他们的专业素养和教学能力。[2]

（2）人才引进。积极引进具有优秀传统文化背景和教育教学经验的优秀人才，充实师资队伍。[3]

（3）激励机制。建立健全的激励机制，鼓励教师在优秀传统文化教育方面进行创新和实践。

（七）社会责任培养

1. 内容概述

优秀传统文化蕴含着丰富的社会责任意识和道德观念。在现代教育理念框架下，应注重培养学生的社会责任感，使他们成为有担当、有作为的公民。

---

[1] 古丽米热·尔肯. 高等数学课程中思政元素的挖掘与融入路径研究 [J]. 教师，2024 (21): 39-41.

[2] 贾文园，贾兴飞. 广西边境地区中职学校发展策略研究 [J]. 大众文艺，2024 (6): 193-195.

[3] 马震东. 旅游管理专业中劳动教育的融入路径探索 [C]// 河南省民办教育协会. 2024 高等教育发展论坛暨思政研讨会论文集（下册）. 桂林旅游学院，2024: 3.

2. 实施策略

（1）德育课程。加强德育课程建设，将传统文化中的优秀道德观念融入其中，引导学生树立正确的世界观、人生观和价值观。

（2）社会实践。组织学生参与社会公益活动、志愿服务等实践活动，培养他们的社会责任感和奉献精神。❶

（3）家庭教育。加强与家庭的沟通与合作，共同营造良好的家庭教育环境，培养学生的家庭责任感和社会责任感。

（八）国际视野融合

1. 内容概述

在全球化的今天，国际视野的融合是现代教育不可或缺的一部分。基于优秀传统文化的现代教育理念，不仅要在本土文化中深耕细作，更要具备开放包容的心态，将传统文化置于全球语境下进行审视与交流，促进文化的多样性和相互理解。

2. 实施策略

（1）跨文化交流。加强与国际教育机构、学校及学者的交流与合作，通过互访、研讨会等形式，增进对彼此文化的了解与尊重。

（2）双语或多语教学。在条件允许的情况下，推行双语或多语教学，培养学生的语言能力和跨文化交际能力。

（3）国际课程与认证。引入国际认可的传统文化课程与认证体系，如"国际中文教育标准"等，提升传统文化教育的国际影响力。

（4）数字平台与资源。利用互联网平台，建立全球性的传统文化教育资源库，分享教学案例、研究成果和文化产品，促进全球范围内的文化学习与交流。

（5）国际文化节日庆祝。在校园内举办国际文化节、庆典活动，邀请外国师生参与，共同庆祝世界各国的传统节日，增进文化多样性体验。

（6）培养国际传播人才。在优秀传统文化教育领域，注重培养具有国际视野和文化传播能力的人才，鼓励他们成为连接不同文化桥梁的使者。

总之，基于优秀传统文化的现代教育理念框架，是一个系统工程，需要政府、学校、家庭及社会各界的共同努力与支持。❷ 通过强化文化认同与自信、融合教育理念、构建课程体系、创新教学方法、拓展课外活动、加强师资队伍建设、培养社会责任以及融合国际视野等多方面的努力，我们不仅能有效传承与弘

---

❶ 储雅珩. 新时代高校"三下乡"实践育人项目化管理创新探索——以"寻路"红色实践团队为例 [J]. 教育信息化论坛, 2023 (11): 105-107.

❷ 刘传雷, 李菲菲, 陶林. "后现代社会"视角：突发公共卫生事件下的积极社会心态培育 [J]. 南京医科大学学报 (社会科学版), 2024, 24 (4): 375-381.

扬中华优秀传统文化，还能培养出具有国际竞争力和文化自信的复合型人才，为构建人类命运共同体贡献中国智慧与力量。

第三节　课程内容与中华优秀传统文化

一、课程内容的设计原则

（一）课程内容设计的基本原则

课程内容设计的基本原则是确保教学活动有效、系统且具有吸引力，以促进学生的全面发展。这些原则包括但不限于以下几个方面：

1. 目标导向性

（1）定义。课程内容设计应以明确的学习目标为导向，确保所有教学活动和资源都紧密围绕这些目标展开。

（2）实施要点。

①确定清晰、具体、可测量的学习目标。

②确保课程内容能够覆盖并有效支持这些目标的实现。

2. 学生中心性

（1）定义。课程设计应以学生为中心，关注学生的需求、兴趣、能力和学习风格，确保课程内容贴近学生的实际生活和经验。

（2）实施要点。

①进行学情分析，了解学生的学习背景和特点。

②设计多样化的教学活动，满足不同学生的学习需求。

③鼓励学生参与课程设计过程，增强他们的学习主动性和自主性。

3. 系统性和连贯性

（1）定义。课程内容应具有系统性和连贯性，各个环节之间要有明确的逻辑关系和衔接，确保学生能够循序渐进地掌握知识和技能。

（2）实施要点。

①按照知识的逻辑顺序和学生的认知规律设计课程内容。

②确保前后课程内容之间的衔接和过渡自然流畅。

③定期检查课程内容的一致性和完整性。

4. 多元化和灵活性

（1）定义。课程内容设计应注重多元化和灵活性，采用多种教学方法和手段，以适应不同学生的学习需求和兴趣。

（2）实施要点。

①结合讲授、讨论、实验、实践等多种教学方式。

②利用多媒体、网络等现代技术手段丰富教学手段。

③根据学生的学习反馈及时调整课程内容和教学方法。

5. 实践性和体验性

（1）定义。课程内容设计应注重实践性和体验性，通过实际操作和亲身体验来巩固和应用所学知识，增强学生的实践能力和创新能力。

（2）实施要点。

①设计实践性强的教学活动，如实验、实训、项目等。

②鼓励学生参与社会实践和志愿服务等活动，将所学知识应用于实际生活中。❶

③定期组织学生进行成果展示和交流活动，分享学习经验和成果。

6. 跨学科性

（1）定义。课程内容设计应具有跨学科性，打破学科壁垒，将不同学科的知识和方法融合起来进行综合探究。

（2）实施要点。

①设计跨学科的主题或项目活动，引导学生综合运用多学科知识解决问题。

②加强学科之间的交流与合作，促进知识的交叉融合。

③培养学生的跨学科思维能力和综合素养。

7. 时代性和创新性

（1）定义。课程内容设计应紧跟时代步伐，融入最新科技成果和社会发展趋势，同时注重培养学生的创新意识和创新能力。

（2）实施要点。

①引入最新的科技成果和行业动态作为教学内容的一部分。

②设计具有创新性的教学活动和实验项目，激发学生的创新兴趣。

③培养学生的批判性思维和问题解决能力，鼓励他们在学习中不断探索和创新。

综上所述，课程内容设计的基本原则是一个综合性的框架，旨在确保教学活动的高效、系统、多样化和创新性，以促进学生的全面发展和终身学习。

（二）传统文化在课程内容设计中的作用

传统文化在课程内容设计中的作用是多维度且深远的，它不仅仅是知识的传授，更是对学生文化认同感、价值观、创新思维以及综合素质的全方位塑造。以

---

❶ 曲建英. 网络环境下高校思想政治教育策略研究 [C]// 香港新世纪文化出版社. 2023 年第六届智慧教育与人工智能发展国际学术会议论文集（第三卷）. 河北东方学院，2023: 3.

下将详细阐述传统文化在课程内容设计中的具体作用：

1. 强化文化认同与民族自豪感

传统文化是民族身份的重要标识，通过学习优秀传统文化，学生能够深入了解自己民族的历史、传统和价值观，从而增强文化认同感和民族自豪感。❶ 这种认同感有助于形成强烈的国家意识和民族凝聚力，为国家的长治久安提供精神支撑。

2. 丰富课程资源，提升文化素养

传统文化包含了丰富的文学、艺术、历史、哲学、科技等各个领域的资源，这些资源为课程内容设计提供了丰富的素材。通过引入优秀传统文化，可以使课程内容更加丰富多彩，提升学生的学习兴趣和积极性，同时也有助于提升学生的文化素养和人文底蕴。

3. 传承美德，塑造良好品格

传统文化中蕴含着许多优秀的美德和价值观，如仁爱、诚信、孝道、礼仪等。❷ 这些美德和价值观对于塑造学生的良好品格和道德观念具有重要作用。通过将优秀传统文化融入课程内容，可以引导学生学习和践行这些美德，培养他们的高尚情操和道德品质。

4. 激发创新思维，培养创造力

传统文化不仅是历史的积淀，也是创新的源泉。通过学习优秀传统文化，学生可以了解到前人的智慧和创造力，从而激发他们的创新思维和创造力。同时，优秀传统文化中的艺术、工艺、科技等领域也为学生提供了广阔的创作空间，鼓励他们进行创新和尝试。

5. 拓宽国际视野，促进文化交流

在全球化的背景下，文化交流变得越来越重要。通过学习优秀传统文化，学生可以了解到不同国家和民族的文化特点和差异，拓宽他们的国际视野。同时，传统文化也是中华文化走向世界的重要载体，通过学习优秀传统文化，学生可以更好地向世界展示中华文化的魅力和价值，促进不同文化之间的交流和理解。

6. 培养学生的审美情趣与人文素养

传统文化中的诗词歌赋、书法绘画、戏曲音乐等艺术形式，具有很高的审美价值。通过学习这些艺术形式，学生可以培养自己的审美情趣和艺术鉴赏能力。❸ 同时，传统文化还蕴含着丰富的人文精神，如人文关怀、人文精神、哲学思考等，通过学习这些人文精神，学生可以提升自己的人文素养和人文精神。

---

❶ 陈苗，万永成. 文化润疆背景下铸牢新疆高校中华民族共同体意识的路径探析 [J]. 大学，2024 (21): 185-188.

❷ 王静. 论国学教育对弘扬优秀传统文化的重要性 [J]. 汉字文化，2023 (18): 49-51.

❸ 同上。

综上所述，传统文化在课程内容设计中具有不可替代的作用。通过合理地将优秀传统文化融入课程内容中，可以促进学生全面发展、提升文化素养、增强文化认同感、培养创新思维和跨文化交流能力等多方面的素质。

二、如何在不同学科中融入传统文化内容

传统文化在不同学科中的应用是广泛而深入的，它不仅能够丰富教学内容，还能提升学生的文化素养和民族认同感。以下是一些具体的应用示例：

1. 语文学科

在语文教学中，传统文化扮演着至关重要的角色。

（1）古诗词与古文教学。通过教授《诗经》《楚辞》、唐诗宋词等古代文学作品，让学生能够了解古代社会的风土人情、历史变迁以及文学家的思想和追求。例如，在学习李白的《静夜思》时，不仅可以分析其诗句的意境和情感，还可以引导学生了解唐代的文化背景和诗人李白的生平事迹。

（2）汉字与书法教学。汉字是传统文化的重要载体，书法则是汉字艺术的独特表现形式。在语文教学中，可以通过教授汉字的起源、演变过程以及书法的基本技巧，让学生感受汉字的结构美和书写艺术的魅力。

2. 历史学科

（1）历史事件与人物教学。在讲解历史事件和人物时，可以融入传统文化的元素。例如，在讲述春秋战国时期的历史时，可以介绍儒家、道家等思想流派的起源和发展，以及它们对后世的影响。在讲述清朝时期的历史时，可以引入满族的传统文化和生活习俗。

（2）传统文化与社会生活的联系。通过分析传统文化在社会生活中的表现和影响，帮助学生更好地理解历史。例如，可以讲解传统节日（如春节、中秋节）的起源、习俗和意义，以及它们对现代生活的影响。

3. 艺术学科

（1）传统艺术形式教学。在艺术学科中，可以教授国画、书法、戏曲、剪纸等传统艺术形式。这些艺术形式不仅具有独特的审美价值，还蕴含着丰富的文化内涵。通过学习这些艺术形式，学生可以掌握其基本技巧，并了解形式背后的文化故事和历史背景。

（2）创作与实践。鼓励学生进行艺术创作实践，如绘制国画、创作书法作品、参与戏曲表演等。在创作过程中，学生可以亲身体验传统文化的艺术魅力，培养创新思维和审美能力。

4. 数学学科

（1）古代数学成就教学。在数学学科中，可以介绍中国古代数学的重要成

就，如《九章算术》中的方程解法、祖冲之计算圆周率等。这些成就不仅展示了中国古代数学文化的辉煌，还为学生提供了丰富的学习素材。

（2）数学文化与传统文化的结合。在讲解数学知识时，可以将其与传统文化相结合。例如，在讲解几何知识时，可以引入中国古代的园林艺术和设计理念；在讲解数列和递推关系时，可以引入中国古代的"围棋棋谱"等经典案例。

5. 道德学科

（1）传统道德与价值观教学。在道德与法治学科中，可以传授传统的道德观念和价值观，如仁、义、礼、智、信等。这些道德观念和价值观是传统文化中的精髓，对培养学生的道德品质和人文素养具有重要意义。

（2）传统文化中的德育故事。通过讲述传统文化中的德育故事，如"孔融让梨""黄香温席"等，让学生感受传统美德的力量和魅力，引导他们在日常生活中践行这些美德。

综上所述，传统文化在不同学科中的应用是多种多样的，它不仅丰富了教学内容，还提升了学生的文化素养和民族认同感。通过在各学科中融入传统文化元素，我们可以更好地传承和弘扬中华优秀传统文化。

三、传统文化课程开发与实施

（一）传统文化课程开发的基本步骤

传统文化课程开发的基本步骤可以归纳为以下六个方面，以确保课程内容的丰富性、教育性和吸引力：

1. 确定课程目标

（1）明确教育目的。首先需要明确传统文化课程的教育目的，即希望通过课程传授给学生哪些知识、技能和价值观。例如，提升学生的文化素养、增强民族认同感、培养道德品质等。

（2）设定具体目标。根据教育目的，设定具体、可衡量的课程目标。这些目标应涵盖知识掌握、技能提升、情感态度等多个方面。[1]

2. 选择课程内容

（1）内容筛选。根据课程目标，筛选适合的传统文化内容。内容应具有代表性、教育性和趣味性，能够引起学生的兴趣并满足学生学习需求。

（2）内容整合。将筛选出的内容进行整合，形成系统的课程体系。内容可以包括经典文学作品、历史故事、传统节日、民间艺术、传统道德观念等。

---

[1] 靳立恒. 高中英语教学中多元读写模式的运用策略 [J]. 山东教育，2024 (11): 57-58.

3. 设计课程结构

（1）划分学习单元。将课程内容划分为若干个学习单元，每个单元围绕一个核心主题展开。学习单元的划分应遵循学生的认知规律和学科特点。

（2）安排教学顺序。根据学习单元的难易程度和教学需要，合理安排教学顺序。确保课程内容的连贯性和系统性。

4. 制订课程计划

（1）确定教学时长。根据课程内容和学习目标，确定每个学习单元的教学时长。确保教学时间的充足性和合理性。

（2）规划教学活动。制订详细的教学活动计划，包括教学方法、教学手段、教学评估等。确保教学活动的多样性和有效性。

5. 评估与调整

（1）效果评估。通过定期的检测和评估，了解学生对课程内容的掌握情况和学习效果。评估方式可以包括课堂测试、作业检查、学生反馈等。

（2）课程调整。根据评估结果和学生反馈，及时调整课程内容和教学方法。确保课程能够满足学生的学习需求并达到预期的教育效果。

6. 具体实施策略

（1）优化教学方法。采用多样化的教学方法，如讲授法、讨论法、案例分析法、角色扮演法等，激发学生的学习兴趣和参与度。

（2）加强实践教学。组织学生参与传统文化实践活动，如书法练习、戏曲表演、传统节日庆祝等，让学生在实践中感受传统文化的魅力。[1]

（3）培养师资队伍。加强教师队伍建设，提高教师的专业素养和文化修养。组织教师参加培训和学习交流活动，提升教学水平和教育质量。

（4）整合教学资源。充分利用校内外资源，如图书馆、博物馆、文化遗址等，为学生提供丰富的学习材料和实践机会。

（5）营造文化氛围。在校园内营造浓厚的传统文化氛围，如设置文化墙、举办文化讲座、组织文化展览等，让学生感受到传统文化的魅力。

通过以上步骤和策略的实施，可以开发出内容丰富、教育性强、吸引力大的传统文化课程，为学生的全面发展提供有力支持。

（二）传统文化课程实施的有效策略

传统文化课程实施的有效策略可以归纳为以下六个方面：

1. 明确课程目标，突出教育价值

传统文化课程的目标应明确且具有教育价值，旨在培养学生的文化素养、民

---

[1] 李艳玲. 传统文化与新时代思想政治教育融合的路径与策略研究 [J]. 中国军转民，2024 (5): 36-38.

族认同感和道德品质。课程应紧扣传统文化精髓，注重学生的全面发展，强调知识传授与价值观培养的结合。

2. 丰富课程内容，增强趣味性

（1）内容选择。课程内容应广泛覆盖传统文化的各个领域，如经典文学、历史故事、传统节日、民间艺术、传统道德观念等。选择具有代表性的内容，确保学生能够全面了解传统文化的多样性。

（2）趣味性增强。通过引入故事化、游戏化等教学方式，增强课程的趣味性。例如，可以组织学生观看传统文化相关的动画片、纪录片，或者通过角色扮演、情景模拟等活动让学生亲身体验传统文化的魅力。

3. 创新教学方法，提高教学效果

（1）多样化教学。采用讲授法、讨论法、案例分析法、实践操作等多种教学方法，满足不同学生的学习需求。通过多样化的教学手段，激发学生的学习兴趣和参与度。❶

（2）现代教育技术。利用多媒体、网络等现代教育技术手段，丰富教学资源，提高教学效果。❷ 例如，可以制作传统文化相关的多媒体课件、视频资料等，供学生在课堂上或课外学习使用。

4. 强化实践环节，促进学以致用

（1）实践活动。组织学生参与传统文化实践活动，如书法练习、国画创作、戏曲表演、传统节日庆祝等。通过实践活动，让学生亲身体验传统文化的魅力，加深对优秀传统文化的理解和认同。❸

（2）校内外结合。加强与校外文化机构的合作与交流，组织学生参观博物馆、文化遗址等场所，拓宽学生的文化视野。同时，邀请传统文化专家、学者来校讲座或指导，为学生提供更多的学习机会和资源。❹

5. 建立评价体系，确保教学质量

（1）多元化评价。建立多元化的评价体系，包括学生自评、互评和教师评价等多种方式。通过评价体系的建立，全面评估学生的学习效果，确保教学质量的稳步提升。

（2）反馈与调整。根据学生的学习反馈和教学效果评估结果，及时调整教学内容和教学方法。确保课程能够满足学生的学习需求并达到预期的教育效果。

---

❶ 于海峰. 推进高校警务英语教学改革培养涉外警务人才的研究 [J]. 成才之路，2024 (9): 5-8.

❷ 罗圣砚. OBE 教育理念应用于大学英语课程中的利弊分析与解决方案 [J]. 现代英语，2024 (5): 28-30.

❸ 李艳玲. 传统文化与新时代思想政治教育融合的路径与策略研究 [J]. 中国军转民，2024 (5): 36-38.

❹ 黄学军. "双减"背景下学校课后服务特色实践活动设计与研究 [J]. 考试周刊，2023 (33): 7-10.

6. 营造文化氛围，增强感染力

（1）校园文化。在校园内营造浓厚的优秀传统文化氛围，如设置文化墙、悬挂优秀传统文化相关的标语和图片等。通过校园文化的建设，让学生时刻感受到优秀传统文化的熏陶。

（2）家校合作。加强家校合作与交流，共同推动优秀传统文化教育的开展。家长可以配合学校完成相关作业和任务，与孩子一起参与传统文化活动和学习过程。同时，学校也可以邀请家长来校参与传统文化相关的活动和讲座等。

综上所述，传统文化课程实施的有效策略需要注重课程目标的明确性、课程内容的丰富性、教学方法的创新性、实践环节的强化性、评价体系的建立性以及文化氛围的营造性等多个方面的综合考虑和实施。

第四节　教学方法与手段

一、传统教学方法的优缺点

在教育领域，传统教学方法作为一种历史悠久、广泛应用的教学模式，在有着深厚的基础与优势的同时，也不可避免地伴随着一些局限性。以下是对传统教学方法优缺点的详细探讨：

（一）优点

1. 系统性强

传统教学方法注重知识体系的系统传授，通过循序渐进的课程安排，使学生能够构建起完整的知识框架。这种系统性的学习有助于学生掌握扎实的基础知识，为后续学习打下坚实的基础。

2. 教师主导，易于控制教学进度

在传统课堂中，教师处于主导地位，能够根据学生的实际情况和学习进度灵活调整教学内容和节奏。这种教学模式确保了教学过程的连续性和稳定性，有助于提高教学效率。

3. 经典案例与理论结合

传统教学方法常通过经典案例分析来阐述理论，帮助学生理解抽象概念，并将理论知识与实际应用相结合。这种方法有助于帮助学生加深对知识的理解和记忆，培养其分析问题和解决问题的能力。[1]

---

[1] 滕远. 基于在线学习的实践教学模式探究 [C]// 延安市教育学会. 第四届创新教育与发展学术会议论文集（二）. 新疆工程学院，2023: 10.

（二）缺点：缺乏个性化教学

传统教学方法往往采用"一刀切"的方式，难以充分考虑每个学生的个体差异和学习需求。❶ 这可能导致部分学生感觉学习内容过于简单或过于困难，影响学习积极性。

1. 师生互动不足

传统课堂中，教师讲解多，学生互动少，容易变成"填鸭式"教学。这种模式限制了学生主动参与和表达意见的机会，不利于培养学生的创新思维和批判性思维。

2. 难以激发学生学习兴趣

由于教学方法相对单一，传统课堂可能缺乏足够的趣味性和吸引力，难以持续激发学生的学习兴趣和动力。长此以往，可能导致学生对学习产生厌倦情绪。

3. 忽视学生自主学习能力培养

传统教学方法强调知识的传授，而相对忽视了学生自主学习能力的培养。这不利于学生形成独立思考、自我探索和解决问题的能力，影响其长远发展。

4. 与现代科技发展脱节

随着信息技术的飞速发展，传统教学方法在某种程度上与现代科技发展存在脱节现象。未能充分利用多媒体、网络等现代教学手段，限制了教学内容的丰富性和教学方式的多样性。

综上所述，传统教学方法在教育领域中既有着不可替代的优势，也面临着诸多挑战。为了适应时代发展的需要，教育者应积极探索传统教学模式与现代教育技术的有机结合，努力构建更加高效、灵活、个性化的教学模式。

二、基于优秀传统文化的教学方法创新

在全球化与信息化高速发展的今天，优秀传统文化的传承与弘扬面临着前所未有的挑战与机遇。为了让年轻一代更好地理解和继承中华民族的优秀文化遗产，教学方法的创新显得尤为重要。

1. 情境模拟重现

情境模拟重现是一种通过模拟历史场景、传统节日或经典故事情境的教学方法。利用现代技术手段（如VR虚拟现实、AR增强现实）或实地布置，使学生身临其境地感受传统文化氛围，增强学习的直观性和趣味性。❷ 例如，在教授古代礼仪时，可以模拟古代宫廷或书院场景，让学生穿着古装，参与礼仪实践，从

---

❶ 李思绮. 人工智能赋能语文教育的创新发展研究 [J]. 汉字文化，2024 (16): 178-180.
❷ 林明华. 高职院校实施中华优秀传统文化课程的创新路径 [C]// 山西省中大教育研究院. 第七届创新教育学术会议论文集. 漳州科技职业学院，2023: 2.

而深刻理解礼仪背后的文化内涵。

2. 经典诵读与解析

经典诵读是传承传统文化的基本途径之一。通过选取古代诗词、散文、典籍等经典文本，引导学生进行诵读，并结合现代解读方法，深入剖析其思想内容、艺术特色及文化价值。同时，鼓励学生进行创作性改写或续写，以现代视角诠释传统经典，促进传统文化的创造性转化和创新性发展。

3. 多媒体辅助教学

利用多媒体教学资源，如视频、音频、动画、图片等，丰富教学手段，使传统文化教学更加生动、形象。通过制作高质量的教学课件，展示传统文化的各个方面，如书法、绘画、戏曲、民乐等，激发学生的学习兴趣和热情。同时，利用网络平台，实现教学资源的共享与交流，拓宽学生的学习视野。

4. 互动讨论与辩论

通过组织互动讨论和辩论活动，引导学生积极参与传统文化的探讨与思考。选取具有争议性的传统文化话题，如儒家思想的现代意义、传统节日的变迁等，鼓励学生从不同角度、不同立场出发，发表自己的观点和看法。在讨论和辩论中，不仅能加深学生对传统文化的理解，还能培养其批判性思维和表达能力。

5. 跨学科融合教学

将传统文化教学与其他学科相融合，形成跨学科的教学模式。例如，在历史课中融入文学作品的分析，在语文课中引入历史背景的介绍，在美术课中教授传统绘画技法等。通过跨学科融合教学，能够帮助学生形成全面的知识结构，更好地理解传统文化的多样性和复杂性。

6. 社会实践与体验

组织学生参与社会实践活动，如参观博物馆、文化遗址、民间艺术表演等，让学生亲身体验传统文化的魅力。通过实地考察、采访调查、志愿服务等形式，让学生在实践中学习和感悟传统文化，培养其社会责任感和使命感。

7. 数字文化产品开发

利用数字技术开发具有传统文化特色的文化产品，如 APP、游戏、动画、微电影等，作为辅助教学手段。这些产品应紧密结合传统文化内容，注重趣味性和互动性，使学生在轻松愉快的氛围中学习传统文化知识。同时，鼓励学生参与数字文化产品的创作和开发，培养其创新意识和实践能力。

8. 家校社协同教育

建立家校社协同教育的机制，共同推动传统文化的传承与发展。学校应加强与家庭和社会的联系与合作，共同举办传统文化活动、讲座、展览等，营造良好的学习氛围。家长应积极参与孩子的传统文化学习过程，与孩子一起诵读经典、参与实践活动。社会应提供丰富的传统文化资源和服务支持,为传统文化的传承与发展贡献力量。

综上所述,基于传统文化的教学方法创新是一个多维度、全方位的过程。通过情境模拟重现、经典诵读与解析、多媒体辅助教学、互动讨论与辩论、跨学科融合教学、社会实践与体验、数字文化产品开发以及家校社协同教育等多种手段的综合运用,可以有效提升传统文化教学的质量和效果,促进中华优秀传统文化的传承与发展。

三、传统文化对教学效果的影响

传统文化,作为一个民族历史与智慧的结晶,不仅承载着丰富的知识与技艺,还深刻地影响着教育领域,对教学效果产生着多维度的影响。

1. 价值观塑造

传统文化蕴含着丰富的道德观念、人生哲理和社会规范,这些元素在教学过程中被传递给学生,有助于塑造他们正确的价值观、世界观和人生观。通过学习传统文化,学生能够理解并认同社会的基本道德规范,形成积极向上的价值取向,为成为有担当、有责任感的社会成员奠定基础。

2. 教学内容融合

将优秀传统文化融入教学内容,不仅可以丰富课程资源,还能使教学内容更加生动有趣。通过讲述历史故事、分析文学作品、学习传统艺术等方式,学生可以更加直观地感受到传统文化的魅力,同时也能够加深对学科知识的理解和掌握。

3. 学习动力激发

传统文化中的许多故事和人物都蕴含着励志元素,能够激发学生的学习动力。当学生了解到古人如何克服困难、追求理想时,会受到激励,从而产生更强的学习动力和进取心。此外,对传统文化的兴趣也能成为推动学生持续学习的重要动力。

4. 思维模式培养

传统文化强调整体思维、辩证思维和直觉思维等,这些思维方式对于培养学生的综合素养具有重要意义。通过学习传统文化,学生可以逐渐培养出更加全面、深入的思考方式,提高解决问题的能力,并在面对复杂问题时能够保持冷静和理性。

5. 情感共鸣促进

传统文化中蕴含着深厚的情感因素,如家国情怀、亲情友情等。在教学过程中,教师可以通过引导学生感受和理解这些情感元素,激发他们的情感共鸣,增强学生对传统文化的认同感和归属感。这种情感共鸣不仅能够促进学生的学习投入，还能够培养他们的人文情怀和社会责任感。

6. 教学方法创新

传统文化为教学方法的创新提供了丰富的素材和灵感。教师可以根据传统文化的特点和教学内容的需要，采用情境教学、角色扮演、项目式学习等多种教学方法，激发学生的学习兴趣和创造力。❶ 同时，借助现代教育技术手段，如多媒体、网络等，将传统文化以更加生动、直观的方式呈现给学生，提高教学效果。

7. 历史文化传承

教育是文化传承的重要途径之一。通过学习优秀传统文化，学生能够了解和认同自己的文化根源，形成强烈的文化认同感和自豪感。同时，他们也能够将所学到的传统文化知识和技能传承下去，为保护和弘扬民族文化做出贡献。

8. 跨文化交流能力

在全球化的背景下，跨文化交流能力越来越重要。通过学习优秀传统文化，学生可以更加深入地了解自己的文化背景和特色，❷ 从而在与其他文化进行交流时更加自信和有深度。此外，了解不同文化的传统也能促进学生对多元文化的理解和尊重，为建立更加和谐的世界做出贡献。

综上所述，传统文化对教学效果的影响是多方面的、深远的。教育者应充分认识到传统文化在教育中的重要作用，积极探索和实践传统文化与现代教育相融合的有效途径，以提升学生的综合素养和跨文化交流能力。

四、现代化教学手段与传统文化的结合

（一）如何利用现代化教学手段传播传统文化

在快速发展的数字化时代，传统文化的传承与传播面临着前所未有的机遇与挑战。如何借助现代化教学手段，让古老的文化精髓焕发新生，成为当前教育领域的重要课题。

1. 数字资源建设

（1）核心内容。数字资源建设是传统文化数字化传播的基础。通过高清影像、3D扫描、音频录制等技术手段，将古籍文献、书画作品、非物质文化遗产等转化为数字化形式，建立庞大的传统文化数字资源库。这些资源不仅便于存储、检索，还能通过互联网实现全球共享。

---

❶ 徐晓荃. 高校思政教育中融入中华优秀传统文化路径分析 [J]. 山西能源学院学报，2023，36 (6): 25-27.

❷ 李子铮. 实践育人共同体下高校中华优秀传统文化教育现状与突破 [J]. 现代职业教育，2024 (26): 157-160.

（2）实践案例。

①数字博物馆：如故宫博物院推出的"数字故宫"项目，利用VR/AR技术让观众在线上就能近距离观赏文物，感受历史韵味。

②电子图书馆：各大图书馆上线古籍文献电子版，方便学者和爱好者随时随地查阅学习。

2. 多媒体教学应用

（1）核心内容。多媒体教学通过视频、音频、动画等多种媒介形式，将传统文化知识以生动有趣的方式呈现给学生。这不仅能激发学生的学习兴趣，还能增强知识的直观性和可理解性。❶

（2）实践案例。

①历史动画短片：制作关于历史故事、神话传说的动画短片，让学生在观看中了解传统文化。

②互动课件：开发包含音频讲解、视频演示、互动问答等元素的课件，提升教学效果。

3. 在线互动平台

（1）核心内容。构建在线互动平台，如在线课程、论坛、社群等，为传统文化的学习者提供交流、讨论的空间。通过实时互动，学生可以提问、分享心得，形成积极向上的学习氛围。

（2）实践案例。

①慕课平台：在中国大学MOOC等平台上开设传统文化相关课程，吸引全球学习者。

②传统文化社群：在微信、微博等社交媒体上建立传统文化社群，组织线上讲座、研讨会等活动。

4. 虚拟现实体验

（1）核心内容。虚拟现实（VR）技术能够创造出沉浸式的学习环境，使学生仿佛置身于古代社会或文化场景中，亲身体验传统文化的魅力。

（2）实践案例。

①VR古迹游览：利用VR技术重现古代建筑、城市风貌，让学生身临其境地游览古迹。

②文化场景模拟：开发VR游戏或体验项目，模拟古代生活场景、传统节日庆典等，增强体验感。

---

❶ 林明华.高职院校实施中华优秀传统文化课程的创新路径[C]//山西省中大教育研究院.第七届创新教育学术会议论文集.漳州科技职业学院，2023: 2.

5. 社交媒体传播

（1）核心内容。社交媒体具有传播速度快、覆盖范围广的特点，是传播传统文化的重要渠道。通过微博、微信、抖音等平台发布传统文化相关内容，可以迅速吸引大量关注。

（2）实践案例。

①文化博主：培养一批专注于传统文化的博主，定期发布文章、视频等内容，引导公众关注传统文化。

②话题挑战：在社交媒体上发起与传统文化相关的话题挑战，鼓励用户创作和分享相关内容。

6. 智能评估反馈

（1）核心内容。利用人工智能技术，开发智能评估系统，对学生的传统文化学习成果进行客观、全面的评估，并提供个性化的反馈和建议。

（2）实践案例。

①在线测试系统：开发包含选择题、填空题、问答题等多种题型的在线测试系统，自动批改并给出反馈。

②学习分析平台：利用大数据分析技术，分析学生的学习行为和学习成效，为教师提供教学建议。

7. 跨界合作创新

（1）核心内容。跨界合作能够打破传统领域的界限，将传统文化与时尚、科技、艺术等领域相结合，创造出新的文化产品和服务，从而吸引更多年轻人的关注。

（2）实践案例。

①文化+时尚：将传统文化元素融入时尚设计，如推出具有中国风元素的服装、饰品等。

②文化+科技：结合AR/VR、人工智能等先进技术，开发创新的文化体验项目和文化产品。

综上所述，利用现代化教学手段传播传统文化是一项系统工程，需要政府、学校、企业和社会各界的共同努力。通过数字资源建设、多媒体教学应用、在线互动平台、虚拟现实体验、社交媒体传播、智能评估反馈及跨界合作创新等多方面的综合施策，我们能够有效推动传统文化的传承与发展，让古老的文化瑰宝在新时代焕发出更加璀璨的光芒。

（二）现代化教学手段在传统文化教学中的应用效果

现代化教学手段在传统文化教学中的应用效果显著，具体体现在以下六个方面：

1. 增强学习的直观性和互动性

多媒体教学应用：通过视频、音频、动画等多媒体形式，将传统文化知识以生动有趣的方式呈现给学生，使学习过程更加直观、生动。这种方式不仅能够激发学生的学习兴趣，还能帮助他们更好地理解和记忆传统文化知识。❶例如，在文言文教学中，多媒体课件可以用来展示古代文化背景、解读文言文经典作品，帮助学生更好地理解和运用文言文。

2. 拓宽学习渠道和资源共享

数字资源建设和在线互动平台为学生提供了丰富的学习资源和便捷的学习渠道。数字资源库包含了大量的古籍文献、书画作品、非物质文化遗产等数字化资源，学生可以通过互联网随时随地访问这些资源。在线互动平台则为学生提供了交流、讨论的空间，他们可以参与在线课程、论坛、社群等活动，与老师和同学进行实时互动，分享学习心得和体会。

3. 提供沉浸式学习体验

虚拟现实体验技术为学生创造了沉浸式的学习环境，使他们能够仿佛置身于古代社会或文化场景中，亲身体验传统文化的魅力。例如，学生可以通过 VR 技术重现古代建筑、城市风貌，或者模拟古代生活场景、传统节日庆典等，这种身临其境的感觉有助于加深对传统文化的理解和感受。

4. 扩大传播范围和影响力

社交媒体传播：利用微博、微信、抖音等社交媒体平台发布传统文化相关内容，可以迅速吸引大量关注，并扩大传统文化的传播范围和影响力。通过社交媒体平台的互动功能，传统文化能够更直接、更深入地与受众互动，实现传播效果的最大化。同时，社交媒体平台上的合作互动也能够吸引更多不同领域的受众，推动传统文化与当代多元文化的融合与创新。❷

5. 提高学习效率和质量

智能评估反馈系统能够对学生的传统文化学习成果进行客观、全面的评估，并提供个性化的反馈和建议。这种即时的反馈有助于学生及时发现自己的不足并加以改进，从而提高学习效率和质量。同时，智能评估反馈系统还能够为教师提供教学建议，帮助他们更好地了解学生的学习情况并调整教学策略。

6. 促进跨界合作与创新

跨界合作创新为传统文化的传承与发展注入了新的活力。通过与文化、时尚、科技、艺术等领域的跨界合作，可以创造出具有时代特色的新文化产品和服务，从而吸引更多年轻人的关注。这种跨界合作不仅能够推动传统文化的传承与

---

❶ 林明华. 高职院校实施中华优秀传统文化课程的创新路径 [C]// 山西省中大教育研究院. 第七届创新教育学术会议论文集. 漳州科技职业学院，2023: 2.
❷ 王蕾. 新媒体环境中传统文化的传播策略及效果分析 [J]. 大观 (论坛)，2023 (12): 105-107.

发展，还能够促进不同领域之间的交流与融合，为传统文化的创新提供新的思路和方向。

综上所述，现代化教学手段在传统文化教学中的应用效果是多方面的、显著的。它不仅增强了学习的直观性和互动性，拓宽了学习渠道和资源共享，还提供了沉浸式学习体验、扩大了传播范围和影响力、提高了学习效率和质量，并促进了跨界合作与创新。

第五节　师资培养与提升

一、师资培养的重要性

（一）师资培养在优秀传统文化教育中的关键作用

在全球化与现代化的浪潮中，优秀传统文化的传承与发展显得尤为重要。而师资培养作为传统文化教育的核心环节，其关键作用不容忽视。

1. 奠定教育基石

优秀的师资队伍是传统文化教育质量的根本保障。通过系统的师资培养，教师能够掌握扎实的传统文化知识，为学生提供准确、全面的教育内容，从而奠定坚实的教育基石。这不仅有助于学生对传统文化的认知和理解，更为其后续的文化探索奠定了坚实的基础。

2. 文化传承使者

教师作为文化传承的重要使者，承担着将传统文化精髓传递给下一代的重要使命。通过师资培养，教师可以深刻理解传统文化的内涵与价值，掌握有效的传播策略，将传统文化以生动、有趣的方式呈现给学生。这种传承不仅是对历史的尊重，更是对未来文化的贡献。

3. 价值观引导

传统文化蕴含着丰富的道德观念和价值取向，对于塑造学生的品格和价值观具有重要意义。通过师资培养，教师可以成为学生的道德楷模和价值引领者，引导学生树立正确的世界观、人生观和价值观。这种价值观的引导将伴随学生一生，成为其成长道路上的重要支撑。

4. 教学方法创新

传统的教学方法往往难以适应现代学生的学习需求。通过师资培养，教师可以学习并应用先进的教学理念和方法，如情境教学、项目式学习等，使传统文化教育更加生动有趣、富有成效。这种教学方法的创新不仅能够激发学生的学习兴趣，还能够提高教学效果和质量。

5. 激发学习兴趣

兴趣是最好的老师。通过师资培养，教师可以掌握激发学生学习兴趣的技巧和方法，如设计有趣的课堂活动、引入生动的案例等。这些措施能够让学生在轻松愉快的氛围中学习传统文化知识，从而培养其对传统文化的热爱和兴趣。

6. 实践能力培养

传统文化教育不仅仅是知识的传授，更是实践能力的培养。通过师资培养，教师可以设计并实施各种实践活动，如手工制作、传统艺术表演等，让学生在实践中感受传统文化的魅力，提升其动手能力和创造力。这种实践能力的培养将为学生未来的学习和生活奠定坚实的基础。

7. 跨学科融合教学

传统文化与多个学科领域密切相关，如历史、文学、艺术等。通过师资培养，教师可以掌握跨学科融合教学的理念和方法，将传统文化知识与其他学科知识相结合，形成综合性的教学内容。这种跨学科融合教学不仅能够拓宽学生的知识视野，还能够培养其综合运用知识的能力。[1]

8. 持续专业发展

传统文化教育是一个不断发展的领域，需要教师不断学习和更新知识。通过师资培养，教师可以获得持续专业发展的机会和平台，如参加培训、研讨会等。这些活动不仅能够提升教师的专业素养和教学能力，还能够激发其教学热情和创造力，为传统文化教育的持续发展注入新的活力。

综上所述，师资培养在传统文化教育中具有关键作用。通过系统的师资培养，我们可以打造一支高素质、专业化的教师队伍，为传统文化的传承与发展提供有力保障。

（二）传统文化教学师资培养的现状与问题

1. 传统文化教学师资培养现状

（1）国内外概况。近年来，随着全球范围内对传统文化的日益重视，国内外在传统文化师资培养方面均展现出了积极的态势。

在国内，随着对传统文化的深入认识和重视程度的提升，各大高校纷纷响应号召，开设与传统文化相关的专业和课程。这些举措旨在培养一批具备深厚传统文化底蕴和教学能力的专业教师。目前，国内的培养模式呈现多样化趋势，包括本科阶段的系统教育、研究生层次的专业深造以及针对在职教师的传统文化培训。同时，政府和社会力量也通过设立奖学金、资助研究项目等方式，为传统文

---

[1] 刘雪梅，覃婷婷，张文娜. 基于"双创"背景的工程测量技术专业创新创业课程体系构建[J]. 学园，2024，17 (19): 89-91.

化师资培养提供了有力的支持。

放眼国际，诸如日本、韩国等国家在传统文化教育方面已积累了丰富的经验。这些国家不但有着完善的传统文化教育体系，而且在师资培养上注重理论与实践的紧密结合。他们强调学生对传统文化的深刻理解和传承，同时着重培养学生的创新思维和跨文化交流能力。此类活动不仅增进了两国文化的交流，还为传统文化师资培养指出了宝贵的实践经验。

国内外在传统文化师资培养方面均有所作为，且呈现出相互借鉴、共同发展的良好态势。

（2）现有培养模式分析。在传统文化师资培养领域，当前的培养模式呈现出多元化与现代化的特点。从课程设置与教学内容来看，该领域已经形成了较为全面的课程体系，不仅涵盖了传统文化概论、经典解读等基础理论课程，还包括艺术欣赏、历史传承等拓展性内容。这些课程的设置旨在夯实学生的传统文化底蕴，同时注重对其专业技能的打磨。值得一提的是，教学内容中特别强调了传统文化的现代价值和社会意义，这有助于引导学生以更加开放和创新的视角去理解和传承传统文化。

在教学方法与手段方面，现代信息技术的广泛应用为传统文化师资培养注入了新的活力。通过讲授、讨论与实践相结合的多元化教学方式，不仅有效地激发了学生的学习兴趣，还培养了他们的主动探究能力。网络课程、在线资源库等现代信息技术手段的运用，极大地丰富了教学资源，提高了教学效率，为学生提供了更加便捷、个性化的学习体验。❶

考核与评价体系作为培养模式的重要组成部分，在传统文化师资培养中也得到了充分的重视。现有的考核体系不仅注重对学生知识掌握程度的考察，还加大了对教学能力、创新能力等实践能力的评价力度。通过采用多元化的评价方式，如作品展示、教学实习、学术论文等，能够更全面地评估学生的综合素质和发展潜力，为培养高素质的传统文化师资人才提供了有力的保障。

当前传统文化师资培养模式在课程设置、教学方法与手段以及考核与评价等方面均体现出了较高的专业性和前瞻性。然而，随着社会的不断发展和文化传承需求的变化，该领域仍需不断探索和创新，以更好地适应新时代的要求。

（3）师资队伍结构与特点。在传统文化教育领域，师资队伍的结构与特点对于教学质量及文化传承的深度与广度具有至关重要的影响。当前，该领域的师资队伍展现出独特的年龄、学历、学科背景以及职业素养等方面的优势。

从年龄与学历结构来看，师资队伍中融合了资深的老教师与充满活力的青年教师，形成了良好的教学梯队。老教师以其丰富的教学经验与人生阅历，为青年

---

❶ 刘芳. 数字教学资源在高技能人才培养中的应用研究 [J]. 科技风，2024 (3): 42-44.

教师提供了宝贵的指导，而青年教师则带来了先进的教学理念和方法。同时，多数教师拥有硕士及以上学历，显示出较高的学术水平和专业素养，为传统文化的深入研究与传播奠定了坚实基础。

在学科背景方面，教师们的专长涵盖了文学、历史、哲学、艺术等多个学科领域，这种多元化的知识构成不仅丰富了教学内容，还为学生提供了多角度、全方位的学习体验。教师们在各自的研究领域内拥有深厚的学术造诣，能够为学生提供高质量的教学服务。

这支师资队伍还普遍展现出较高的职业素养与责任感。他们不仅热爱传统文化，更致力于将这些文化瑰宝传承给年轻一代。在教学过程中，他们不仅注重知识的传授，更强调文化素养和人文精神的培养，引导学生形成正确的价值观和世界观，这对于学生的全面发展具有重要意义。[1]

2. 传统文化教学师资培养问题剖析

（1）政策支持与制度保障不足。在传统文化教学师资培养领域，政策支持与制度保障的不足成为阻碍其发展的关键因素。目前，尽管国家对传统文化教育有所重视，但在具体政策层面，对于师资培养的支持仍显得较为薄弱。这不仅体现在缺乏明确、具体的政策导向，更在于没有形成一个长远且系统的规划。这就导致了，培养工作往往缺乏针对性和系统性，难以培养出既具备传统文化素养又懂得现代教育方法的教师。

资金投入的不足也是制约传统文化教学师资培养的重要因素。传统文化教育涉及深入研究和广泛传播，这需要在师资培训、教材研发以及教学设备更新等方面进行大量投入。然而，现阶段的资金扶持力度显然无法满足这些需求，这不但影响了培养工作的深入开展，也制约了培养效果的进一步提升。

制度保障的缺失同样不容忽视。在传统文化教学师资培养过程中，完善的制度保障，如公正的职称评定机制和有效的激励机制，对于提高教师参与的积极性和培养质量至关重要。但目前，这些制度的缺失或不完善，导致了许多教师缺乏参与培养的动力，也阻碍了持续、稳定的培养机制的建立。

（2）培养体系不完善与课程设置缺失。在传统文化教学师资培养领域，当前存在显著的培养体系不完善与课程设置缺失问题。培养体系方面，由于缺乏统一的培养标准和规范，各培养机构各行其是，导致培养出教师的师资水平参差不齐。同时，机构间缺乏有效的沟通和协作机制，资源共享和优势互补难以实现，这不仅影响了培养效率，还制约了师资质量的整体提升。

课程设置方面，问题同样突出。现有的传统文化教学师资培养课程往往内容陈旧，未能及时吸纳新的研究成果和教学理念，导致课程内容与时代发展脱节。

---

[1] 韩新绒. 课程思政背景下的英语教学研究 [N]. 山西科技报，2024-03-25 (B05).

课程重复率高，缺乏必要的实践环节，使得学生在学习过程中难以获得全面、系统的知识和技能训练。这种课程设置的不合理，直接影响了培养效果，使得毕业生在面对实际教学工作时感到力不从心。

培养体系的不完善和课程设置的缺失已成为制约传统文化教学师资培养质量提升的关键因素。

（3）实践环节薄弱与创新能力培养欠缺。在传统文化教学师资培养过程中，明显存在着实践环节薄弱的问题。当前的教育体系往往侧重于理论知识的传授，而相对忽视了实践操作的重要性。❶这导致学生在学习过程中难以将理论知识与实践活动有效结合，从而限制了对传统文化的深入理解和实际应用能力的提升。实践环节的缺乏，不仅影响了学生对于传统文化的感知和体验，也阻碍了在此基础上的创新和发展。

与此同时，创新能力培养的欠缺也是当前传统文化教学师资培养中的一大问题。在传统的教学模式中，对于创新思维、创新方法和创新能力的培养并未给予足够的重视。学生在面对传统文化传承和创新的任务时，常因缺乏足够的创新能力和实践经验而感到力不从心。这不仅限制了学生个人的发展空间，也对传统文化的传承和发展造成了不利影响。

为了改善这一状况，我们需要强化实践环节，为学生提供更多的实践机会和平台，让他们能够在实践中深化对传统文化的理解，并尝试进行创新应用。同时，教育体系也需要更加注重创新能力的培养，通过课程设计和教学方法的改革，激发学生的创新思维，提升其创新能力。这样，我们才能更好地培养出既懂传统文化，又具备创新能力的优秀人才，为传统文化的传承和发展贡献力量。

（4）师资队伍素质参差不齐。在传统文化教学领域，师资队伍的素质问题显得尤为突出。目前，该领域面临着师资水平不一、结构不合理以及培训不足等问题。

就师资水平而言，传统文化教学领域内存在显著的差异。部分教师虽身处传统文化教学岗位，却缺乏深厚的传统文化底蕴和丰富的教学经验，这使得他们在承担传统文化教学任务时感到力不从心。更为严重的是，有些教师对传统文化的理解存在偏差，这不仅影响了教学效果，还可能误导学生，对传统文化的传承与发展可能会造成不良影响。例如，在实际教学中，曾出现过老师因不够专业而讲授水平有限，甚至出现知识性错误的情况，这无疑是对教学资源的一种浪费，更是对学生学习权益的侵害。

再来看师资结构的问题。当前，传统文化教学师资队伍中，高层次、高水平

---

❶ 张诗雅，腾天骥. 基于虚拟现实技术的高校建筑专业课程教学仿真系统研究 [J]. 信息与电脑：理论版，2023，35（21）：235-237.

的领军人才和骨干力量严重匮乏。这种人才断层的现象，不仅影响了教学质量，也制约了传统文化教学的创新与发展。同时，师资队伍中年轻教师的比例较低，这使得整个队伍缺乏活力和新鲜血液。年轻教师通常更具创新精神和开放思维，他们的缺失无疑削弱了师资队伍的整体素质和创新能力。

师资培训的问题也不容忽视。目前，针对传统文化教学师资的培训显得零散而无序，缺乏系统、全面的培训计划和方案。这使部分教师即使有意愿提升自己的教学水平和能力，也难以找到合适的培训机会和资源。而那些已经开展的培训活动，其内容又往往与实际需求脱节，难以满足教师的真实需求和发展需要。这种培训与实际需求的错位，不仅浪费了培训资源，也打击了教师参与培训的积极性。

传统文化教学师资队伍素质的问题亟待解决。这不仅关系到教学质量和学生的学习效果，更关系到传统文化的传承与发展。因此，我们必须正视这些问题，采取切实有效的措施加以改进。

（三）传统文化教学师资培养策略建议

1. 加强政策引导与制度完善

在政策层面，为推进传统文化教学师资的培养，必须出台专项政策确立清晰的培养目标与任务。这类政策不仅为师资培养工作指明方向，还提供必要的保障条件，从制度上保障培养工作的有效实施。具体而言，政策应明确培养对象的选拔标准、培养周期、课程设置以及实践环节等关键要素，形成一套系统化、标准化的培养流程。

在激励机制方面，应建立一套科学合理的奖励体系，以充分调动教师参与传统文化教学的积极性。对于在传统文化教学领域取得杰出成就的教师，应给予适当的表彰和奖励，这不仅能够激发教师的工作热情，还能提升他们的职业荣誉感。同时，这种激励机制也有助于吸引更多有志于传统文化教育的优秀人才加入师资队伍中来。

监管评估机制的建立与健全，是确保传统文化教学师资培养质量的关键环节。通过对培养过程进行全面、客观的监督和评估，可以及时发现并纠正培养过程中出现的问题，保证培养质量。评估工作应定期进行，涵盖课程设计、教学方法、教师表现以及学生反馈等多个方面，以确保整个培养体系的持续优化和提升。

通过制定专项政策、完善激励机制和加强监管评估，我们可以全面提升传统文化教学师资的培养质量，进而推动传统文化教育的蓬勃发展。这不仅有助于传承和弘扬中华优秀传统文化，还能为社会培养出更多具有深厚文化底蕴和高度文化素养的优秀人才。

2. 构建系统化培养体系及优化课程设置

在传统文化教学师资的培养过程中，确立明确的培养目标是至关重要的。这一目标不仅包括传统文化知识的积累，更应涵盖教育教学能力、文化素养以及跨学科整合能力等多方面要求。为实现这一目标，我们需要构建一个系统化的培养体系，优化课程设置是其中的关键一环。

课程体系的构建应全面且深入，不仅包含传统文化的核心知识，还应涉及现代化的教学方法、教育心理学内容等。通过这样的课程设置，可以帮助学员更好地理解和传授传统文化，同时提高其教学实践能力。理论与实践相结合的教学方法也是必不可少的，通过实地考察、教学实习等方式，使学员在实际操作中不断磨炼和提升自己。

在优化课程体系的同时，我们还应积极引进国内外先进的传统文化教学资源。这些资源可以包括经典的教材、生动的教学课件以及具有代表性的教学案例等。通过丰富多样的教学内容和形式，不仅可以激发学员的学习兴趣，还能有效提高教学效果，帮助学员更全面地掌握传统文化的精髓和教学技巧。

构建系统化的培养体系及优化课程设置对于传统文化教学师资的培养至关重要。通过确立明确的培养目标、构建全面的课程体系以及引入先进的教学资源，我们可以为传统文化教育领域培养出更多高素质、专业化的师资力量，从而推动传统文化的传承与发展。

3. 强化实践环节及创新能力培养举措设计

在传统文化教学领域，强化实践环节及创新能力培养是至关重要的。为实现这一目标，需采取一系列切实可行的举措。

加强实践教学是提升教师能力的基础。通过组织教师参观考察当地的文化遗址和博物馆，使其亲身感受传统文化的魅力，从而更深刻地理解传统文化内涵。参与传统文化活动如节庆、仪式等，能让教师直观体验传统文化的表现形式，为课堂教学增添生动实例。开展教学实验，如以工作坊形式教授传统技艺，不仅能够锻炼教师的实践能力，还能激发其创新思维，探索传统文化与现代教学的结合点。

鼓励创新研究是推动传统文化教学发展的关键。教师应被鼓励探索多元化的教学方法，如利用数字技术重现历史场景，或结合当代艺术表达传统主题，以增强学生的学习兴趣和体验感。同时，教学内容的创新也不可忽视，如将传统文化元素融入现代设计或文学创作中，展现传统文化的时代价值。此类创新研究不仅能提升教师的教学水平，还有助于传统文化的传承与发展。

建立传统文化教学师资交流平台是实现资源共享和互促共进的有效途径。通过定期举办研讨会、工作坊等活动，为教师提供一个展示成果、交流经验的平台。这不仅有助于推广优秀的教学案例和方法，还能促进教师之间的深入合作，共同提升专业素养。平台的建立还能吸引更多有志于传统文化教学的人才加入，进一步壮大教学队伍，提高整体教学水平。

4. 提升师资队伍整体素质水平

在提升师资队伍整体素质的过程中，师德建设、师资培养渠道的拓宽以及优秀人才的引进是三个关键环节。

关于师德建设，教育家精神为其指明了方向。师德不仅关乎教师的个人修养，更是教师职业的核心要求。通过加强教师的师德修养和职业道德教育，可以培养出具有高尚品德和良好师德风范的教师队伍。这不仅有助于提升教学质量，更能为传统文化教学提供有力保障，确保教师队伍在政治高度上明确"为谁培养人"的问题，并承担起传播先进思想文化、支持党执政的重要使命。

在拓宽培养渠道方面，多元化的培养方式对提高教师的综合素质至关重要。通过国内外培训、学术交流、合作研究等途径，教师可以不断拓宽视野，吸收新知识，提升教学和研究能力。例如，近年来国家实施的"优师计划"便是一个成功的案例。该计划通过定向培养，显著提升了欠发达地区教师的整体素质，为这些地区的教育质量注入了新的活力。

引进优秀人才对于提升师资队伍的整体教学水平同样重要。具有传统文化教学经验和研究能力的优秀人才，不仅能够丰富教学内容，还能带动整个教师队伍的成长。他们的加入，将为师资队伍注入新鲜血液，推动教学质量的持续提升。

通过加强师德建设、拓宽培养渠道以及引进优秀人才，我们可以全面提升师资队伍的整体素质水平，为培养更多优秀人才奠定坚实基础。[1]

二、传统文化在师资培养中的融入

（一）如何在师资培养中融入传统文化内容

传统文化是民族精神的瑰宝，承载着历史的智慧与文化的精髓。在教育领域，尤其是师资培养过程中融入传统文化内容，不仅能够提升教师的文化素养，还能促进学生全面发展，培养其文化自信心和民族自豪感。以下将从七个方面探讨如何在师资培养中有效融入传统文化内容。

1. 经典文献研读

（1）内容概述。经典文献是传统文化的核心载体，包括儒家经典（如《论语》《孟子》）、道家著作（如《道德经》《庄子》）、历史典籍（如《史记》《资治通鉴》）等。教师应定期参与经典文献的研读活动，通过原文解读、专题讲座、读书会等形式，深入理解传统文化的精髓与内涵。

---

[1] 符茂正，李佳英. 以职业本科经管专业课程助推乡村振兴[J]. 村委主任，2024 (15): 164-166.

（2）实施策略。

①设立经典文献研读课程，作为师范教育的必修或选修课程。

②邀请专家学者进行导读，帮助学生掌握研读方法，激发学习兴趣。

③组织读书报告会或研讨会，鼓励学生分享学习心得，促进思想交流。

2. 传统文化课程开发

（1）内容概述。结合现代教育需求，开发具有时代特色的传统文化课程，如古诗词鉴赏、成语故事、传统礼仪等。这些课程旨在通过生动有趣的方式，让学生了解并喜爱传统文化。

（2）实施策略。

①组织课程研发团队，深入研究传统文化资源，设计符合学生认知特点的课程大纲。

②利用多媒体教学资源，如动画、视频、音频等，增强课程的吸引力和互动性。

开展教学实验，收集反馈意见，不断优化课程内容与教学方式。

3. 艺术技能传承（书法、国画）

（1）内容概述。书法和国画是中华传统文化的重要组成部分，具有独特的艺术魅力和深厚的文化底蕴。在师资培养中，应重视艺术技能的传承，培养教师的艺术素养和审美能力。

（2）实施策略。

①开设书法、国画等艺术技能课程，邀请专业艺术家进行授课。

②提供实践机会，鼓励教师亲自动手创作，感受艺术的魅力。

③组织艺术展览或比赛，展示教师学习成果，增强其学习动力。

4. 传统节日与习俗教学

（1）内容概述。传统节日与习俗是传统文化的重要表现形式，蕴含着丰富的文化内涵和民族情感。在师资培养中，应加强对传统节日与习俗的教学，使教师能够将这些内容融入日常教学中。

（2）实施策略。

①组织传统节日庆典活动，如春节、中秋节等，让教师亲身体验节日氛围。

②开设传统节日与习俗教学课程，介绍节日起源、庆祝方式及文化意义。

③鼓励教师设计相关教学活动，引导学生了解并传承传统文化。

5. 国学思想融入教育理念

（1）内容概述。国学思想中蕴含着丰富的教育智慧，如儒家的"仁爱""礼教"，道家的"自然无为"等思想。在师资培养中，应将国学思想融入教育理念，提升教师的教育素养。

（2）实施策略。

①组织国学思想专题讲座，介绍国学思想的基本观点和教育价值。

②引导教师将国学思想融入教学设计、教学方法及学生评价等方面。

③鼓励教师撰写相关论文或案例研究，分享实践经验与成果。

6. 历史文化遗址考察

（1）内容概述。历史文化遗址是传统文化的重要见证，具有独特的历史价值和文化意义。通过实地考察历史文化遗址，教师可以直观感受传统文化的魅力与深度。

（2）实施策略。

①制定历史文化遗址考察计划，安排教师前往重要遗址进行实地考察。

②邀请遗址管理人员或专家学者进行现场讲解与导览。

③组织教师撰写考察报告或心得体会，分享考察经历与感悟。

7. 师德师风与古代师德对照

（1）内容概述。师德师风是教师职业素养的重要体现。在师资培养中，应将现代师德师风建设与古代师德思想相对照，引导教师树立正确的教育观念和职业道德。

（2）实施策略。

①组织师德师风建设专题讲座或研讨会，介绍古代师德思想及其现代意义。

②鼓励教师将古代师德思想融入个人职业规划与日常工作中。

③建立师德评价机制，将师德表现作为教师考核的重要内容之一。

总之，在师资培养中融入传统文化内容是一项长期而艰巨的任务。通过经典文献研读、传统文化课程开发、艺术技能传承、传统节日与习俗教学、国学思想融入教育理念、历史文化遗址考察以及师德师风与古代师德对照等多方面的努力，我们可以有效提升教师的文化素养和教育能力，为培养具有民族情怀和国际视野的优秀人才奠定坚实基础。

（二）传统文化对师资专业素养的影响

对于教师而言，传统文化不仅是其专业素养的重要组成部分，更是提升教学质量、促进学生全面发展的关键因素。以下将从文化底蕴积累、价值观与伦理观塑造、教育理念融合创新、教学方法与策略、审美与人文素养提升、跨文化沟通能力、典籍解读与传承以及传统文化融入课程设计等方面，探讨传统文化对师资专业素养的深远影响。

1. 文化底蕴积累

传统文化是教师文化底蕴的重要来源。通过对诗词歌赋、经典文献、历史故事等传统文化的学习与研究，教师可以不断丰富自己的知识库，提升文化素养。这种文化底蕴的积累，不仅有助于教师在课堂教学中引经据典、旁征博引，更能激发学生对传统文化的兴趣与热爱，培养他们的文化自信。

2. 价值观与伦理观塑造

传统文化蕴含着丰富的价值观念和伦理道德思想，如儒家的仁爱、礼义廉耻，道家的自然无为、和谐共生等。这些思想对教师的价值观与伦理观塑造具有重要影响。教师在接触和学习传统文化的过程中，会逐渐形成正确的世界观、人生观和价值观，以及高尚的职业道德和职业操守，为学生树立良好的榜样。

3. 教育理念融合创新

传统文化中的教育思想，如因材施教、启发式教学等，对现代教育理念具有重要启示作用。教师在深入理解传统文化的基础上，可以将这些教育思想与现代教育理念相结合，实现教育理念的融合创新。这种融合创新不仅有助于提升教学质量，更能激发学生的学习兴趣和创造力，培养他们的自主学习能力和批判性思维。

4. 教学方法与策略

传统文化中的教学方法和策略，如诵读、背诵、讨论、实践等，为现代教学提供了丰富的借鉴。教师可以通过借鉴这些方法和策略，设计出更加符合学生认知特点和教学需求的教学方案。同时，教师还可以结合现代技术手段，如多媒体教学、网络教学等，使传统文化的教学方法焕发新的活力。❶

5. 审美与人文素养提升

传统文化中的艺术形式和美学思想，如诗词、书法、绘画、音乐等，对提升教师的审美能力和人文素养具有重要作用。通过学习和欣赏这些艺术形式，教师可以提高自己的审美鉴赏力，培养高雅的审美情趣。同时，这种审美能力的提升也会反映在教师的教学设计中，使课堂教学更加生动有趣，富有感染力。

6. 跨文化沟通能力

在全球化的今天，跨文化沟通能力成为教师必备的专业素养之一。传统文化的学习可以帮助教师更好地理解和尊重不同文化之间的差异和多样性，增强跨文化意识和敏感度。这种跨文化沟通能力不仅有助于教师在国际交流中更加自信得体地表达自己，更能促进不同文化之间的理解和融合。

7. 典籍解读与传承

典籍是传统文化的重要载体，蕴含着丰富的历史信息和思想智慧。作为教育工作者，教师有责任和义务对典籍进行深入的解读和传承。通过对典籍的学习和

---

❶ 徐晓荃. 高校思政教育中融入中华优秀传统文化路径分析 [J]. 山西能源学院学报，2023，36 (6): 25-27.

研究，教师可以更好地理解传统文化的内涵和价值，将其中的智慧和经验传承给下一代。❶ 同时，教师还可以通过编写教材、开设课程等方式，将典籍中的精华内容融入教学中去，让更多的学生受益。

8. 传统文化融入课程设计

将传统文化融入课程设计是提升教学质量和促进学生全面发展的有效途径。教师可以通过设计以传统文化为主题的教学活动、项目或课程，让学生在学习过程中感受传统文化的魅力与价值。这种融入不仅可以激发学生的学习兴趣和好奇心，更能培养他们的文化素养和人文精神，为他们未来的学习和生活奠定坚实的基础。

综上所述，传统文化对师资专业素养的影响是多方面的、深远的。通过文化底蕴的积累、价值观与伦理观的塑造、教育理念的融合创新、教学方法与策略的改进、审美与人文素养的提升、跨文化沟通能力的培养、典籍的解读与传承以及传统文化融入课程设计等方面的努力，教师可以不断提升自己的专业素养和教学水平，为培养具有高尚品德、深厚文化底蕴和广阔国际视野的优秀人才贡献自己的力量。

三、师资专业发展与传统文化

（一）师资专业发展与传统文化的关系

在当今快速变化的教育环境中，师资专业发展不仅是提升教育质量的关键，还是传承与弘扬传统文化的重要途径。传统文化作为民族精神的瑰宝，蕴含着丰富的教育资源与智慧，对师资专业发展具有深远的影响。

1. 师资专业能力提升

师资专业能力的提升是教育发展的基石。通过系统学习和培训，教师可以掌握先进的教育理论、教学方法和技术手段，提高教学效果和质量。同时，传统文化的学习与研究也是提升师资专业能力的重要途径。通过深入理解传统文化的内涵与价值，教师可以丰富自己的知识结构，拓宽视野，提升综合素养，为教育教学工作提供有力支持。

2. 传统文化知识研习

传统文化知识研习是师资专业发展的重要内容之一。教师应积极参与传统文化的学习与研究活动，包括经典文献阅读、历史故事讲解、艺术形式欣赏等。通过研习传统文化知识，教师可以加深对传统文化的理解和认识，提高自己的文化素养和审美能力，为将传统文化融入教育教学工作奠定基础。

---

❶ 邵青．高中语文课程中传统文化元素的应用与传承 [J]．亚太教育，2024 (6)：102-104．

3. 教学理念与方法创新

教学理念与方法创新是教育发展的关键动力。在传统文化的影响下，教师应积极转变教学理念，注重培养学生的创新精神和实践能力。同时，教师还应不断探索新的教学方法和手段，如情境教学、项目式学习等，将传统文化元素融入其中，使教学过程更加生动有趣，激发学生的学习兴趣和主动性。

4. 经典文献解读与传承

经典文献是传统文化的重要载体。在师资专业发展过程中，教师应加强对经典文献的解读与传承工作。通过深入研究经典文献的思想内涵和时代价值，教师可以更好地理解传统文化的精髓与智慧，并将其传承给下一代。同时，教师还可以结合现代社会的实际情况，对经典文献进行创新性解读和应用，使其焕发新的生命力。

5. 师德师风与文化修养

师德师风是教师职业道德的重要体现。在传统文化的影响下，教师应注重培养自己的师德师风和文化修养。通过学习和践行传统文化中的伦理道德思想，教师可以树立正确的价值观和职业观，❶ 以高尚的师德和优良的师风影响和教育学生。同时，教师还应不断提升自己的文化修养和审美水平，以更加饱满的热情和精湛的技艺投入教育教学工作中去。

6. 传统文化融入课程设计

将传统文化融入课程设计是提升教学质量和促进学生全面发展的有效途径。在课程设计过程中，教师应充分考虑学生的年龄特点和认知水平，选择适合学生的传统文化内容和形式进行教学设计。通过设计以传统文化为主题的教学活动、项目或课程，教师可以让学生在参与和体验中感受传统文化的魅力与价值，❷ 培养他们的文化素养和人文精神。

7. 实践与体验教学活动

实践与体验教学活动是传统文化教育的重要组成部分。在师资专业发展过程中，教师应积极组织各类实践与体验教学活动，如传统文化节日庆祝、文化遗址考察、传统手工艺制作等。通过这些活动，学生可以亲身感受和体验传统文化的魅力与智慧，加深对传统文化的理解和认识。❸ 同时，这些活动也有助于培养学生的创新精神和实践能力，促进他们的全面发展。

---

❶ 谢宜冰. 中华优秀传统文化与大学生爱国主义教育的融合探究 [J]. 中国民族博览，2023(24): 172-174.

❷ 万瑜. 浅谈中国传统文化与高校英语教学的融合 [C]// 香港新世纪文化出版社. 2023 年第三届高校教育发展与信息技术创新国际学术会议论文集（第二卷）. 江西应用科学学院，2023: 2.

❸ 谢宜冰. 中华优秀传统文化与大学生爱国主义教育的融合探究 [J]. 中国民族博览，2023(24): 172-174.

8. 评估与反馈机制建立

评估与反馈机制是教育教学工作有效进行的重要保障。在师资专业发展过程中，学校和教育部门应建立完善的评估与反馈机制，对教师的教学工作进行评估和反馈。通过对教师的教学设计、教学方法、教学效果等方面进行全面评估，可以及时发现存在的问题和不足，并采取相应的措施进行改进和完善。同时，通过反馈机制，教师还可以及时了解学生的学习情况和反馈意见，调整教学策略和方法，提高教学效果和质量。❶

总之，师资专业发展与传统文化之间存在着密切的联系和互动。通过加强师资专业能力提升、传统文化知识研习、教学理念与方法创新、经典文献解读与传承、师德师风与文化修养、传统文化融入课程设计、实践与体验教学活动以及评估与反馈机制建立等方面的工作，可以推动师资专业发展不断向前迈进，同时传承和弘扬中华优秀传统文化，为培养具有高尚品德、深厚文化底蕴和广阔国际视野的优秀人才贡献自己的力量。

（二）通过传统文化提升师资专业素养

在全球化与信息化高速发展的今天，教育作为文化传承与创新的重要载体，其质量直接关乎国家的未来与民族的希望。师资专业素养的提升，不仅是教育发展的内在要求，也是传承与弘扬传统文化的重要途径。

1. 传统文化精髓学习

传统文化是民族智慧的结晶，蕴含着丰富的哲学思想、道德观念、艺术审美等精髓。师资专业素养的提升，首先应从学习传统文化精髓入手。教师应广泛阅读经典文献，如《论语》《道德经》等，深入理解传统文化的核心价值和精神内涵。通过学习，教师可以汲取传统文化的智慧与力量，丰富自己的精神世界，提升人文素养。

2. 师德师风古训融入

师德师风是教师职业道德的重要体现。在传统文化中，有许多关于师德师风的古训和名言，如"学高为师，身正为范""师者，所以传道授业解惑也"等。这些古训不但是对教师职业角色的高度概括，也是对师德师风的具体要求。教师应将这些古训融入日常教学工作中，时刻提醒自己保持高尚的师德和优良的师风，以身作则，为学生树立榜样。

3. 经典教学方法借鉴

传统文化中蕴含着丰富的教学方法与策略，如启发式教学、因材施教、寓教于乐等。这些经典教学方法在现代教育中仍具有重要的借鉴意义。教师应积极学

---

❶ 叶卫民，张怀强，陈国卫，等. 课程思政在军队装备采购管理类课程中的实施研究 [J]. 现代商贸工业，2024，45 (16): 235-237.

习并借鉴这些教学方法，结合现代教学理念和技术手段，创新教学模式和方法，提高教学效果和质量。同时，教师还可以将传统文化元素融入课堂教学中，激发学生的学习兴趣和主动性。❶

4. 传统文化课程研发

为了更好地传承与弘扬优秀传统文化，学校应鼓励和支持教师研发传统文化课程。这些课程可以涵盖诗词歌赋、书法绘画、传统节日、民俗风情等多个方面，旨在通过系统的学习和实践，让学生深入了解传统文化的内涵与价值。在研发过程中，教师应充分考虑学生的年龄特点和认知水平，设计符合学生实际需求的课程内容和教学活动。

5. 历史文化素养提升

历史文化素养是教师专业素养的重要组成部分。通过学习和研究历史文化，教师可以更加深入地理解传统文化的形成与发展过程，把握其内在逻辑和规律。同时，历史文化素养的提升还有助于教师拓宽视野、丰富知识结构，提高教学水平和能力。因此，教师应注重提升自己的历史文化素养，不断学习和积累相关知识。

6. 跨界文化交流体验

跨界文化交流是提升师资专业素养的重要途径之一。通过参与跨界文化交流活动，教师可以接触到不同领域、不同文化的知识和思想，从而拓宽自己的视野和思路。在交流过程中，教师可以学习其他文化的优点和长处，借鉴其成功经验和方法，为自己的教育教学工作提供新的思路和灵感。同时，跨界文化交流还有助于增强教师的跨文化沟通能力和国际视野。

7. 传统节日活动实践

传统节日是传统文化的重要载体之一。通过参与传统节日活动实践，教师可以亲身体验传统文化的魅力和价值，加深对传统文化的理解和认识。在传统节日期间，学校可以组织各种形式的活动和庆祝仪式，如春节联欢会、中秋节赏月晚会等。教师可以积极参与这些活动，与学生一起感受传统文化的氛围和乐趣，同时也可以通过活动实践来提升自己的教学能力和组织能力。

8. 师资定期研修机制

为了保障师资专业素养的持续提升，学校应建立健全师资定期研修机制。通过定期组织教师参加培训、研讨、交流等活动，帮助教师更新教育理念、掌握新的教学方法和技术手段、提高教学水平和能力。在研修过程中，学校可以邀请专家学者进行授课和指导，为教师提供高质量的学习资源和平台。同时，学校还可

---

❶ 裴妍. 参与式教学模式在高校市场营销教学改革中的应用 [J]. 老字号品牌营销，2023 (20)：165-167.

以鼓励教师积极参与各种学术研究和实践活动，不断提升自己的专业素养和综合能力。❶

总之，传统文化是中华民族的瑰宝和骄傲，也是提升师资专业素养的重要资源。通过传统文化精髓学习、师德师风古训融入、经典教学方法借鉴、传统文化课程研发、历史文化素养提升、跨界文化交流体验、传统节日活动实践以及师资定期研修机制等八个方面的努力，我们可以有效地提升师资专业素养，为培养具有高尚品德、深厚文化底蕴和广阔国际视野的优秀人才贡献自己的力量。

第六节　校园文化与活动

一、校园文化建设的意义

（一）校园文化建设在传统文化教育中的作用

校园文化建设在传统文化教育中扮演着至关重要的角色，它不仅是传承和弘扬中华优秀传统文化的重要载体，❷也是提升学生综合素质、促进学生全面发展的有效途径。以下是校园文化建设在传统文化教育中的具体作用：

1. 传承与弘扬中华优秀传统文化

（1）文化精髓的传承。校园文化建设通过融入中华优秀传统文化的精髓，❸如儒家思想、诗词歌赋、传统节日等，使学生在校园生活中就能接触到丰富的传统文化资源，从而自觉传承和弘扬这些宝贵遗产。

（2）营造文化氛围。通过校园环境的布置，如建筑设计、雕塑艺术、园林景观等，将传统文化元素融入其中，营造出浓厚的文化氛围，让学生在潜移默化中感受传统文化的魅力。

2. 促进学生全面发展

（1）道德素质的提升。传统文化中蕴含着丰富的道德教育资源，如仁爱、诚信、孝顺等。通过校园文化建设，可以将这些道德观念融入学生的日常学习和生活中，❹提升他们的道德素质和社会责任感。

（2）知识结构的丰富。传统文化的学习能够拓宽学生的知识面，增加他们对历史、文学、艺术等方面的了解，丰富他们的知识结构，提高综合文化素质。

---

❶ 朱广冰.数智化背景下高校会计学专业人才培养模式研究[J].山西青年，2024(10): 157-159.
❷ 许亮琴，郭倩文. 文化自信视角下高校弘扬中华优秀传统文化的意义与路径研究[J]. 文化创新比较研究，2024，8(5): 148-151.
❸ 高海英. 中华优秀传统文化融入校园文化建设的思考[J]. 西部素质教育，2019，5(19): 41.
❹ 邵青. 高中语文课程中传统文化元素的应用与传承[J]. 亚太教育，2024(6): 102-104.

(3) 艺术修养的培育。传统文化中的书法、绘画、音乐等艺术形式,都是培养学生艺术修养的重要途径。通过校园文化建设,可以组织相关的艺术活动,让学生在实践中体验艺术的魅力,提高他们的艺术鉴赏能力和创造力。

3. 提升学校育人质量

(1) 教学理念的创新。校园文化建设促进了教学理念的创新,鼓励教师将传统文化与现代教学理念相结合,探索出更符合学生实际需求的教学模式和方法。

(2) 教学资源的整合。通过校园文化建设,学校可以整合各种传统文化资源,如经典文献、历史遗址、文化名人等,为教师和学生提供更多的学习资源和学习机会。

(3) 师资队伍的建设。校园文化建设要求教师不断提升自身的文化素养和教学能力,通过参与各种培训和研讨活动,不断提高自身在传统文化教育方面的专业水平。

4. 构建和谐校园文化

(1) 增进师生情谊。校园文化建设通过组织各种传统文化活动,如诗词朗诵、书法比赛、传统节日庆祝等,增进师生之间的情感交流,营造出温馨和谐的校园文化氛围。

(2) 增强学生归属感。传统文化教育让学生更加深入地了解自己的文化根源和民族特色,从而增强他们的文化认同感和归属感,[1]更加珍惜和热爱自己的学校和班级。

5. 促进学校与社会的融合

(1) 扩大社会影响力。通过校园文化建设中的传统文化教育,学校可以向社会展示自己的教育成果和文化特色,提升学校的知名度和美誉度。

(2) 服务社会发展。传统文化中的优秀思想和价值观念对于社会发展具有重要的指导作用。通过校园文化建设中的传统文化教育,学校可以培养出更多具有社会责任感和文化自信心的优秀人才,为社会发展贡献力量。

综上所述,校园文化建设在传统文化教育中具有多方面的重要作用,它不仅是传承和弘扬中华优秀传统文化的重要途径,也是促进学生全面发展、提升学校育人质量、构建和谐校园文化以及促进学校与社会融合的关键举措。

(二) 校园文化建设对学生成长的影响

校园文化作为学校精神风貌的集中体现,不仅承载着传承与创新的历史使命,更在学生成长的道路上发挥着不可估量的作用。它如同一股无形的力量,渗

---

[1] 徐晓荃. 高校思政教育中融入中华优秀传统文化路径分析 [J]. 山西能源学院学报, 2023, 36 (6): 25-27.

透于学生的日常学习与生活之中，从多个维度促进学生的全面发展。

1. 价值观塑造

校园文化是价值观传递的重要载体。通过校训、校史、师生行为规范等文化元素，学校向学生传递着积极向上、勤奋进取、诚实守信等核心价值观。这些价值观在学生的心灵深处生根发芽，成为他们人生道路上的指南针，引导他们形成正确的世界观、人生观和价值观。

2. 行为习惯培养

良好的校园文化氛围能够潜移默化地影响学生的行为习惯。学校通过制定并执行严格的规章制度，引导学生养成良好的学习、生活习惯。同时，通过榜样示范、表彰先进等方式，激励学生积极向上，追求卓越。在这样的环境中，学生逐渐学会自律、自强，从而为未来的成功奠定坚实的基础。

3. 创新能力激发

校园文化建设鼓励学生勇于探索、敢于创新。学校通过组织科技竞赛、创新实践活动等，为学生提供展示自我、挑战自我的平台。同时，开放包容的校园文化氛围让学生敢于提出新观点、新方法，激发他们的创新思维和创造力。在这样的环境中，学生的创新能力得到充分的锻炼和提升。

4. 团队协作精神

校园文化强调集体荣誉感和团队协作精神。学校通过组织团队竞赛、合作项目等，让学生在实践中学会沟通、协作和分享。在共同完成任务的过程中，学生深刻体会到团队的力量和重要性，逐渐培养出团结协作、相互支持的精神风貌。这种精神不仅有助于学生在学业上取得优异成绩，更将伴随他们一生，成为他们人生道路上的宝贵财富。

5. 艺术审美提升

校园文化建设注重艺术教育的普及与提高。学校通过开设艺术课程、举办艺术展览和演出等活动，让学生接触和欣赏到各种形式的艺术作品。这些活动不仅丰富了学生的课余生活，更提升了他们的艺术审美能力和鉴赏水平。在艺术的熏陶下，学生的心灵得到净化，情操得到陶冶，为他们的人生增添了一抹亮丽的色彩。

6. 社会责任感增强

校园文化教育引导学生关注社会、关爱他人。学校通过组织志愿服务、社会实践等活动，让学生走出校园、走进社会，亲身体验社会的多样性和复杂性。❶在这些活动中，学生学会了关爱他人、服务社会，逐渐形成了强烈的社会责任感

---

❶ 谭琴. 论新媒体视阈下高校校本文化资源在思政育人中的应用 [J]. 湖北开放职业学院学报，2024，37 (4): 105-107.

和使命感。这种责任感和使命感将激励他们在未来的生活中积极投身社会公益事业，为社会进步贡献自己的力量。

7. 心理素质优化

校园文化建设关注学生的心理健康和成长。学校通过开设心理健康教育课程、建立心理咨询中心等途径，为学生提供专业的心理支持和帮助。同时，丰富多彩的校园文化活动也为学生提供了释放压力、调节情绪的平台。在这样的环境中，学生的心理素质得到不断优化和提升，他们能够自信、乐观地面对生活中的挑战和困难。

8. 学习氛围营造

校园文化建设致力于营造浓厚的学习氛围。学校通过优化教学设施、丰富教学资源、提高教学质量等措施，为学生创造了一个良好的学习环境。同时，积极向上的校园文化氛围也激发了学生的学习热情和求知欲。在这样的环境中，学生更加专注于学习、乐于探索未知领域，为他们的学业成功奠定了坚实的基础。

总之，校园文化建设在学生成长的过程中发挥着至关重要的作用。它不仅塑造了学生的价值观和行为习惯，还激发了他们的创新能力和团队协作精神；同时提升了学生的艺术审美能力和社会责任感；优化了他们的心理素质并营造了浓厚的学习氛围。因此，我们应该高度重视校园文化建设工作，为学生的全面发展创造更加有利的条件和环境。❶

二、传统文化在校园活动中的渗透

（一）如何将传统文化融入校园活动中

将传统文化融入校园活动中，是一个既富有挑战性又极具意义的过程。以下是一些具体的策略和方法，旨在促进传统文化在校园中的传承与发展：

1. 课程与教学融合

（1）开设传统文化课程。在课程体系中增设传统文化相关课程，如国学经典、诗词歌赋、书法绘画、传统音乐、戏曲表演等，确保学生有机会系统学习传统文化知识。

结合学科特点，将传统文化元素融入各学科教学中，如历史课讲述传统节日和习俗，语文课解析古诗词和文言文等。

（2）教材与资源开发。编制或选用包含丰富传统文化内容的教材，确保教学内容的准确性和权威性。

---

❶ 李祖超. 发达国家高校思想政治教育内容与途径比较分析 [J]. 中国高教研究，2006 (12): 44-46.

挖掘和利用地方文化资源，开发具有地方特色的传统文化课程和活动。

2. 校园活动与实践

（1）举办传统文化节。定期举办传统文化节，如春节、中秋、端午等传统节日庆祝活动，通过节日习俗体验、文化展览、手工艺制作等形式，让学生亲身感受传统文化的魅力。

组织传统文化知识竞赛、演讲比赛、才艺展示等活动，激发学生对传统文化的兴趣和热爱。

（2）社团活动与兴趣小组。成立传统文化社团或兴趣小组，如书法社、国画社、戏曲社、民乐团等，为学生提供学习和交流的平台。

社团可以定期举办培训、演出和展览等活动，提升学生的实践能力和综合素质。

（3）社会实践与志愿服务。组织学生参观博物馆、纪念馆、文化遗址等场所，了解传统文化的历史和发展脉络。

开展传统文化志愿服务活动，如参与非遗传承、文化保护等项目，让学生在实践中感受传统文化的价值。

3. 校园环境与文化氛围

（1）校园景观与文化设施。在校园内设置传统文化景观和雕塑，如古代建筑风格的亭台楼阁、文化长廊等，营造浓厚的传统文化氛围。

建设传统文化体验区或展示区，如书法体验室、茶艺室、民乐演奏厅等，供学生参观和体验。

（2）宣传与展示。利用校园广播、宣传栏、校园网等渠道，广泛宣传传统文化知识和活动信息。

举办传统文化展览和演出活动，邀请校内外专家、艺术家举行讲座和表演，从而拓宽学生的视野和知识面。

4. 师资力量与培训

（1）加强师资队伍建设。引进具有传统文化素养的优秀人才担任教师或辅导员，充实师资力量。对现有教师进行传统文化培训，提升他们的教学水平和文化素养。

（2）激励机制与政策支持。建立传统文化教学和研究的激励机制，鼓励教师积极参与传统文化教学和研究工作。争取学校和教育部门的政策支持，为传统文化融入校园活动提供有力保障。

综上所述，将传统文化融入校园活动需要从课程与教学、校园活动与实践、校园环境与文化氛围以及师资力量与培训等多个方面入手。通过这些措施的实施，可以有效地促进传统文化在校园中的传承与发展，培养学生的文化素养和民族自豪感。

（二）传统文化校园活动对学生的教育效果

在当今全球化的时代背景下，传统文化作为民族精神的根基与智慧的结晶，其传承与发展显得尤为重要。将传统文化融入校园活动，不仅能够丰富学生的校园生活，更能在多个维度上对学生的成长产生深远的教育效果。

1. 文化认知提升

传统文化校园活动通过丰富多彩的形式，如传统节日庆典、文化讲座、手工艺制作等，让学生近距离接触和体验传统文化的魅力。这些活动不仅拓宽了学生的文化视野，还加深了他们对传统文化的理解和认知，使他们在潜移默化中成为传统文化的传承者和弘扬者。

2. 价值观正面引导

传统文化中蕴含着丰富的道德观念和价值取向，如仁爱、诚信、孝顺、忠诚等。通过参与传统文化校园活动，学生能够亲身感受到这些价值观的力量，从而在内心深处形成正确的道德观念和价值取向。这种正面引导有助于培养学生的高尚品德和良好行为习惯，为他们的人生道路奠定坚实的基础。

3. 民族情感培养

传统文化是民族精神的集中体现，它承载着民族的记忆、情感和智慧。通过参与传统文化校园活动，学生能够更加深入地了解自己的民族文化，增强对民族文化的认同感和自豪感。这种民族情感的培养有助于激发学生的爱国主义精神和社会责任感，使他们更加珍惜和爱护自己的民族文化。

4. 艺术审美能力

传统文化中蕴含着丰富的艺术元素，如诗词歌赋、书法绘画、音乐舞蹈等。通过参与传统文化校园活动，学生能够接触到这些艺术形式，并在实践中提升自己的艺术审美能力。这种审美能力的提升不仅有助于学生更好地欣赏和理解传统文化中的艺术之美，还能够激发他们的创造力和想象力，为他们的全面发展提供有力支持。

5. 历史知识普及

传统文化是历史的积淀和传承，它承载了民族的发展历程和文明成果。通过参与传统文化校园活动，学生能够更加直观地了解历史事件和人物，掌握历史知识。这种历史知识的普及有助于培养学生的历史意识和文化自觉，使他们更加深刻地认识到自己的文化根源和历史使命。

6. 道德素养强化

传统文化中强调道德修养和人格完善，如儒家思想中的"仁爱""礼义廉耻"等观念。通过参与传统文化校园活动，学生能够接收到这些道德观念的熏陶和教育，从而在内心深处形成强烈的道德意识和责任感。这种道德素养的强化有助于培养学生的自律精神和道德品质，为他们成为有道德、有责任感的社会公民奠定基础。❶

7. 团队协作与沟通

传统文化校园活动往往需要学生之间的团队协作和沟通。例如，在传统节日庆典中，学生需要共同策划、组织和执行活动；在手工艺制作中，学生需要相互协作、交流心得。这些活动不仅锻炼了学生的团队协作能力和沟通能力，还培养了他们的集体荣誉感和责任感。这种团队协作与沟通的能力对于学生未来的学习和工作都具有重要意义。

8. 创新思维激发

传统文化虽然历史悠久，但其内涵和表现形式却随着时代的变迁而不断发展和创新。通过参与传统文化校园活动，学生能够接触到传统文化的多样性和创新性，从而激发他们的创新思维和创造力。例如，在传统文化艺术创作中，学生可以尝试将传统元素与现代设计相结合，创造出具有独特魅力的作品。这种创新思维的激发有助于培养学生的创新意识和实践能力，为他们未来的创新和发展提供有力支持。

综上所述，传统文化校园活动对学生的教育效果是多方面的、深远的。它不仅提升了学生的文化认知和审美能力，还正面引导了他们的价值观和道德观念；同时，它还培养了学生的民族情感、历史意识和团队协作能力；更重要的是，它激发了学生的创新思维和创造力，为他们的全面发展奠定了坚实的基础。因此，我们应该高度重视传统文化校园活动的开展和推广工作，为学生的成长和发展创造更加有利的条件和环境。❷

三、校园文化与传统文化的融合与创新

（一）校园文化与传统文化融合的重要性

在当今快速变化的社会环境中，校园文化作为学校精神风貌的集中体现，其建设与发展对于学生的全面成长具有不可估量的价值。而传统文化作为民族智慧的结晶和历史的积淀，其传承与创新则是社会进步与文化繁荣的重要基石。因此，校园文化与传统文化的融合，不仅是对历史的尊重与传承，更是对未来发展的创新与探索。

---

❶ 马启慧，孙雪荣. 传统文化在思政课堂中的引入方式及效果分析 [C]// 中国陶行知研究会. 中国陶行知研究会 2023 年学术年会论文集（十）. 阿克苏职业技术学院，2023: 3.

❷ 李祖超. 发达国家高校思想政治教育内容与途径比较分析 [J]. 中国高教研究，2006 (12): 44-46.

1. 文化传承与创新

校园文化与传统文化的融合，首先体现在对传统文化的传承与创新上。通过将传统文化元素融入校园活动中，如举办传统节日庆典、开设传统文化课程、组织文化讲座等，可以使学生更加深入地了解和学习传统文化，从而实现对传统文化的有效传承。同时，在传承的基础上，鼓励学生结合现代元素进行创新和改造，使传统文化焕发新的生机与活力，推动文化的繁荣发展。

2. 价值观塑造

传统文化中蕴含着丰富的道德观念和价值取向，如仁爱、诚信、孝顺、忠诚等。这些价值观念对于塑造学生的正确道德观、人生观和价值观具有重要意义。通过将传统文化融入校园文化中，可以潜移默化地影响学生的思想和行为，引导他们形成积极向上的价值观，为他们的成长成才奠定坚实的道德基础。

3. 增强凝聚力

校园文化与传统文化的融合有助于增强学校的凝聚力和向心力。共同的文化认同感和归属感能够使学生更加紧密地团结在一起，形成强大的集体力量。在参与传统文化校园活动的过程中，学生之间可以相互学习、相互帮助，增进彼此之间的了解和友谊，从而增强整个学校的凝聚力和向心力。

4. 拓宽教育视野

传统文化是多元文化的重要组成部分，它包含了丰富的历史、哲学、艺术等方面的知识。通过将传统文化融入校园文化中，可以拓宽学生的教育视野，使他们接触到更加广泛和深入的知识领域。这种跨学科的学习体验有助于培养学生的综合素质和创新能力，为他们未来的学习和工作打下坚实的基础。❶

5. 提升综合素质

校园文化与传统文化的融合对于提升学生的综合素质具有重要意义。传统文化中的诗词歌赋、书法绘画、音乐舞蹈等艺术形式可以培养学生的审美能力和艺术修养，而传统工艺、手工制作等活动则可以锻炼学生的动手能力和实践能力。此外，通过参与传统文化校园活动，学生还可以学习到许多传统礼仪和道德规范，提升自己的道德素养和社会责任感。

6. 促进文化交流

校园文化与传统文化的融合有助于促进不同文化之间的交流与融合。在全球化的背景下，文化交流日益频繁和深入。通过将传统文化融入校园文化中，可以为学生提供一个展示和分享自己文化的平台，同时也可以让他们接触到其他国家和地区的文化成果。这种文化交流有助于增进学生之间的理解和尊重，促进不同文化之间的和谐共处和共同发展。

---

❶ 魏玉雪. 运动营养学视域下高校体育课程教学策略 [J]. 体育风尚，2024 (3): 71-73.

7. 校园文化特色

校园文化与传统文化的融合有助于形成独特的校园文化特色。每个学校都有其独特的历史背景和文化传统，通过将传统文化元素融入校园文化中，可以打造出具有鲜明特色的校园文化品牌。这种独特的校园文化特色不仅可以提升学校的知名度和美誉度，还可以为学生提供一个更加丰富多彩的学习和生活环境。

综上所述，校园文化与传统文化的融合对于学校的建设与发展具有重要意义。它不仅有助于实现文化的传承与创新，塑造学生的正确价值观，增强学校的凝聚力，拓宽学生的教育视野和提升综合素质；还有助于促进文化交流与融合，形成独特的校园文化特色。因此，我们应该高度重视校园文化与传统文化的融合工作，为学生的全面发展和学校的长远发展创造更加有利的条件和环境。

（二）如何在融合中实现传统文化的创新与发展

在与校园文化的融合中实现传统文化的创新与发展，是一个既富有挑战性又极具意义的过程。以下是一些具体的策略和方法，旨在促进传统文化在校园中的创新传承与繁荣发展：

1. 深入挖掘传统文化内涵，实现创新性转化

（1）梳理传统文化资源。对传统文化进行系统性梳理，挖掘其中蕴含的思想观念、道德规范、人文精神等，为创新转化提供丰富的素材。

（2）融合现代元素。在保持传统文化精髓的基础上，融入现代审美观念、科技手段等现代元素，使传统文化以更加新颖、生动的形式呈现。例如，利用虚拟现实（VR）、增强现实（AR）等技术，打造传统文化体验馆或互动展览，让学生在沉浸式体验中感受传统文化的魅力。❶

2. 构建传统文化课程体系，强化教育引导

（1）开设特色课程。在校园文化建设中，增设与传统文化相关的特色课程，如国学经典、诗词歌赋、书法绘画、传统音乐、戏曲表演等，形成系统的课程体系。

（2）创新教学方法。采用启发式、讨论式、案例式等教学方法，引导学生主动思考、积极参与，提高教学效果。同时，利用多媒体教学、网络教学等现代教学手段，丰富教学形式，激发学生的学习兴趣。❷

3. 举办丰富多彩的校园文化活动，营造浓厚氛围

（1）传统节日庆典。定期举办春节、中秋、端午等传统节日庆典活动，通

---

❶ 王国红．以孔子学院为依托加强沈阳网络视听国际传播的策略研究［J］．新传奇，2024（17）：56-58．

❷ 张春志，张尔东，刘玉兰，等．"模拟电子技术"基于教学效果的改革探索［J］．求知导刊，2015（7）：72-73．

过节日习俗体验、文化展览、手工艺制作等形式，让学生亲身感受传统文化的魅力。

（2）文化讲座与沙龙。邀请传统文化专家、学者来校举办讲座和沙龙活动，与学生面对面交流，并分享传统文化的研究成果和心得体会。

（3）才艺展示与竞赛。组织诗词朗诵、书法比赛、戏曲表演等才艺展示和竞赛活动，为学生提供展示自我、锻炼能力的平台。

4. 加强师资队伍建设，提升教师文化素养

（1）引进优秀人才。积极引进具有传统文化素养的优秀人才担任教师或辅导员，充实师资力量。

（2）开展师资培训。对现有教师进行传统文化培训，提升他们的文化素养和教学能力。通过组织培训班、研讨会等形式，加强教师之间的交流与合作，共同推动传统文化的传承与创新。

5. 推动文化交流与合作，拓宽传播渠道

（1）校际合作与交流。加强与其他学校之间的合作与交流，共同举办传统文化活动，分享经验和成果。

（2）社会合作与共建。积极寻求与政府部门、文化机构、社会团体等的合作与共建，共同推动传统文化的传承与发展。例如，可以与博物馆、纪念馆等合作，组织学生参观学习；也可以与非物质文化遗产传承人合作，邀请他们来校传授技艺。

（3）新媒体传播。利用微博、微信公众号、短视频平台等新媒体工具，定期发布关于传统文化的文章、视频等内容，扩大传统文化的传播范围和影响力。

6. 注重实践与体验，强化学生主体地位

（1）社会实践与志愿服务。组织学生参与传统文化相关的社会实践和志愿服务活动，如文化遗址保护、非物质文化遗产传承等，让学生在实践中感受传统文化的价值。

（2）学生社团与兴趣小组。鼓励学生成立传统文化社团或兴趣小组，自主开展活动，培养学生的自主学习能力和创新能力。

综上所述，与校园文化融合中实现传统文化的创新与发展需要多方面的努力和配合。通过深入挖掘传统文化内涵、构建传统文化课程体系、举办丰富多彩的校园文化活动、加强师资队伍建设、推动文化交流与合作以及注重实践与体验等措施的实施，可以有效地促进传统文化的传承与创新发展，为校园文化建设注入新的活力。

第三章　中华优秀传统文化与社会治理

　　中华优秀传统文化在当今社会不仅稳稳占据着核心地位，其深远的意义与广泛的影响力犹如一股清泉，也滋养着每一个中华儿女的心田，并在世界的舞台上绽放着独特的光芒。

　　文化自信与民族认同：中华优秀传统文化，作为中华民族独有的精神家园，其深厚底蕴深深植根于中华民族悠久的历史长河之中，如同一部活生生的历史教科书，连接着我们的过去与未来。它不仅是时间的见证者，更是民族精神的传承者，以其独特的魅力，成为凝聚亿万华夏儿女情感的坚实纽带。在这条纽带的牵引下，无论身处何方，每个中华儿女都能感受到那份来自血脉深处的共鸣，共同抵御外来文化的冲击，坚定不移地维护国家的统一与民族的尊严。在全球化的时代背景下，这份坚定的文化自信使我们能够在纷繁复杂的世界中保持清醒的头脑，明确自身的文化身份和民族归属，为社会的和谐稳定提供源源不断的精神动力。

　　价值观引导与道德建设：在中华优秀传统文化这片沃土上，孕育出了众多璀璨夺目的道德观念和价值追求，它们如同夜空中最亮的星，照亮着人们前行的道路。仁爱之心让我们学会了关爱他人、与人为善；诚信之道教会我们诚实守信、言行一致；礼让之德引导我们在社会中保持谦逊有礼、和谐共处；孝悌之情让我们懂得尊敬长辈、关爱家人；而忠诚之节则是我们对国家、对民族最深沉的热爱与承诺。这些美德如同指南针，指引我们在现代社会中树立正确的世界观、人生观和价值观，共同构建一个充满爱、公正与和谐的美好社会。

　　智慧启迪与文明对话：中华优秀传统文化的智慧和哲学思想，跨越时空的界限，成为全人类共同的宝贵财富。儒家的仁爱中庸之道，教会我们在复杂多变的人际关系中寻求平衡与和谐；道家的自然无为思想，启示我们要尊重自然规律，追求内心的宁静与自由；法家的法治思想，为现代社会构建法治社会提供了重要的历史借鉴。这些智慧不仅为我们解决现代社会面临的种种问题提供了有益的启示，也为世界文明交流互鉴搭建了桥梁，促进了不同文明之间的理解和尊重，推动了人类文明的共同进步与发展。

　　创新驱动与经济发展：中华优秀传统文化中蕴含着丰富的创新精神和工匠精

神,这是中华民族不断前行的重要动力。从古代的四大发明到现代的科技创新,中华民族始终保持着对未知世界的探索精神和对创新的执着追求。通过深入挖掘和传承这些宝贵资源,我们可以激发全社会的创新活力,推动产业升级和转型升级。同时,将传统文化元素融入现代产业和产品中,不仅能够提升产品和服务的文化附加值,增强市场竞争力,还能让传统文化在现代社会中焕发新的生机与活力,实现传统文化的创造性转化和创新性发展。

社会和谐与生态文明:在中华优秀传统文化中,"天人合一"的思想深刻揭示了人与自然之间的和谐共生关系。面对现代社会工业化、城市化加速推进所带来的环境问题和日益严峻的现实挑战,中华优秀传统文化中的生态智慧为我们提供了宝贵的启示和解决方案。通过传承和弘扬这些理念,我们可以引导人们形成尊重自然、顺应自然、保护自然的生态文明观念和行为习惯。这不仅有助于推动经济社会的可持续发展,实现人与自然的和谐共生;还有助于提升整个社会的生态文明水平,为建设美丽中国贡献智慧和力量。

综上所述,中华优秀传统文化在当今社会的重要地位和作用不可估量。它不仅是中华民族的精神支柱和文化瑰宝,更是我们应对现代社会挑战、推动社会进步的重要资源和力量源泉。因此,我们应该以更加开放的心态和更加务实的行动去传承与弘扬中华优秀传统文化,让其在新的时代背景下焕发出更加绚丽的光彩。❶

第一节　中华优秀传统文化中的社会治理思想

一、传统社会治理思想概述

（一）中华优秀传统文化中的社会治理思想脉络

中华优秀传统文化中的社会治理思想脉络深邃且多元,主要可以从儒家、法家、道家三大主流学派的思想中梳理出来。这些思想不仅在古代中国社会治理中发挥了重要作用,也对现代社会治理提供了宝贵的启示。

1. 儒家社会治理思想

儒家社会治理思想的核心是"德治",强调执政者应依靠道德的力量对广大民众进行教化,使伦理道德观念深入人心,成为人们的自觉、自律的准则。❷ 具体思想包括:

---

❶ 韩强. 山水画中的意境营造与表现手法 [J]. 爱尚美术, 2024 (3): 44-46.
❷ 高斌. 中国传统文化中社会治理思想的梳理与启示 [J]. 知与行, 2019 (3): 65-69.

（1）以德治国。儒家认为，治国应以道德教化为主，通过提升民众的道德水平来实现社会的和谐稳定。❶《论语·为政》中明确指出："道之以德，齐之以礼，有耻且格。"即通过道德引导和礼仪规范来治理国家，使民众知耻而向善。

（2）德主刑辅。儒家并不否定刑政之治的有效性，但主张以德治为主、法治为辅。孔子认为，单纯依靠刑罚只能使民众免于犯罪而不知羞耻，而道德教化则能使民众从内心产生羞耻感并自觉遵守法律。

（3）重民本。儒家思想强调以民为本，认为民众是国家的根本，执政者应关注民生、顺应民意，以实现社会的长治久安。

2. 法家社会治理思想

法家社会治理思想的核心是"以法治国"，强调严格遵守既定的法令制度，不依赖管理者的个人偏好或主观臆断。❷ 具体思想包括：

（1）性恶论。法家基于性恶论的理论假设，认为人性本恶，社会秩序的混乱是人性中的恶的膨胀和外化的结果。因此，必须通过严格的法律制度来约束人们的行为。

（2）以法治国。法家主张治理国家应依靠法律的力量，通过制定和执行严格的法律来维护社会秩序和稳定。他们认为，法律是公正无私的，能够确保国家的长治久安。

（3）法治与君主权威的结合。法家虽然强调法治，但也认为君主在法治中应发挥重要作用。君主应制定并执行法律，确保法律的权威性和公正性。

3. 道家社会治理思想

道家社会治理思想的核心是"无为而治"，强调顺应自然规律和社会发展的自然趋势来进行治理。具体思想包括：

（1）道法自然。道家认为，社会治理应遵循自然规律和社会发展的自然趋势，不应过度干预。他们主张通过"无为"来实现社会的和谐稳定。

（2）无为而治。道家的无为并非指什么都不做，而是指在知民意、顺民心的基础上，让社会自然发展。他们认为，过多的干预只会破坏社会的自然平衡和稳定。

（3）反对权谋和欲望。道家反对人的欲望和俗世权谋对社会治理的干扰，主张通过自我修养和内心宁静来达到社会治理的最高境界。

综上所述，中华优秀传统文化中的社会治理思想脉络清晰且多元，儒家、法家、道家等主流学派各自提出了独特的社会治理思想。这些思想不仅在古代中国社会治理中发挥了重要作用，也为现代社会治理提供了宝贵的启示和借鉴。在当

---

❶ 许仕奇. 儒家"为政以德"的政治哲学思想及其内在理论[J]. 品位·经典，2024(4): 27-30.
❷ 高斌. 中国传统文化中社会治理思想的梳理与启示[J]. 知与行，2019 (3): 65-69.

代中国社会治理中,我们可以汲取中华优秀传统文化的智慧和力量,推动社会治理现代化和创新发展。

(二)传统社会治理思想形成的历史背景与理论基础

1. 历史背景

传统社会治理思想的形成,根植于中国古代深厚的历史土壤之中,是多种历史因素交织影响的产物。这一思想体系的形成,不仅与当时的社会结构、经济基础、政治制度紧密相关,还深受文化传统、思想潮流以及外部环境的共同塑造。

(1)社会结构的变化。从原始社会到封建社会的漫长转型过程中,中国的社会结构经历了从血缘氏族到宗法家族,再到官僚地主阶级占主导地位的深刻变化。这一过程中,家族观念、宗法制度逐渐成为维系社会秩序的重要纽带,也为传统社会治理思想中强调家庭伦理、宗族团结等观念奠定了基础。

(2)经济基础的变迁。中国古代以农业为主导的自然经济模式,决定了社会治理思想必须适应小农经济的生产生活方式。土地作为最基本的生产资料,其分配与利用成为社会治理的重要议题。同时,商品经济的发展也为社会治理带来了新的挑战,促进了市场管理、税收制度等方面的思想创新。

(3)政治制度的演变。从夏商周的奴隶制到秦汉以来的封建制,中国古代的政治制度不断发展完善。中央集权的加强、官僚体系的建立、法律制度的完善等,都为传统社会治理思想提供了制度保障和实践平台。特别是在儒家思想被确立为正统思想后,其社会治理理念更是深入人心,成为指导国家治理的重要原则。

(4)文化传统的积淀。中国古代文化源远流长,儒、道、法等主流学派的思想交锋融合,形成了独具特色的文化传统。这些文化传统中蕴含着丰富的社会治理智慧,如儒家的仁爱礼治、道家的无为而治、法家的以法治国等,都为传统社会治理思想的形成提供了重要的理论支撑。

(5)外部环境的影响。中国古代并非孤立于世界之外,丝绸之路的开辟、中外文化的交流等,都使得中国古代社会治理思想在一定程度上受到了外来文化的影响。这些外部因素虽然不是决定性的,但也为传统社会治理思想注入了新的元素和活力。

2. 理论基础

传统社会治理思想的形成,离不开深厚的理论基础作为支撑。这些理论基础主要包括以下四个方面:

(1)儒家思想。儒家思想作为中国古代的主流思想之一,其社会治理理念具有重要地位。儒家强调以仁为核心的价值观念,主张通过道德教化来引导民众行为,实现社会的和谐稳定。同时,儒家还提出了礼治、德治等社会治理方式,为传统社会治理提供了重要的理论依据和实践指导。

（2）道家思想。道家思想主张顺应自然规律和社会发展的自然趋势来进行治理。他们认为，社会治理不应过度干预和强加意志于社会之上，而应让社会自然发展、自我调整。道家的无为而治思想，为传统社会治理提供了一种独特的视角和思路。

（3）法家思想。法家思想强调以法治国的重要性。他们认为，法律是公正无私的，能够确保国家的长治久安。法家主张通过制定和执行严格的法律制度来维护社会秩序和稳定，为传统社会治理中的法治建设提供了重要的理论支持。

（4）其他思想流派。除了儒、道、法三家外，中国古代还有墨家、阴阳家、兵家等多种思想流派。这些流派各自提出了独特的社会治理思想和理念，如墨家的兼爱非攻、阴阳家的五行学说等，都为传统社会治理思想的丰富和完善做出了贡献。

综上所述，传统社会治理思想的形成是多种历史因素共同作用的结果。其深厚的历史背景和理论基础，为我们理解和把握传统社会治理思想提供了重要的线索和依据。在当今社会快速发展的背景下，我们更应深入挖掘和传承这些宝贵的思想资源，为现代社会治理提供有益的借鉴和启示。

二、传统社会治理思想的主要内容

（一）传统社会治理思想的核心观点、基本原则和具体方法

1. 核心观点

传统社会治理思想，作为中国古代社会长期发展的智慧结晶，其核心观点主要体现在以下几个方面：

（1）和谐共生。传统社会治理思想的核心追求，乃是构建一个和谐稳定且持续发展的社会蓝图。这一理念深刻认识到，社会并非是孤立个体的简单集合，而是一个由多元阶层、多样群体紧密交织而成的复杂而精妙的有机体。在这个宏大的系统中，每一部分都扮演着不可或缺的角色，它们之间相互依存、相互促进，共同编织着社会和谐共生的美好图景。这种和谐共生不仅体现在经济上的互利共赢，更在于文化上的相互尊重与融合，以及精神上的共鸣与升华。通过促进社会各阶层、各群体之间的沟通与理解，传统社会治理思想致力于消除隔阂与冲突，激发社会整体的活力与创造力，从而推动社会在和谐稳定的轨道上不断向前发展，实现整体繁荣与进步的宏伟目标。

（2）以人为本。在传统社会治理思想的深邃体系中，"以人为本"不仅是其核心理念之一，更是贯穿始终的精神主线。这一思想深刻认识到，人是社会发展的根本动力，也是社会治理的最终目的。因此，在治理过程中，必须始终将人的

价值和尊严放在首位，尊重每个人的权利与自由，关注每个人的需求与愿望。传统社会治理思想强调发挥人的主观能动性和创造力，鼓励人们积极参与社会治理和公共事务，共同推动社会的进步与发展。在这一过程中，人的全面发展与社会的和谐稳定相互促进、相得益彰。

（3）德治为主。传统社会治理思想在治理手段上主张以德治为主，即强调道德教化在引导人们行为、塑造社会风尚方面的重要作用。这一思想认为，道德是社会的基石和灵魂，只有通过加强道德教育、弘扬传统美德、培养人们的道德意识和责任感，才能从根本上解决社会问题、维护社会秩序。因此，在传统社会治理实践中，往往注重通过家庭、学校、社会等多方面的力量来共同推进道德教育。同时，在德治的基础上，也辅以必要的法治手段来确保社会秩序的稳定和公正。这种德法并治、刚柔相济的治理方式，既体现了对人性善的信仰与尊重，又确保了社会治理的有效性和权威性。

（4）家族为本。在中国传统社会中，家族作为社会的基本单位和核心组织，承载着传承文化、凝聚人心、维护秩序等多重功能。因此，传统社会治理思想也格外重视家族在社会治理中的重要作用。这一思想认为，家族是社会的细胞和基础单元，通过加强家族内部的管理和教育，可以培养出具有高尚品德和社会责任感的家族成员。这些家族成员在家族文化的熏陶下成长起来后，又会将家族精神和社会责任感带入更广阔的社会领域中去，从而推动整个社会的和谐发展。同时，家族还作为社会矛盾的缓冲器和调节器，在解决家庭内部矛盾和社会纠纷方面发挥着重要作用。通过家族内部的调解和协商机制，许多社会矛盾得以在萌芽状态就被化解掉，从而维护了社会的和谐稳定。

2. 基本原则

传统社会治理思想在实践中遵循以下四个基本原则：

（1）顺应自然。传统社会治理思想深刻洞察到自然与人类社会的紧密关联，主张社会的发展必须遵循自然界的运行规律与历史的演进趋势。这一思想强调，在治理社会的进程中，我们应当秉持敬畏之心，尊重自然界给我们带来的每一份馈赠与挑战，力求实现人与自然的和谐共生。这不仅仅是对环境保护的呼吁，更是对社会可持续发展路径的深刻思考。通过科学合理的规划与管理，我们能够在开发利用自然资源的同时，保护生态系统的完整性和稳定性，确保人类社会与自然界的和谐共存，为子孙后代留下一个更加宜居、繁荣的地球家园。

（2）因地制宜。鉴于中国广袤的土地上分布着千差万别的自然环境与人文景观，传统社会治理思想敏锐地捕捉到了地域差异对治理策略的重要影响。因此，它强调在制定政策和措施时，必须深入调研、细致地分析不同地区的实际情况与特殊需求，避免一刀切式的治理方式。这种因地制宜、因时制宜的策略，旨在确保每一项政策都能精准对接当地的社会矛盾与发展瓶颈，从而实现治理效果的最大化。同时，它也鼓励各地根据自身特点探索创新性的治理模式，为全国社会治理体系的完善提供宝贵的实践经验。

（3）平衡协调。传统社会治理思想深知社会是由多元阶层、多样群体共同构成的复杂系统，其中蕴含着错综复杂的利益关系与矛盾冲突。因此，它特别注重社会各阶层、各群体之间的平衡与协调，努力构建一个和谐共融的社会环境。在治理过程中，这一思想倡导通过广泛的协商、调解等机制来倾听不同利益主体的声音，理解他们的诉求与担忧，进而寻找共识、化解矛盾。这种平衡协调的方式不仅有助于维护社会的稳定与秩序，更能激发社会各界的积极性与创造力，从而共同推动社会向着更加公正、繁荣的方向发展。

（4）长远规划。传统社会治理思想还体现了对未来发展的深远考量与前瞻布局。它强调治理的连续性和长远性，认为在制定治理方案和措施时，必须跳出当前的局限与短视，以更加宽广的视野来审视未来的发展趋势与可能面临的风险挑战。这种长远规划不仅要求我们在政策制定上注重科学性与合理性，更要求我们在实施过程中保持耐心与定力，确保治理方案的稳步推进与持续优化。只有这样，我们才能为社会的长远发展奠定坚实的基础，为子孙后代留下一个更加美好、可持续的未来。

3. 具体方法

传统社会治理思想在具体实践中采用了多种方法，主要包括：

（1）道德教化。道德教化作为传统社会治理思想的核心组成部分，其深远意义不言而喻。它不仅仅是一种简单的教育手段，更是塑造社会风气、引领价值取向的风向标。通过系统的教育体系、广泛的宣传渠道以及深入人心的文化活动，道德教化致力于将优良的道德规范、崇高的价值理念深深根植于每个人的心中。它引导人们树立正确的世界观、人生观和价值观，培养高尚的道德情操和强烈的社会责任感。在道德教化的熏陶下，人们逐渐认识到自己作为社会成员的责任与义务，自觉遵循道德规范，并以实际行动维护社会的和谐与稳定。这种内在的道德自觉与外在的行为规范相互作用，共同构建了一个有序、文明、和谐的社会环境。

（2）礼制约束。在传统社会中，礼制不仅是社会等级制度的体现，更是维护社会秩序和道德规范的重要工具。它通过制定一系列严格而细致的规范，对人们的行为举止、言谈话语乃至思想意识进行引导和约束。这些礼制规范不仅关乎个人的道德修养，更关系到社会的整体风貌和价值取向。在礼制的约束下，人们学会了尊重他人、关爱弱者、维护公共利益，形成了良好的社会风尚和道德氛围。同时，礼制还具有强大的教化功能，它通过日常生活中的点滴细节和仪式感强烈的仪式活动，潜移默化地影响着人们的思想和行为，使人们在不知不觉中接受了道德规范的熏陶和教化。这种内外兼修、刚柔并济的治理方式，为传统社会的稳定与发展提供了坚实的保障。

（3）法治保障。在德治与礼制的基础上，传统社会治理思想同样重视法治的重要性。法治作为现代国家治理的基本方式之一，在传统社会中也有着深厚的历史渊源和实践基础。通过制定和执行一系列具有普遍约束力的法律、法规等规范性文件，法治手段为社会的正常运行提供了有力的法律保障和支持。它明确规定了人们的权利和义务边界，为公正、公平地解决社会矛盾纠纷提供了制度性安排。在法治的保障下，人们的合法权益得到了有效维护，社会秩序得到了有力维护。同时，法治还通过其严格的执法程序和公正的司法裁决机制，确保了社会治理的公正性和权威性。这种以法治为基础的治理方式，不仅有助于维护社会的稳定和秩序，更有助于推动社会的公正与进步。

（4）民间调解。在传统社会中，民间调解作为一种非正式的纠纷解决机制，扮演着至关重要的角色。它依托家族、邻里等基层社会组织的力量，通过协商、调解等方式来化解社会矛盾纠纷。民间调解具有灵活、便捷、低成本等优点，能够在很大程度上减轻政府的负担并促进社会的和谐发展。在民间调解的过程中，调解人通常具有丰富的社会经验和较高的威望，他们能够深入了解纠纷双方的实际情况和利益诉求，并据此提出合理、公正的调解方案。这种基于双方自愿和互谅互让的调解方式，不仅有助于快速解决矛盾纠纷、恢复社会关系和谐，还有助于增强人们的法治意识和道德观念。因此，民间调解在传统社会治理中具有重要的地位和作用。

综上所述，传统社会治理思想的核心观点、基本原则和具体方法为我们提供了宝贵的借鉴和启示。在当今社会快速发展的背景下，我们更应深入挖掘和传承这些宝贵的思想资源，为现代社会治理提供有益的参考和借鉴。

（二）传统社会治理思想对于当代社会治理的启示与借鉴

传统社会治理思想对于当代社会治理具有深刻的启示与借鉴意义。以下从五个方面进行阐述：

1. 道德教化与价值观引导

（1）道德教化的重要性。传统社会治理思想强调通过教育、宣传等方式传播和弘扬道德规范，引导人们树立正确的价值观和道德观。这一思想在当代社会治理中依然具有重要意义。通过加强道德教育，可以提升公民的道德素质和社会责任感，促进社会和谐稳定。

（2）弘扬优秀传统文化。中华优秀传统文化蕴含着丰富的道德教化资源，如儒家思想中的"仁爱""礼义"等观念，可以为当代社会治理提供有益借鉴。通过弘扬这些优秀传统文化，可以激发人们的道德自觉和文化自信，推动社会治理的创新与发展。

2. 礼治约束与行为规范

（1）礼治的作用。在传统社会中，礼治是维护社会秩序和道德规范的重要手段。通过制定和执行严格的礼制规范，可以约束人们的行为，维护社会的稳定和公正。在当代社会治理中，我们可以借鉴这一思想，加强制度建设和行为规范，确保社会治理的有序进行。

（2）法治与德治相结合。在强调礼治约束的同时，我们也要注重法治与德治的结合。法治是现代社会治理的基石，通过制定和执行法律来保障人们的权利和维护社会秩序。❶ 而德治则强调道德教化和内在约束，二者相辅相成，共同推动社会治理的完善。

3. 以人为本与人文关怀

（1）尊重个体权益。传统社会治理思想中蕴含着以人为本的理念，即尊重个体权益和人格尊严。在当代社会治理中，我们要更加注重保障公民的合法权益，关注民生问题，促进社会公平正义的实现。

（2）强调人文关怀。人文关怀是社会治理中不可或缺的一部分。通过加强人文关怀，可以增强社会凝聚力和向心力，促进社会和谐稳定。在当代社会治理中，我们要关注弱势群体的生活状况和心理需求，为他们提供更多的关爱和支持。

4. 民间调解与社区治理

（1）民间调解的力量。在传统社会中，民间调解是解决社会矛盾纠纷的重要方式之一。通过家族、邻里等基层组织的调解和协商，可以化解矛盾纠纷、维护社会稳定。在当代社会治理中，我们可以借鉴这一思想，加强社区治理和民间调解的力量，推动社会矛盾的源头化解和前端治理。

（2）自治与共治的结合。在社区治理中，我们要注重自治与共治的结合。通过发挥居民自治的积极性和创造性，推动社区事务的民主决策和民主管理；同时加强政府与社会组织的合作与互动，形成共治共享的社会治理格局。

5. 创新与发展的视角

（1）汲取传统智慧。传统社会治理思想中蕴含着丰富的智慧和经验，如"以和为贵""天人合一"等思想对于当代社会治理仍具有重要的启示意义。我们要善于从传统文化中汲取智慧和力量，推动社会治理的创新与发展。

（2）融合现代元素。在借鉴传统社会治理思想的同时，我们也要注重与现

---

❶ 许仕奇. 儒家"为政以德"的政治哲学思想及其内在理论 [J]. 品位·经典，2024 (4)：27-30.

代元素的融合。通过引入现代科技手段和管理方法，提升社会治理的智能化和精细化水平；同时注重培养现代治理人才和团队，为社会治理提供有力的人才支撑。

综上所述，传统社会治理思想对于当代社会治理具有深刻的启示与借鉴意义。我们要在尊重传统的基础上勇于创新和发展，推动社会治理体系和治理能力现代化的不断提升。

三、传统社会治理思想的现代转换

（一）传统社会治理思想在现代社会中的适用性

传统社会治理思想在现代社会中的适用性是一个复杂而深刻的问题。这些思想作为历史文化遗产，蕴含着丰富的智慧和经验，对于当代社会治理具有一定的启示和借鉴意义。然而，由于现代社会环境、治理结构、价值观念等方面的变化，传统社会治理思想的适用性也呈现出一定的局限性和挑战性。

1. 传统社会治理思想的适用性

（1）道德教化与价值观塑造。传统社会治理智慧的精髓在于其对道德教化与价值观塑造的强调，这一理念在现代社会依然熠熠生辉。借助多元化的教育途径和广泛的宣传渠道，我们能够积极引导公众树立正向的道德观念与价值体系，进而提升社会的整体道德风貌，为社会的和谐与稳定奠定坚实的基础。

（2）礼治精神与现代行为规范。传统社会治理体系中的礼治规范，为现代社会的行为规范提供了宝贵的参考框架。尽管现代法律体系已高度发达，但礼治所蕴含的尊重、礼仪等核心价值观念，依然是现代社会不可或缺的行为准则。此外，礼治还能作为法律体系的辅助手段，共同维护社会的秩序与公正，促进社会的和谐共生。

（3）人本关怀与社会正义。传统社会治理思想中以人为本的核心理念，深刻体现了对个体权益与人格尊严的尊重，这与现代社会的核心价值观念不谋而合。在当代社会治理实践中，我们应继续秉持人本关怀的原则，聚焦民生福祉，努力促进社会公平正义的实现。同时，加强人文关怀，增进社会成员之间的情感联系，也是构建和谐社会的重要途径。

（4）民间调解与社区和谐治理。传统社会治理中的民间调解机制，以其独特的灵活性和高效性，为现代社会解决矛盾纠纷提供了宝贵的经验借鉴。在社区治理层面，我们可以积极引入民间调解的智慧与方法，通过居民自治、协商共治等模式，有效化解社区内部的矛盾与冲突，维护社区的和谐稳定。同时，加强社区建设与服务水平，提升居民的幸福感和归属感，也是现代社区治理的重要使命。

2. 传统社会治理思想的局限性

（1）制度环境的差异。传统社会治理思想形成于古代社会特定的制度环境中，其适用性和有效性在一定程度上受到制度环境的制约。在现代社会中，政治制度、经济制度、社会结构等方面都发生了深刻的变化，传统社会治理思想需要与现代制度环境相结合，才能发挥出更大的作用。

（2）价值观念的变化。随着社会的发展和进步，人们的价值观念也在不断变化。传统社会治理思想中的某些价值观念可能已经不再适应现代社会的需求。因此，在借鉴传统社会治理思想时，需要对其进行批判性反思和现代化改造，以符合现代社会的价值观念和发展要求。

（3）技术手段的落后。传统社会治理思想所依赖的技术手段相对落后，无法满足现代社会高效、精准、智能的治理需求。在现代社会中，应充分利用现代科技手段和管理方法，提升社会治理的智能化和精细化水平，以更好地应对复杂多变的社会问题。

综上所述，传统社会治理思想在现代社会中具有一定的适用性和局限性。在借鉴和运用传统社会治理思想时，需要充分考虑现代社会环境、治理结构、价值观念等方面的变化，结合实际情况进行批判性反思和现代化改造。同时，也要充分利用现代科技手段和管理方法，推动社会治理体系和治理能力现代化的不断提升。❶

（二）传统社会治理思想与现代社会治理理念与实践的结合点

在当今这个日新月异的时代，社会治理作为维护社会稳定、促进社会发展的基石，正经历着前所未有的变革与挑战。在这场变革中，如何将传统社会治理思想的精髓与现代社会治理理念及实践相融合，成了一个值得深思的课题。

1. 明确目标：构建融合性社会治理新模式

目标不仅仅是简单地"复古"或"崇洋"，而是要在深刻理解传统社会治理思想的基础上，结合现代社会的实际情况，创造出一种既包含传统文化精髓又适应现代发展需求的社会治理新模式。这种模式应当既和谐有序，又能够维护社会秩序促进个体自由与社会进步的共同发展。

2. 传统社会治理思想的精髓

传统社会治理思想源远流长，蕴含着丰富的智慧与哲理。其中，"仁爱""礼制""和谐"等核心理念尤为突出。这些思想强调人与人之间的和谐相处、社会整体的秩序稳定以及道德教化的重要作用。它们不仅是古代社会治理的基石，也为现代社会治理提供了宝贵的思想资源。

---

❶ 王潇旋，马艳玲. 市民参与 共同呵护美丽家园[N]. 兰州日报，2023-10-18 (11).

3. 现代社会治理理念与实践的挑战

随着全球化、信息化、网络化的加速发展,现代社会面临着前所未有的复杂性和不确定性。传统的社会治理模式已难以满足现代社会发展的需求。现代社会治理理念强调法治、民主、科学、创新等原则,注重运用现代科技手段提高治理效能,同时也面临着如何平衡个体自由与社会秩序、如何有效应对新兴社会风险等挑战。

4. 结合点的探索与实践

(1) 道德教化与法治建设的互补。传统社会治理思想中的道德教化与现代社会的法治建设并非水火不容,而是可以相互补充、相互促进的。例如,在反腐败斗争中,除了依靠严格的法律制度外,还可以借鉴传统文化中的"廉洁自律"思想,通过加强道德教育和舆论引导,提高公职人员的道德素质和社会责任感。

(2) 礼制精神与现代社区治理的融合。传统礼制中的尊重、礼仪等精神内核,对于现代社区治理具有重要的参考价值。在社区治理中,可以引入"邻里守望相助""和而不同"等理念,通过加强居民自治、协商共治等方式,促进社区内部的和谐与稳定。同时,结合现代科技手段如智能安防、社区 APP 等,提升社区治理的智能化和精细化水平。

(3) 人本关怀与社会服务的创新。传统社会治理思想中的人本关怀理念与现代社会的服务理念相契合。在构建社会服务体系时,应坚持以人为本的原则,关注民生问题和社会弱势群体的需求。例如,在养老服务中引入"孝文化"元素,通过政府、社会、家庭等多方力量的共同参与,为老年人提供更加全面、贴心的服务。同时,利用大数据、云计算等现代科技手段优化服务流程、提高服务效率。

总之,传统社会治理思想与现代社会治理理念与实践的结合点并非遥不可及,而是需要以开放的心态、创新的思维和务实的行动去不断探索和实践。在这个过程中,既要尊重传统智慧的宝贵遗产,又要勇于接受现代社会的挑战与变革;既要坚持道德教化的引领作用,又要注重法治建设的保障作用;既要弘扬礼制精神中的和谐价值观,又要借助现代科技手段提升治理效能。只有这样,才能构建起一个既符合时代要求又充满人文关怀的社会治理新模式。

第二节　中华优秀传统文化在社会治理中的应用

一、中华优秀传统文化在现代社会治理中的价值体现

(一) 中华优秀传统文化在促进社会和谐、增强国家凝聚力等方面的作用

中华优秀传统文化在促进社会和谐、增强国家凝聚力等方面发挥着不可替代

的作用。这些作用主要体现在以下几个方面：

1. 促进社会和谐

（1）提供和谐思想资源。中华优秀传统文化，犹如一座深邃的宝库，其中蕴藏着取之不尽、用之不竭的和谐思想资源。儒家文化作为其中的瑰宝，其核心之一的"和为贵"观念，犹如一股清泉，流淌在中华民族的历史长河中，滋养着一代又一代人的心田。这一观念不仅倡导人与人之间的和睦相处，更在深层次上揭示了社会和谐的真谛。孔子所言"礼之用，和为贵"，不仅是对社会交往原则的精炼概括，更是对和谐社会构建路径的深刻洞察。它告诉我们，在复杂多变的社会关系中，唯有遵循礼仪规范，以和为贵，方能实现人与人之间的和谐共处，进而促进整个社会的和谐稳定。而道家思想，则以独特的视角阐述了另一种和谐——自然和谐。道家追求的是人与自然的和谐共生，强调人类应顺应自然规律，消除人为的差别与对立，回归自然本真的状态。这种思想不仅体现了对自然界深刻的理解和尊重，更在无形中引导人们建立一种更加健康、可持续的生活方式。通过道家思想的熏陶，人们能够更加珍惜自然资源，保护生态环境，从而实现人与自然的和谐统一，为社会的和谐稳定奠定坚实的自然基础。

（2）塑造社会道德观念。在中华优秀传统文化的熏陶下，一系列高尚的道德观念如仁爱、诚信、正义等逐渐深入人心，成为塑造社会成员道德观念和行为准则的重要基石。仁爱之心，使人们在面对他人时能够心怀善意，乐于助人；诚信之道，则要求人们在言行举止中坚守诚信，言出必行；正义之感，则驱使人们勇于维护公平与正义，反对不公正的行为。这些道德观念不仅为个体提供了明确的行为导向，更为整个社会的道德建设提供了坚实的支撑。它们像一盏盏明灯，照亮人们前行的道路，引领着社会向着更加文明、和谐的方向发展。

（3）促进文化认同。优秀传统文化是中华民族共同的精神家园和记忆符号。它如同一根无形的纽带，将亿万中华儿女紧密地联系在一起。通过传承和弘扬优秀传统文化，我们不仅能够增强社会成员的文化认同感和归属感，更能在全社会形成一股强大的凝聚力。这种凝聚力来源于对共同文化的认同和热爱，它使我们能够超越地域、民族、语言等差异，团结一心地为中华民族伟大复兴而努力奋斗。同时，优秀传统文化的传承与弘扬还有助于形成团结和谐的社会氛围，为社会的稳定与发展提供强大的精神动力。

2. 增强国家凝聚力

（1）提供价值支撑。中华优秀传统文化，作为民族精神的根与魂，为增强国家凝聚力提供了坚实而深远的价值支撑。在中华民族悠久的历史长河中，我们逐渐形成了独树一帜的文化特色——兼容并蓄、海纳百川。这种文化特质不仅体现在对多元文化的包容与接纳上，更在于能够不断融合创新，使中华文化始终保持蓬勃的生命力。这种文化的包容性和开放性,极大地增强了中华民族的文化自信,让我们在全球化的浪潮中能够坚守自己的文化根基,同时也能够更加自信地面向世界,展示中华文化的独特魅力。在传统文化中,家国情怀、自强不息等价值观念如同一股不竭的动力源泉,激励着无数中华儿女为国家的繁荣富强而不懈奋斗。家国情怀,让每个人心中都装着对国家的深情厚谊,无论身处何方,都心系祖国,为国家的发展贡献自己的力量。自强不息的精神,则鼓舞着我们在面对困难和挑战时,不屈不挠,勇往直前,不断攀登新的高峰。这些价值观念,如同一盏盏明灯,照亮了中华民族前进的道路,也为我们实现民族复兴的伟大梦想提供了强大的精神支撑。

(2) 增强民族认同感。传统文化不仅是中华民族的文化瑰宝,更是民族认同的重要基石。它如同一座桥梁,连接着每一个中华儿女的心,让我们在共同的文化认同中找到归属感和自豪感。通过传承和弘扬传统文化,我们可以加深民族成员之间的情感认同和身份认同,使大家更加紧密地团结在一起,共同为国家的繁荣富强而努力。例如,"炎黄子孙"这一称谓,就凝聚了中华民族共同的祖先记忆和民族情感,成为连接全体中华儿女的精神纽带。这一同祖的感情纽带,历经数千年而不衰,至今仍激励着各民族、各行业的仁人志士为振兴中华而不断奋斗。

(3) 激发民族精神。传统文化中蕴含着丰富的民族精神,这些精神是中华民族在长期的历史发展中形成的宝贵财富,对于激发民族自信心、增强国家凝聚力具有不可估量的价值。其中,爱国主义精神是最为核心的精神之一。它激励着我们每个人都要热爱祖国,为国家的繁荣富强贡献自己的力量。同时,自强不息的精神也是我们不断前进的动力源泉。它告诉我们,无论遇到多大的困难和挑战,都要保持坚韧不拔的毅力,勇往直前,不断追求更高的目标。通过传承和弘扬这些民族精神,我们可以激发全体民族成员的爱国热情和奋斗精神,形成强大的民族凝聚力和向心力,共同为实现中华民族伟大复兴而努力奋斗。

综上所述,中华优秀传统文化在促进社会和谐、增强国家凝聚力等方面发挥着不可替代的作用。我们应该积极传承和弘扬中华优秀传统文化,让其在新的时代背景下焕发出更加绚丽的光彩。

(二) 中华优秀传统文化对于提升社会治理效能的重要性

中华优秀传统文化对于提升社会治理效能的重要性不言而喻,主要体现在以下几个方面:

1. 提供和谐思想与道德准则

(1) 和谐思想。中华优秀传统文化中蕴含着丰富的和谐思想,如儒家的"和为贵"理念,强调人与人之间的和谐共处。这种思想资源为社会治理提供了重要的价值导向，有助于化解社会矛盾，促进社会稳定。

（2）道德准则。传统文化中的道德观念，如仁爱、诚信、正义等，是塑造社会成员道德观念和行为准则的重要基石。这些道德准则能够引导人们自觉遵守社会规范，提高社会治理的自觉性和有效性。

2. 增强民族认同感与文化自信

（1）民族认同感。传统文化是民族认同的重要基础。通过传承和弘扬中华优秀传统文化，可以加深民族成员之间的情感认同和身份认同，从而增强国家凝聚力。这种凝聚力是提升社会治理效能的重要前提。

（2）文化自信。中华优秀传统文化是中华民族的精神命脉和文化根基。[1] 文化自信能带给国家更深沉、更持久的精神力量，为社会治理提供强大的精神支撑。这种文化自信能够激发人们的爱国情怀和社会责任感，促进社会治理的良性发展。

3. 提供历史智慧与治理经验

（1）历史智慧。中华优秀传统文化中蕴含着丰富的历史智慧，这些智慧是古人在长期社会治理实践中积累的经验和教训。通过挖掘和整理这些历史智慧，可以为现代社会治理提供有益的借鉴和启示。

（2）治理经验。古代社会中的乡规民约、德治教化等制度，是中华优秀传统文化中治国理政资源的重要内容。这些治理经验对于现代社会治理具有重要的参考价值，可以推动社会治理的创新与发展。

4. 推动社会治理创新

（1）理念创新。将中华优秀传统文化中的有益元素融入社会治理理念中，可以推动社会治理理念的创新。例如，将"和为贵"的和谐思想融入社会治理中，可以倡导和谐共治的理念，促进社会和谐稳定。

（2）手段创新。利用现代科技手段，如新媒体、虚拟现实等，创新中华优秀传统文化的传播方式和表现形式，使其更加贴近现代社会生活。这有助于提升社会治理的现代化水平，增强社会治理的针对性和实效性。

5. 促进正能量传递与社会风气改善

中华优秀传统文化中蕴含着丰富的正能量信息，如道德观、价值观等。通过弘扬这些正能量信息，可以感染、带动他人，营造良好的社会风气。这种社会风气的改善有助于提升社会治理效能，促进社会和谐稳定。

综上所述，中华优秀传统文化在提升社会治理效能方面发挥着重要作用。我们应该深入挖掘和弘扬中华优秀传统文化中的宝贵资源[2]，将其与现代社会治理

---

[1] 刘宇，周建新. 文化自信视域下传统文化资源的出版创新 [J]. 出版广角，2020 (17): 17-19.
[2] 同上。

相结合，推动社会治理的创新与发展。

二、中华优秀传统文化在社会治理中的创新应用

（一）将中华优秀传统文化融入社会治理的具体方式和方法

将中华优秀传统文化融入社会治理的具体方式和方法多种多样，旨在通过挖掘和传承传统文化的精髓，提升社会治理的效能和水平。以下是一些主要的方式和方法：

1. 挖掘和传承传统文化中的和谐思想

（1）弘扬"和为贵"理念。在当今社会多元化与快速发展的背景下，我们更应深入借鉴儒家思想中"和为贵"的核心理念，将其作为社会治理的基石。这一理念不仅强调了人与人之间相互尊重、理解和包容的重要性，还倡导在差异中求共识，在冲突中寻和平。通过大力弘扬"和为贵"理念，我们致力于构建一个和谐共处的社会环境，鼓励社会各界人士以和为贵的心态处理人际关系，减少不必要的矛盾与纷争，从而有效缓解社会矛盾，为社会的长期稳定与发展奠定坚实的基础。在实际操作中，这意味着我们要注重调解和协商机制的建设与完善，推动各类争议和冲突通过和平、理性的方式得到解决，让对话与合作成为解决分歧的主要途径。

（2）倡导道德教化。道德教化作为中华优秀传统文化的重要组成部分，其对于提升公众道德素质、增强社会责任感具有不可替代的作用。我们强调，应充分利用传统文化中的道德资源，通过系统化的教育、广泛深入的宣传以及丰富多彩的文化活动，不断提升公众的道德认知水平和道德实践能力。在内容层面，特别要弘扬仁爱、诚信、正义等核心道德观念，这些观念不仅是个人品德修养的基石，也是维护社会秩序、促进社会和谐的重要支撑。通过引导人们自觉践行这些道德准则，我们能够有效提升全社会的道德风尚，增强人们的自律意识和责任感，共同维护一个更加文明、有序的社会环境。同时，这也将为社会治理提供更加坚实的道德基础，推动社会治理向着更加人性化、更加高效的方向发展。

2. 将传统文化融入社会治理制度体系

（1）完善法律法规。在法治社会的建设过程中，完善法律法规是不可或缺的一环。为了确保法律体系的科学性与人文性并重，我们在制定和完善法律法规时，积极借鉴传统文化中丰富的法律思想和制度设计。特别是"礼法合治"这一古老而深刻的理念，它强调法律与道德教化相辅相成，共同维护社会秩序。我们将其精髓融入现代法律体系之中，力求在法律的刚性约束中融入道德的柔性引导，使法律更加贴近人心，更加符合社会实际。同时，我们注重将传统文化的价值理念融入法律条文和司法解释之中。这不仅仅是为了彰显法律的文化底蕴，更

是为了让法律更具人文关怀和社会基础。通过深入挖掘传统文化中的公平正义、和谐共生等价值追求，我们努力将这些理念转化为法律语言，使之成为法律条文中的精神内核。这样一来，法律在执行过程中不仅能够维护社会秩序，还能够引导人们树立正确的价值观，促进社会和谐。

（2）创新社会治理模式。面对复杂多变的社会环境，我们不断探索传统文化与现代社会治理模式的有机结合，以期实现社会治理的创新与突破。其中，"枫桥经验"作为基层社会治理的典范，为我们提供了宝贵的借鉴。我们积极推广"枫桥经验"，鼓励各地结合实际情况，创新矛盾纠纷的源头治理和多元化解机制。通过发挥基层组织的作用，调动社会各方面的积极性，实现矛盾纠纷的早发现、早介入、早化解，有效维护社会稳定。此外，我们还充分利用传统文化中的教化思想、德治理念等宝贵资源，构建自治、法治、德治相结合的社会治理体系。在这一体系中，自治是基础，法治是保障，德治是引领。我们鼓励居民积极参与社区治理，发挥自治作用；同时加强法治宣传教育，提高居民的法律意识和法治素养；并大力弘扬传统美德和社会主义核心价值观，引导居民自觉遵守社会规范，形成崇德向善的良好风尚。通过这一体系的建立和完善，我们有望实现社会治理的现代化和科学化，为社会的长期稳定和繁荣发展提供有力保障。

3. 加强传统文化教育和传播

（1）普及传统文化知识。在全球化与信息爆炸的时代背景下，普及传统文化知识显得尤为重要且迫切。我们致力于在学校教育这一关键领域深耕细作，将传统文化融入课程体系之中，使其成为学生必修或选修的重要课程。通过精心设计的教材、丰富多样的教学方法，如情境教学、项目式学习等，激发学生对传统文化的兴趣与热爱，引导他们深入理解传统文化的内涵与价值。同时，社会教育也不容忽视，我们鼓励各类文化机构、社区组织等开展形式多样的传统文化教育活动，如传统文化节、民俗体验活动等，让公众在轻松愉快的氛围中感受传统文化的魅力，增进对传统文化的认同感和归属感。为了进一步提升公众的文化素养和审美水平，我们积极策划并举办了一系列高质量的文化讲座、展览等活动。这些活动不仅涵盖了传统文化的各个领域，如书法、绘画、戏曲、民俗等，还注重跨学科、跨文化的融合与创新，为公众提供了一场场视觉与心灵的盛宴。通过这些活动，公众不仅能够欣赏到传统文化的精美之作，还能够学习到传统文化背后的历史渊源、哲学思想及艺术特色，从而全面提升自身的文化素养和审美水平。

（2）创新传播方式。随着科技的飞速发展，新媒体已成为文化传播的重要阵地。我们紧跟时代步伐，充分利用互联网、移动设备等现代传播手段，对传统文化的传播方式进行大胆创新。通过开设官方网站、社交媒体账号等线上平台，我们能够及时发布传统文化的相关信息和精彩内容,与公众进行互动交流,拉近传统文化与公众的距离。同时,我们还积极探索短视频、微电影、动画等新型传播形式,利用这些形式直观、生动、易于传播的特点,将传统文化中的经典故事、历史人物等精彩内容进行二次创作和呈现。这些作品不仅保留了传统文化的精髓和韵味,还融入了现代元素和创意,使得传统文化以更加鲜活、时尚的面貌展现在公众面前,极大地提高了传播效果和社会影响力。

4. 发挥传统文化在基层治理中的作用

(1) 挖掘村庄和社区的历史文化资源。为了深化基层治理的根基,我们致力于深入挖掘每个村庄和社区独有的历史文化资源。这些资源不仅是地域文化的宝贵遗产,更是连接过去与未来、凝聚人心的精神纽带。通过组织专家团队进行田野调查、口述历史采集、古籍文献整理等方式,我们全面梳理村庄和社区的历史脉络、文化特色、民俗风情等,确保这些珍贵的文化遗产得以系统记录并传承下来。在挖掘过程中,我们特别注重将历史文化资源与基层治理相结合,打造具有鲜明地方特色的治理模式。这包括利用历史文化资源开展社区教育活动,增强村民和社区居民的文化自信;依托历史遗迹、文化景观等发展乡村旅游,促进地方经济发展;以及将历史文化元素融入社区规划、公共设施建设等,营造独特的社区文化氛围。通过这些措施,我们旨在构建一个既保留传统文化精髓又适应现代生活需求的和谐社区。通过传承和弘扬地方优秀传统文化,我们进一步增强了村民和社区居民的归属感和认同感。这些文化符号不仅让他们感受到自己是这片土地上的传承者,还激发了他们共同参与社区治理的热情和动力。在文化的滋养下,社区成员之间形成了更加紧密的联系和共识,为基层治理的顺利推进奠定了坚实的群众基础。

(2) 发挥新乡贤的积极作用。新乡贤作为乡村社会的精英群体,在文化传承、矛盾调解、公益事业等方面具有不可替代的作用。我们积极鼓励和支持新乡贤参与基层治理,为他们搭建发挥作用的平台。通过设立新乡贤荣誉制度、邀请新乡贤参与社区决策等方式,我们确保新乡贤的声音和智慧能够在基层治理中得到充分尊重和体现。为了更好地发挥新乡贤的作用,我们还成立了新乡贤理事会等组织。这些组织由新乡贤自愿组成,负责协调社区内部事务、传承地方文化、调解邻里纠纷等。通过新乡贤理事会的运作,我们有效地整合了社区内的资源和力量,为基层治理提供了强有力的智力和人力支持。同时,新乡贤的积极参与也带动了更多村民和社区居民投身到社区建设中来,形成了共建共治共享的良好局面。

5. 推动传统文化的创新发展

(1) 文化创新。在浩瀚的历史长河中,传统文化作为民族的瑰宝,承载着先人的智慧与情感,是连接过去与未来的桥梁。为了让这份宝贵的遗产在新时代焕发出更加璀璨的光彩,我们坚定不移地在保护和传承传统文化的基础上,鼓励并支持文化创新。这意味着我们不仅要尊重传统、珍视历史,更要勇于探索、敢于突破,将传统文化与现代元素巧妙融合,创造出既具有深厚文化底蕴又符合当代审美需求的新型文化形态。为了实现这一目标,我们积极促进文化创意产业的发展,为传统文化注入新的活力。通过深入挖掘传统文化的内涵与价值,结合现代设计理念和市场需求,我们将传统文化元素融入各类文化产品中,如手工艺品、艺术品、影视作品、旅游项目等,使传统文化以更加丰富多彩、生动有趣的形式展现在公众面前。这些文化产品不仅满足了人们对美好生活的追求,也有效地提升了传统文化的经济价值和社会影响力。

(2)科技融合。在信息化、数字化高速发展的今天,科技已成为推动社会进步的重要力量。为了让传统文化更好地适应现代社会的发展需求,我们充分利用现代科技手段,如虚拟现实(VR)、增强现实(AR)、人工智能(AI)等,推动传统文化的数字化、智能化发展。这些科技手段的运用,使得传统文化不再局限于书本、博物馆等传统载体,而是能够以更加直观、互动、沉浸的方式呈现在公众面前。通过虚拟现实技术,我们可以再现古代宫廷的辉煌、历史战役的壮阔、传统节日的热闹等传统文化场景,让公众仿佛穿越时空,身临其境地感受传统文化的魅力。而人工智能的应用,则可以在文化传承、保护、研究等方面发挥出巨大作用,如通过 AI 算法对古籍文献进行智能识别、翻译、整理,提高文化传承的效率与准确性;或者利用 AI 技术模拟古代音乐、舞蹈等艺术形式,为传统文化注入新的生命力。这些科技融合的探索与实践,不仅让传统文化在现代社会中焕发出新的光彩,也为文化的传承与发展开辟了更加广阔的空间。

总之,将中华优秀传统文化融入社会治理是一个长期而系统的工程,需要政府、社会、学校等各方面的共同努力和协作。通过挖掘和传承传统文化的精髓,我们可以为社会治理提供更加丰富的思想资源和实践经验,推动社会治理的创新和发展。

(二)中华优秀传统文化在提升社会治理科学化、民主化、法治化水平方面的作用

中华优秀传统文化在提升社会治理科学化、民主化、法治化水平方面发挥着不可忽视的重要作用。

1. 提升社会治理科学化水平

(1)提供智慧与经验。中华优秀传统文化中蕴含着丰富的社会治理智慧和经验,如"民为邦本"的思想强调人民的重要性,对于现代社会治理中以人为本的理念具有深刻启示。同时,"和为贵""德法合治"等思想也为现代社会治理提供

了科学的方法论指导。

（2）促进精细化工作模式。将优秀传统文化融入基层社会治理中，有助于推动社会治理向精细化、精准化方向发展。通过挖掘传统文化中的治理精髓，结合现代技术手段，可以实现社会治理的精细化管理和服务，提高社会治理的效率和质量。

（3）增强社会凝聚力。优秀传统文化中的价值观念和道德规范具有强大的凝聚力，能够引导社会成员形成共同的价值追求和行为准则。这种凝聚力有助于构建和谐稳定的社会环境，为社会治理的科学化提供坚实的社会基础。

2. 提升社会治理民主化水平

（1）促进公民参与。中华优秀传统文化强调"以民为本"，这一思想在现代社会治理中体现为促进公民广泛参与社会管理和公共事务。通过弘扬优秀传统文化中的民主理念，可以激发公民的参与热情和积极性，推动社会治理的民主化进程。

（2）构建共治共享格局。优秀传统文化中的"和合"思想倡导和谐共生、合作共赢的理念。在社会治理中，这一思想有助于构建政府、社会、公民等多方共治共享的格局，促进社会治理的民主化、多元化和协同化。

（3）保障公民权益。优秀传统文化中的"民本"思想要求统治者关注民生、保障民权。在现代社会治理中，这一思想体现为政府应致力于保障公民的基本权益和利益诉求，促进社会的公平正义和和谐稳定。

3. 提升社会治理法治化水平

（1）提供法治思想资源。中华优秀传统文化中的法律思想资源丰富而深邃，如"德法合治""以法为教"等思想对于现代法治建设具有重要的指导意义。通过挖掘和传承这些思想资源，可以为现代法治建设提供坚实的理论基础和实践指导。

（2）强化法治信仰。优秀传统文化中的法治理念强调法律的权威性和公正性，有助于培养公民的法治信仰和法治意识。通过弘扬优秀传统文化中的法治思想，可以引导公民自觉遵守法律、维护法治秩序，推动社会治理的法治化进程。

（3）完善法律体系。在立法过程中借鉴传统文化中的法律思想和制度设计，可以使法律体系更加完善、更加符合国情和民意。同时，将传统文化的价值理念融入法律条文和司法解释中，可以增强法律的人文关怀和社会基础，提高法律的执行力和公信力。

综上所述，中华优秀传统文化在提升社会治理科学化、民主化、法治化水平方面具有重要作用。通过深入挖掘和传承优秀传统文化中的智慧和经验，我们可以为现代社会治理提供有力的思想支持和文化支撑。

第三节　中华优秀传统文化与社会治理的融合实践

一、国内案例分析

（一）浙江省"慈孝仙居"创建活动

1. 背景与概述

自 2012 年以来，仙居县委、县政府紧扣当前道德建设和文化建设的薄弱环节，把传承和发展慈孝文化作为推进乡风文明建设和文化强县建设的主要抓手，作为培育和践行社会主义核心价值观的重要载体，在全县范围大力推进"慈孝仙居"创建活动。这一活动旨在构建和谐新社会，凝聚道德正能量，积极打造中国慈孝文化之乡。

2. 主要做法与成效

（1）提升慈孝文化内涵。

①挖掘与整理：仙居县大力开发慈孝文化积淀和善德教育资源，挖掘和整理古代慈孝人物故事，投资建设慈孝文化教育基地，编印慈孝相关书籍，让慈孝文化"活起来"。

②活动与创作：举办慈孝大讲堂、慈孝文化理论研讨会等活动，设立慈孝文学创作奖，鼓励文学创作和原创歌曲创作，不断唱响"慈孝之声"。

（2）评选慈孝典型。

①评选表彰：在全县开展"寻找最美仙居人·首届慈孝之星"等评选活动，选出慈孝先进典型，通过颁奖晚会、先进事迹巡回报告会等方式推广。

②激励机制：给予慈孝典型实实在在的好处，如免费体检、提高民政补助和慈善救助等，全年发放慰问金达百万余元。

（3）融入学校教育。

慈孝育人。将慈孝创建融入学校教育全过程，编写《慈孝仙居》校本教材，开设慈孝教育课程，制定中小学生慈孝文明守则，广泛开展慈孝感恩活动。

（4）扎根基层农村。

①群众参与：坚持群众自发参与，将慈孝内容纳入村规民约，村委会与村民自行签订慈孝协议。

②主题活动：将每年 9 月定为慈孝主题活动月，开展"吃百叟宴""媳妇晒

爱心被"等系列活动。

③志愿服务：建设志愿服务中心和志愿者驿站，构建三级志愿义工服务网络，发展注册志愿者义工万余名，长期结对帮扶孤寡老人和留守儿童。

（5）考量企业道德。

①企业创建：以倡导诚实守信、履行责任、回报社会为主要内容，开展慈孝企业、和谐企业创建活动。

②公益活动：举办外来务工人员春节团拜会、春节免费送车回家等公益活动，加强企业文化建设，鼓励企业承担社会责任。

3. 社会影响与成果

（1）荣誉称号。仙居县先后被命名为"中国慈孝文化之乡""中国长寿之乡"，并荣获多项省级和国家级荣誉。

（2）品牌影响力。通过全国慈孝文化建设现场经验交流会等活动，进一步打响了"慈孝仙居"品牌在全国的影响力。

（3）社会治理成效。将社会治理与传统文化相融的"慈孝仙居"做法获得了社会和广大群众的肯定，为构建和谐社会、提升社会治理水平提供了有力支撑。

综上所述，"慈孝仙居"创建活动是中华优秀传统文化与社会治理融合实践的典范案例，通过多种方式和途径传承和弘扬慈孝文化，不仅提升了社会道德水平，还促进了社会和谐稳定。

（二）北京市大兴区旧宫镇的"德寿"文化融入基层社会治理

1. 背景与概述

旧宫镇，镇域面积29.73平方公里，下辖19个行政村和28个社区居委会，总人口近20万。该镇历史上文化资源丰富，特别是德寿寺作为西藏自古以来就属于中国不可分割的历史发生地和见证地，具有深厚的文化底蕴。近年来，旧宫镇按照"党建引领、文化铸魂、全面融入"的工作思路，积极探索将"德寿"中华优秀传统文化融入基层社会治理的方方面面。

2. 主要做法与成效

（1）融入民生服务。

①倾听民声：创新开展"合德厅"民意"5"来听行动，每月逢5日、15日、25日领导班子成员下沉一线听民意、解民忧，通过线上线下多种渠道广泛收集民意。

②纾解民困：聚焦"一老一小"等特殊群体，建设多元养老助餐服务，完善养老机构和社区养老驿站，提供错峰助餐服务等，实现为老助餐全覆盖。同时，实施"邻里互助"公益项目，解决空巢老人和困境儿童难题。

③改善民生：推广社区服务由"单一活动"向"项目化"转变，围绕"健而

寿、爱而寿、德而寿"年度品牌项目，开展多项传统文化传承活动和老旧小区改造项目，提升居民生活质量。

（2）融入矛盾调处。

①以文养德：利用德寿寺等文化资源，建立德寿特色文化元素，开展系列讲座、情景剧编排演出等活动，弘扬德寿优秀传统文化。

②以评立德：设立"合德议事厅"平台，发挥德治教化作用，化解社区矛盾纠纷。同时，选树道德模范标杆，引领社会新风尚。

③以法促德：整合基层资源，组建矛盾纠纷多元化调处中心，提供法律咨询和矛盾排查服务，营造良好的法治环境。

（3）融入家风民风。

①传承良好家风：鼓励引导居民学习制定、梳理总结优良家风家训，在邻里之间形成互比、互学、互促的良好风气。

②塑造文明社风：将社区治理、婚丧嫁娶、邻里互助等内容充实到居民公约中，开展系列文化活动，提升社区居民文明素质。

（4）融入基层党建。

党建引领：通过党建引领物业服务管理，创设"三融"制，将德治文化厚植于"红色物业"中，提升社区治理水平。

3. 社会影响与成果

（1）提升治理水平。旧宫镇通过将"德寿"文化融入基层社会治理的各个方面，有效提升了基层社会治理的精度、温度、深度、力度和高度。

（2）增强文化认同。弘扬中华优秀传统文化，增强了居民的文化自信和文化认同，为创建全国文明城区营造了浓厚氛围。

（3）促进社会和谐。通过一系列的文化传承和社会治理活动，促进了社会和谐稳定，提升了居民的幸福感和满意度。

综上所述，旧宫镇将"德寿"文化融入基层社会治理的实践案例，为中国传统文化与社会治理的融合提供了宝贵的经验和启示。这一案例展示了如何将中华优秀传统文化与社会治理相结合，提升基层治理的精度、温度、深度、力度和高度。

（三）乌镇镇五星村的"五星老牟爸"乡贤工作室

1. 工作室背景与概况

在乌镇镇五星村，有一个深受村民好评的"五星老牟爸"乡贤工作室。该工作室由两名乡贤——王品生和费金狗组成，他们均是在五星村村委会工作了30余年的村干部，具有深厚的群众基础和丰富的治理经验。工作室以"乡贤+人民调解"的创新模式，在调解矛盾纠纷、志愿服务等方面发挥了重要作用。

2. 主要做法与成效

（1）调解矛盾纠纷。工作室充分发挥乡贤在调解矛盾纠纷中的独特优势，无论是柴米油盐、家长里短的"小事"，还是扶贫救助、土地维权的"大事"，都能得到有效解决。特别是在"退林还耕"等政策实施过程中，工作室成员挨家挨户上门调解，让村民充分了解政策内容，化解了村民的抵触情绪。

（2）志愿服务。除了调解矛盾纠纷外，工作室成员还积极参与疫情防控、全国文明城市创建、安全宣传教育等各项志愿服务活动。他们以身作则，带动更多村民参与进来，共同营造文明家园。

（3）乡贤带富。工作室还积极响应乌镇镇乡贤助力共同富裕的号召，通过实施"乡贤带富"项目，凝聚乡贤力量，助力村庄经济发展和村民增收致富。

3. 社会影响与启示

"五星老牟爸"乡贤工作室的成功实践，不仅有效提升了五星村的社会治理水平，还增强了村民的文化自信和社会认同。它充分展示了中华优秀传统文化在基层社会治理中的独特价值，为其他地区提供了可借鉴的经验和启示。

（1）弘扬优秀传统文化。工作室通过挖掘和传承乡贤文化中的优秀元素，如奉献精神、责任感等，弘扬了中华优秀传统文化，提升了村民的道德素质和社会责任感。

（2）创新社会治理模式。工作室以"乡贤+人民调解"的创新模式，有效解决了基层社会治理中的许多难题，为现代社会治理提供了新思路和新方法。

（3）促进共同富裕。工作室通过实施"乡贤带富"项目，凝聚乡贤力量，助力村庄经济发展和村民增收致富，为实现共同富裕目标作出了积极贡献。

总之，这是一个极具特色的社会治理创新实践案例，它融合了中华优秀传统文化与现代社会治理理念，展现了乡贤力量在基层治理中的重要作用。

二、国际视野下的比较与借鉴

（一）国外在利用传统文化资源推进社会治理方面的做法与经验

国外在利用传统文化资源推进社会治理方面的做法与经验多种多样，以下是一些典型国家的实践案例和经验总结：

1. 美国

（1）政府与非政府组织的协作。美国政府在利用传统文化资源时，注重与非政府组织的紧密合作。政府通过制定政策、提供资金支持等方式，鼓励非政府组织在社区中开展传统文化活动，如艺术展览、音乐会、节日庆典等，以增强社区凝聚力。美国的社区文化治理模式强调多元主体的参与，包括政府、非政府组织、企业和居民等，共同推动传统文化的传承与发展。

（2）法律保护与政策支持。美国政府高度重视法律在保护传统文化资源中的作用。自 1790 年起，美国就颁布了《版权法》并不断调整和完善，以有效保护文化创作者的权益。此外，美国政府还通过制定农业法案等多部重要法律，形成了较为完备的乡村发展法律体系，[1]为传统文化的保护与传承提供了坚实的法律支撑。

（3）科技与文化的融合。美国积极推动科技和文化融合，利用现代科技手段如互联网、大数据等，对传统文化资源进行数字化保护和传播。这不仅有助于传统文化的广泛传播，还为其注入了新的活力。

2. 英国

（1）城乡一体化发展。英国在乡村文化治理中注重城乡一体化发展，通过设置绿化带、建设国家公园和划定"杰出自然景观区"等措施[2]，保护乡村土地和景观，同时促进城市和乡村的协调发展。这种做法不仅有助于保护传统文化资源，还提升了乡村地区的吸引力和竞争力。

（2）综合乡村发展政策。英国采用综合乡村发展政策，强调"自下而上"的乡村发展战略制定过程，注重地方需求和社区建设。这种政策导向使得传统文化资源能够得到更好的保护和传承。

（3）法律保障与政策支持。英国政府通过制定相关法律和政策，为传统文化资源的保护与传承提供有力保障。例如，通过立法保护乡村景观、风土建筑等文化遗产，推动当地居民参与打造生态博物馆等。

3. 日本

（1）造"町"运动与"一村一品"。日本在乡村文化治理中实施了造"町"运动和"一村一品"等策略。造"町"运动旨在保护乡村的历史文化，发展乡村旅游，提高乡村文化供给[3]，而"一村一品"则通过发挥本地资源优势，打造具有地方特色的产品或产业，促进了乡村经济的多元化发展。

（2）"人间国宝"制度。日本政府设立了"人间国宝"制度，对在非物质文化遗产领域具有"绝技""绝艺"的人进行认定和保护。[4]这种制度不仅有助于传承和保护传统技艺和文化，还提高了相关从业者的社会地位和荣誉感。

（3）大地艺术节。日本还举办了大地艺术节等活动，将艺术创作与乡村自然景观相结合，赋予乡村新的文化内涵和审美价值。这种活动不仅吸引了大量游客

---

[1] 冯永财，李婧，郭利伟. 发达国家乡村文化治理模式分析及对我国的启示 [J]. 图书馆，2022(2): 11-17.
[2] 同上.
[3] 同上.
[4] 同上.

前来参观，还促进了乡村地区的经济繁荣和文化复兴。

4. 其他国家和地区

除了上述国家外，其他国家如法国、韩国等也在利用传统文化资源推进社会治理方面积累了丰富的经验。例如法国注重保护乡村文化遗产和推动乡村复兴；韩国则通过"新村运动"等策略，积极调动农民积极性，发展特色农业和乡村文化旅游业等。

（二）国外利用传统文化资源推进社会治理对于我国社会治理实践的启示与借鉴

国外利用传统文化资源推进社会治理的实践，为我国社会治理提供了宝贵的启示与借鉴。

1. 政府引导与社会参与相结合

（1）启示。在利用传统文化资源推进社会治理的过程中，政府应发挥引导作用，通过制定政策、提供资金和技术支持等方式，为传统文化资源的保护、开发和利用创造有利条件。同时，应鼓励社会组织和民众积极参与，形成政府主导、社会协同、公众参与的良好局面。

（2）借鉴。我国可以借鉴国外经验，建立健全政府与社会合作的机制，如设立专项资金支持传统文化项目、鼓励社会力量参与文化遗产保护等，以激发全社会的文化创造力和活力。

2. 法律保障与制度建设

（1）启示。完善的法律体系和制度建设是保障传统文化资源有效利用的重要基础。国外通过制定相关法律法规，明确传统文化资源的保护范围、开发方式和利用条件，为传统文化资源的可持续发展提供了坚实的法律支撑。

（2）借鉴。我国应进一步完善相关法律法规体系，加强对传统文化资源的法律保护，明确各级政府、社会组织和个人在传统文化资源保护、开发和利用中的权利和义务。同时，建立健全相关制度，如文化遗产保护制度、传统文化传承机制等，以推动传统文化资源的规范化、制度化发展。

3. 科技融合与创新发展

（1）启示。科技在传统文化资源的保护、开发和利用中发挥着越来越重要的作用。国外通过运用现代科技手段，如数字化、网络化、智能化等，创新传统文化资源的表现形式和传播方式，使其更加符合现代人的审美需求和生活方式。

（2）借鉴。我国应积极推动科技与文化融合，运用现代科技手段对传统文化资源进行数字化、网络化、智能化改造和升级。同时，鼓励文化创新，推动传统文化与现代文化、不同文化之间的交流与融合，以创造更多具有时代特色和民族特色的文化产品。

4. 可持续发展与生态平衡

（1）启示。在利用传统文化资源推进社会治理的过程中，应注重可持续发展和生态平衡。国外在保护传统文化资源的同时，注重生态环境的保护和改善，以实现文化、经济、社会、环境的协调发展。

（2）借鉴。我国应坚持绿色发展理念，将传统文化资源的保护与生态环境的保护相结合。在开发利用传统文化资源时，应充分考虑其对生态环境的影响，采取科学合理的措施减少负面影响。同时，加强生态文化教育，提高公众对生态环境保护的认识和意识。

5. 注重本土特色与多样性

（1）启示。每个国家和地区都有其独特的传统文化资源，这些资源是当地社会历史和文化积淀的产物。国外在利用传统文化资源时注重保持其本土特色和多样性，以展现其独特的文化魅力和价值。

（2）借鉴。我国应深入挖掘和整理本土传统文化资源，注重保持其独特性和多样性。在开发利用过程中应尊重当地的文化传统和风俗习惯，避免过度商业化和同质化现象的发生。同时，加强国际交流与合作，借鉴其他国家在传统文化资源保护、开发和利用方面的先进经验和技术手段。

综上所述，国外利用传统文化资源推进社会治理的实践为我国提供了宝贵的启示与借鉴。我们应结合本国国情和实际情况，积极借鉴国外先进经验和技术手段，推动我国社会治理的现代化和高质量发展。

第四节　中华优秀传统文化在社会治理中面临的困境与解决策略

一、当前面临的困境与挑战

（一）中华优秀传统文化在社会治理中面临的主要困境与挑战

中华优秀传统文化在社会治理中面临的主要困境与挑战可以归纳为以下几个方面：

1. 传统文化的固有缺陷

（1）缺乏实证科学基础。中华民族传统文化，这一承载着数千年智慧与哲思的宝库，确实蕴含着诸多与现代实证科学体系不相吻合的抽象概念。其中，阴阳学说以对立统一的视角审视世界万物，道家思想则追求"道法自然"的至高境界，而气、势、经络等概念更是深深植根于古人的生命体验与哲学思考之中。这些概念大多基于一种超验的、非实证的自然观，强调直觉、感悟与和谐共生，而非现代科学所追求的量化分析、实验验证与因果逻辑。因此，在运用这些传统文化元素于社会治理时，往往难以直接与现代科学的严谨性与精确性相对接，需要我们在尊重其精神内核的同时，探索其与现代科学的对话与融合之路。

（2）缺乏民主传统。长期以来，中华民族传统文化深深根植于封建社会的土壤之中，其制度设计与思想体系均在一定程度上服务于当时的统治阶级。尽管在传统文化中，我们可以找到诸如"民贵君轻""水能载舟，亦能覆舟"等体现民本思想的火花，但这些思想并未能从根本上动摇封建等级制度的根基，也未能发展出完整的民主制度或理念。因此，在将传统文化应用于现代社会治理时，我们必须清醒地认识到其民主传统的缺失，避免简单地将传统权威观念与现代民主治理相混淆。相反，我们应当从传统文化中汲取智慧，同时借鉴现代民主制度的精髓，构建起既符合中国国情又体现民主精神的社会治理体系。

（3）消极的宗教迷信。在中华民族传统文化的广阔天地里，也混杂着一些消极的宗教迷信元素。这些元素往往以超自然力量为依托，宣扬神秘主义、宿命论等观念，试图解释和干预现实世界的运行规律。在现代社会治理中，这些消极的宗教迷信元素可能阻碍人们形成科学理性的思维方式，降低社会整体的理性判断能力，甚至成为社会稳定与发展的潜在威胁。因此，我们在传承和发展中华民族传统文化时，必须坚决抵制和剔除这些消极的宗教迷信元素，倡导科学精神与理性思维，为现代社会治理提供坚实的思想保障。

（4）贻害至今的俗文化。在中华民族传统文化的长河中，"三纲五常"等观念曾作为封建社会伦理道德的重要支柱，对于维护社会秩序、促进社会稳定发挥了一定的作用。然而，这些观念中所蕴含的等级观念、思想束缚等消极因素，也在很大程度上阻碍了现代社会的平等、民主与自由发展。在现代社会，我们应当深刻反思这些俗文化观念的历史局限性，摒弃其中的糟粕部分，同时积极挖掘和弘扬其中蕴含的尊老爱幼、诚实守信等积极价值观。只有这样，我们才能在传承中华民族传统文化的同时，推动现代社会的全面进步与发展。

2. 现代化与全球化的冲击

（1）社会结构变化。随着工业化进程的加速和信息技术的迅猛发展，人类社会步入了一个全新的时代。这一时代变革的浪潮不仅深刻地改变了生产方式与经济结构，更对基层社会结构产生了颠覆性的影响。曾经以农业为主导的农村社会，人与土地之间紧密的依存关系逐渐松动，大量的农村人口向城市迁移，寻求更为广阔的发展空间和就业机会。这一过程中，传统的农村社区结构被打破，曾经那种基于血缘、地缘而形成的熟人社会特性日益淡化，取而代之的是更为复杂、多元的城市社区形态。在此背景下，中华优秀传统文化中那些深植于乡土社会、依靠熟人关系维系的道德约束与行为规范，逐渐失去了其原有的效力与影响力，使得社会治理面临着新的挑战与机遇。

（2）文化交融与冲突。全球化如同一股不可阻挡的潮流，将世界各国紧密地联系在一起。❶ 在这一过程中，不同文化之间的交流与碰撞变得日益频繁而深刻。中国传统文化，作为世界文化宝库中的瑰宝，其独特魅力与价值吸引了全球的目光。然而，中国传统文化中的有益成分也面临着来自其他文化的挑战与冲击，有时甚至被误解或忽视。此外，一些错误的文化倾向，如复古主义和历史虚无主义等，也悄然兴起，它们试图通过扭曲历史、夸大或贬低传统文化等方式来影响人们的认知与判断，从而进一步加剧了文化传承与发展的复杂性。如何在文化交融与冲突中寻找平衡，保护并传承好中国传统文化的精髓，成了一个亟待解决的问题。

（3）法治与德治的平衡。在现代社会治理体系中，法治无疑是维护社会秩序、保障公平正义的基石。然而，单纯依靠法治并不能完全解决所有问题，特别是在涉及道德伦理、文化认同等深层次领域时，德治的作用就显得尤为重要。中国传统文化历来强调"德主刑辅""以德治国"，认为道德教化是治理国家的根本。因此，在现代社会治理中，如何实现法治与德治的有机结合，构建起一个既符合现代法治精神又体现传统文化精髓的社会治理体系，成了当前面临的重要挑战。具体来说，就是要通过加强公民道德教育、弘扬社会主义核心价值观等方式来强化德治的作用；同时，也要不断完善法律法规体系、提高司法公信力等来强化法治的保障作用。最终目标是实现"三治融合"（自治、法治、德治）的社会治理格局，让人民群众在和谐稳定的社会环境中共享发展成果。

3. 实践中的难题

（1）文化认同与传承。在新时代背景下，随着全球化进程的加速和社会结构的深刻变革，如何增强人民对中华优秀传统文化的认同感和归属感，不仅关乎民族文化的传承与发展，更是推进社会治理现代化不可或缺的重要前提。这种认同感和归属感是维系社会和谐稳定、促进民族团结进步的精神纽带。然而，由于历史长河中积累的复杂因素以及现实条件的种种限制，如快速的城市化进程、多元文化的冲击、信息爆炸导致的注意力分散等，使得这一目标的实现显得尤为艰巨。因此，我们需要在尊重传统文化精髓的基础上，创新传播方式，拓宽传播渠道，通过教育引导、文化体验、媒体宣传等多种手段，让中华优秀传统文化更加贴近现代生活，深入人心，从而激发居民的文化自信与归属感，为社会治理现代化奠定坚实的文化基础。

---

❶ 马文琴. 全球化时代的国家认同教育 [J]. 教育学术月刊，2008 (10): 9-13.

（2）创新转化与发展。传统文化中的治理智慧，如儒家思想的"仁爱"理念、道家的"无为而治"、法家的法治思想等，蕴含着丰富的哲理与智慧，对于现代社会治理具有重要的借鉴意义。然而，要实现这些治理智慧在现代社会的有效运用，就必须进行创新性转化和发展。这要求我们在深入挖掘传统文化内涵的基础上，结合现代社会治理的实际需求，找到传统文化与现代社会的契合点，通过制度创新、方法创新、技术创新等多种途径，将传统文化中的治理智慧融入现代社会治理体系之中，使其在新时代背景下焕发出新的生机与活力。❶ 同时，我们还需要注意避免生搬硬套、机械模仿，确保传统文化的转化与发展符合时代要求，能够真正解决实际问题。

（3）基层治理的复杂性。基层社会治理作为社会治理体系的基础和关键环节，直接关系到人民群众的切身利益和社会稳定大局。然而，基层社会治理面临着诸多复杂问题，如矛盾纠纷的多样化、公共服务的差异化需求、社会治理体系的创新需求等。这些问题往往涉及面广、利益纠葛复杂，给基层社会治理带来了巨大挑战。在这样的背景下，发挥中华优秀传统文化的独特优势显得尤为重要。我们可以从传统文化中汲取智慧，如运用"和合"思想化解矛盾纠纷、倡导"民本"理念提升公共服务水平、借鉴"礼治"思想构建社会行为规范等。同时，还需要结合基层实际情况，创新治理模式和方法，将传统文化的智慧与现代社会治理技术相结合，形成具有中国特色的基层社会治理新模式。

综上所述，中华优秀传统文化在社会治理中面临的主要困境与挑战包括传统文化的固有缺陷、现代化与全球化的冲击以及实践中的难题等多个方面。为了应对这些挑战，我们需要秉持客观、科学、理性的态度，深入挖掘和传承中华优秀传统文化的精髓，同时结合现代社会治理的实际需求，进行创新性转化和发展。❷

（二）中华优秀传统文化在社会治理中面临的主要困境产生的影响因素

1. 社会治理理念的转变

现代社会治理理念的演进，标志着人类文明的一大步跨越。随着社会的进步和时代的发展，人们愈发认识到法治、科学、民主与效率在社会治理中的核心价值。法治，作为社会公平正义的基石，确保了权力在规则框架内运行，有效遏制了权力的滥用与腐败的滋生。科学，则要求社会治理决策基于充分的数据分析与理性判断，减少主观臆断与盲目性，提升治理的精准度和实效性。民主，则强调民众在社会治理中的主体地位，鼓励公众参与，实现治理的共商共建共享。而效率，则是衡量社会治理成效的重要标尺，要求在保障公平与正义的同时，优化资源配置，提升治理效能。然而，这一过程也伴随着对传统文化的重新审视与调

---

❶ 顾殷嘉，张宇. 以国学传承促进传统文化的现代转化 [J]. 汉字文化，2024 (16)：62-64.
❷ 高巧缇. 承传统文化，护精神家园 [J]. 文化产业，2024 (3)：4-6.

适，传统文化中的某些理念，如过于强调人治、忽视个人权利等，可能与这些现代理念产生冲突或不适应，需要我们在传承中创新，在创新中传承。

2. 技术进步的推动

科技的迅猛发展，尤其是信息技术和大数据的广泛应用，为社会治理注入了新的活力与可能。通过大数据分析，可以精准把握社会运行的规律与趋势，为决策提供科学依据；而信息技术的普及，则使得信息传递更加迅速、透明，公众参与度大幅提高。然而，技术的双刃剑特性也要求我们在享受其便利的同时，警惕其可能带来的隐私泄露、信息误导等问题。更重要的是，如何将这些现代技术手段与传统文化中的治理智慧相结合，成了一个亟待解决的课题。这需要我们深入挖掘传统文化中的精髓，如和谐共生的思想、以德治国的理念等，并将其与现代科技相结合，形成具有中国特色的社会治理新模式。

3. 社会需求的多样性

在物质极大丰富、精神追求日益多元的今天，人们的需求呈现出前所未有的多样化和个性化趋势。这种变化不仅体现在物质层面，更体现在精神层面、文化层面乃至社会参与层面。因此，社会治理必须更加关注个体的差异与需求，提供更加个性化、精准化的服务与管理。这就要求我们在传承传统文化中的治理方式时，必须不断创新和完善，以适应社会需求的多样性。通过引入现代管理理论与方法，如需求导向的服务设计、参与式治理等，将传统文化中的智慧与现代管理手段相结合，以更好地满足人民群众日益增长的美好生活需要。

4. 国际环境的影响

全球化时代，国际环境的变迁对传统文化的传承与发展产生了深远影响。一方面，全球化促进了文化的交流与融合，为中华优秀传统文化的传播提供了更广阔的舞台；另一方面，全球化也带来了文化的碰撞与冲突，使得传统文化的独特性和影响力面临挑战。因此，在全球化的浪潮中保持中华优秀传统文化的独特性和影响力成为一个重要的课题。这需要我们既要有文化自信，坚守中华文化的根与魂；又要有开放包容的心态，积极吸收借鉴世界优秀文化成果；同时，还要加强文化传播与交流的能力建设，提高中华文化在国际上的影响力和竞争力。综上所述，中华优秀传统文化在社会治理中面临的主要困境产生的原因与影响因素是多方面的，为了克服这些困境并推动传统文化的传承与发展，需要我们在保持传统文化精髓的基础上不断创新和完善社会治理方式，以更好地适应现代社会的需求和发展趋势。

二、中华优秀传统文化在社会治理中面临的困境与挑战的解决策略与建议

中华优秀传统文化在社会治理中面临的困境与挑战，主要源于现代社会结构

的快速变迁、文化多样性的增加以及全球化背景下外来文化的冲击。针对这些困境与挑战，以下是一些解决策略与建议：

（一）深入挖掘与阐释传统文化的时代价值

1. 加强理论研究

在全球化与多元文化并存的背景下，加强对中华优秀传统文化的理论研究显得尤为重要。这要求我们不仅要深入挖掘其深厚的哲学思想，如儒家的仁爱、道家的自然无为等，还要细致梳理其中蕴含的人文精神，包括对自然的敬畏、对社会的责任、对个体的尊重等。同时，我们不能忽视传统文化中的教化思想与道德理念，这些宝贵的资源对于塑造现代社会的价值观念、提升公民的道德素质具有不可替代的作用。在理论研究的过程中，必须紧密结合现代社会治理的实际需求，进行创新性阐释和发展。这意味着我们要以开放的心态，运用现代科学的研究方法，如比较研究、跨学科研究等，去重新审视和理解传统文化的精髓。通过与现代社会的对话与融合，我们可以赋予传统文化新的生命力，使其在现代社会治理中焕发出更加璀璨的光芒。

2. 提炼精神标识

中华优秀传统文化是中华民族的根与魂，其中蕴含着丰富的精神标识。为了使其在现代社会治理中发挥更大作用，我们必须有效地提炼这些精神标识，并赋予它们更多新价值与新含义。提炼精神标识，首先要深入剖析传统文化的核心要素，如诚信、和谐、中庸、孝道等，这些元素不仅是传统文化的基石，也是现代社会治理所亟须的精神资源。在提炼的过程中，我们要注重挖掘这些精神标识的时代价值，结合现代社会的发展趋势，赋予它们新的内涵和表现形式。同时，我们还需要通过创新性的传播方式，将这些提炼出来的精神标识推广到社会各个层面。无论是通过教育体系的改革，将传统文化融入课堂教学；还是通过媒体宣传，增强公众对传统文化的认知与认同；抑或是通过社会实践，让人们在日常生活中践行传统文化的精神标识，都是有效的推广方式。通过这些努力，我们可以让中华优秀传统文化的精神标识在现代社会中生根发芽，为社会治理提供强有力的精神支撑。

（二）创新传统文化传播方式

1. 利用新媒体传播中华优秀传统文化

在当今这个数字化时代，新媒体以其独特的魅力与广泛的影响力，成为传播中华优秀传统文化的重要阵地。我们积极拥抱这一趋势，巧妙借助短视频、公众号、微直播等新媒体平台，以更加生动、形象且贴近民众生活的方式，展现传统文化的魅力。短视频以其短小精悍、内容丰富的特点，能够快速吸引公众的眼球,通过创意剪辑和精彩演绎,将传统文化中的经典故事、传统艺术、民俗风情等以全新的面貌呈现给大众,让人们在快节奏的生活中也能轻松领略到传统文化的韵味。

同时,公众号作为信息聚合与传播的重要渠道,我们精心打造了一系列关于传统文化的专栏文章、图文解析和互动问答等活动,深入挖掘传统文化的内涵与价值,引导公众进行深入思考与探讨。通过公众号的定期更新与互动交流,我们搭建起了一座连接传统与现代、文化与民众的桥梁,让更多人能够走进传统文化的世界,感受其独特的魅力与智慧。

此外,微直播的即时性与互动性也为传统文化的传播提供了新的机遇。我们策划了多场以传统文化为主题的微直播活动,如传统手工艺制作现场、古乐演奏会、民俗节庆活动等,让观众能够身临其境地感受到传统文化的氛围与魅力。通过直播中的实时互动与评论反馈,我们不仅能够及时了解观众的需求与兴趣点,还能够根据反馈进行内容的调整与优化,进一步提升传播效果与影响力。

2. 打造数字化文化产品

在用新媒体传播传统文化的同时,我们还积极探索数字化技术在文化遗产保护与传承中的应用。通过运用数码技术和虚拟技术,我们创新了文化遗产的表现形式,创造了一系列数字化的文化产品。这些产品不仅保留了传统文化的精髓与特色,还融入了现代审美与科技元素,让传统文化在数字化时代焕发出新的生机与活力。

我们利用三维扫描、数字建模等技术手段,对古代建筑、文物等文化遗产进行高精度的数字化复原与再现,让公众能够通过虚拟现实技术身临其境地感受到古代文明的辉煌与壮丽。同时,我们还开发了多款以传统文化为主题的手机游戏、动漫、电子书等数字化产品,以寓教于乐的方式引导公众特别是青少年群体了解和学习传统文化知识。这些数字化产品不仅满足了现代人对于便捷、高效获取信息的需求,还激发了公众对于传统文化的兴趣与热爱,让传统文化在数字化时代"活起来""潮起来"。

(三)推动传统文化与社会治理深度融合

1. 融入基层治理

在基层社会治理的广阔舞台上,我们深刻认识到传统文化作为民族智慧的结晶,其蕴含的丰富资源对于促进社会和谐、增强社区凝聚力具有不可估量的价值。因此,我们积极挖掘和整合传统文化中的优秀元素,特别是那些能够激发社区活力、提升居民道德水平的资源,如乡贤文化的智慧、德治理念的精髓等。通过搭建平台、组织活动、树立典型等方式,我们鼓励和支持乡贤、道德模范等社会力量参与基层治理,发挥他们在调解纠纷、引领风尚、服务群众等方面的积极作用。同时，我们致力于推动"三治融合"（自治、法治、德治）在基层的深入实践，通过建立健全自治机制、加强法治宣传教育、弘扬德治文化，形成多元共治、良性互动的社会治理格局，让基层社会更加和谐有序、充满活力。

2. 完善法律法规

在推进国家治理体系和治理能力现代化的进程中，我们深知法律法规是社会治理的基石。为了更好地发挥传统文化在社会治理中的支撑作用，我们在立法过程中特别注重吸收中华优秀传统文化的精髓。通过深入研究传统文化中的法律思想、道德观念和社会规范，我们努力将这些智慧成果融入现代法律体系之中，为基层社会治理提供坚实的法律保障。我们不断完善基层社会治理的法律、法规体系，确保其在内容上既符合现代法治精神，又能够体现中华文化的独特魅力。同时，我们还加强了对传统文化的法律保护，通过立法手段防止文化资源的过度开发和滥用，维护传统文化的传承与发展。通过这些努力，我们希望能够构建一个既具有现代法治精神又不失文化底蕴的社会治理体系，为中华民族伟大复兴提供坚实的法治保障。

（四）加强文化传承与保护

1. 古籍整理保护

在守护与传承中华文明的伟大征途中，古籍整理保护工作占据着举足轻重的地位。我们深知，每一卷古籍都是历史的见证，文化的瑰宝，它们承载着中华民族的智慧与记忆。因此，我们致力于持续、系统地做好古籍的整理与保护工作，不仅包括对古籍文献的物理修复与数字化保存，还涵盖了对古籍内容的深度挖掘与整理研究。为此，我们积极推进新时代高校古籍整理研究专业机构的建设与发展，通过引入现代化技术手段，如大数据、人工智能等，提升古籍整理的效率与精度。同时，我们加强专业人才培养，构建跨学科研究团队，为中华优秀传统文化基因的研究提供丰富、准确、可靠的文献基础。这些努力不仅有助于我们更好地理解和传承文化遗产，更为新时代文化创新与发展提供了宝贵的资源与支持。

2. 文化教育融合

教育是文化传承的重要途径，也是增强民族自信心的关键所在。为了将中华优秀传统文化深深植根于年轻一代的心中，我们积极探索将传统文化融入现代教育体系的新模式。这要求我们在课程设计、教学内容、教学方法等多个方面进行创新与改进。我们注重挖掘传统文化中的思想精髓与道德价值，将其融入各类课程中，如语文、历史、艺术等，让学生在潜移默化中感受传统文化的魅力与智慧。同时，我们鼓励教师采用灵活多样的教学手段，如情境教学、项目式学习等，激发学生的学习兴趣与探索欲望，提高他们对传统文化的认同感与自豪感。此外，我们还通过开展丰富多彩的文化活动，如传统节日庆典、文化讲座、艺术展演等，营造浓厚的文化氛围，让学生在实践中体验传统文化的深厚底蕴，进一步增强他们的文化自信与民族自豪感。

（五）发挥文化引领作用

1. 塑造文化认同感

在多元文化交织的现代社会，塑造强烈的文化认同感是增强社会凝聚力的关键。通过深入挖掘与广泛弘扬中华优秀传统文化，我们不仅能够唤醒居民内心深处的文化记忆，还能在潜移默化中促进社区成员间的相互理解和尊重。这一过程不仅仅是文化的传承，更是价值观、人生观和世界观的共享与塑造。我们利用传统节日庆典、文化活动、艺术展览等多种形式，搭建文化交流的平台，让居民在参与中体验传统文化的魅力，感受其背后蕴含的道德伦理与社会智慧。通过这些活动，居民们逐渐形成了共同的文化认知与情感纽带，促进了社区共识的形成，进一步提升了社会治理的凝聚力和向心力。这种文化认同感的增强，为构建和谐社会、促进社会稳定与发展奠定了坚实的文化基础。

2. 促进文化产业发展

地域特色文化是文化产业发展的宝贵资源。我们深入挖掘本地独特的文化资源，如历史遗迹、民俗风情、传统手工艺等，通过创新转化和市场化运作，将这些文化资源转化为具有竞争力的文化产业产品。这不仅保护了文化遗产，还促进了当地经济的繁荣。文化产业的兴起，不仅创造了就业机会，增加了居民收入，还带动了相关产业链的发展，如旅游、餐饮、住宿等，形成了良好的经济生态。更重要的是，文化产业的发展还促进了社会和谐。通过文化产业的推广与普及，居民们会更加珍惜和传承本土文化，并增强了社区归属感和社会责任感。同时，文化产业也成为社会治理的重要力量，通过提供文化产品和文化服务，能够满足人民日益增长的精神文化需求，为社会治理提供了有力的文化支撑和智力支持。

（六）强化社会参与与共建共享

1. 鼓励社会参与

在推动传统文化的传承与保护这一伟大事业中，我们深刻认识到单一力量难以胜任其重。因此，我们积极采取多种措施，旨在广泛调动社会各界的力量与热情，共同参与到这一历史使命中来。我们鼓励企业、社会组织、学术机构、媒体以及广大民众等多元主体，发挥各自的优势与专长，通过资金投入、项目合作、志愿服务、宣传推广等多种形式，为传统文化的保护与传承贡献力量。同时，我们注重搭建沟通协作的平台，促进不同领域、不同背景的社会力量之间的交流与合作，形成优势互补、资源共享的良好局面。在这一过程中，我们努力营造全社会共同关注、共同参与的良好氛围,让传统文化成为连接人心、凝聚共识的桥梁和纽带,为实现中华文化的伟大复兴奠定坚实的基础。

2. 共建共治共享

为了构建更加和谐、有序、充满活力的社会,我们致力于推动共建共治共享的社会治理制度建设。这一制度强调社会治理的主体多元性、过程互动性和成果共享性,旨在建设一个人人有责、人人尽责、人人享有的社会治理共同体。[1] 我们鼓励社会各方积极参与社会治理,不仅政府要发挥主导作用,还要充分调动社会组织、企业、公民等多元主体的积极性和创造力,共同应对社会治理中的挑战与问题。在治理过程中,我们注重加强沟通与协商,尊重各方利益诉求,形成共识与合作。同时,我们强调社会治理成果的共享性,确保社会治理的成效惠及全体人民,让人民群众在共建共治的过程中获得更多实实在在的利益。通过这样的努力,我们期待构建一个更加公正、包容、有序的社会治理体系,为实现社会的长期稳定和可持续发展提供有力保障。

综上所述,中华优秀传统文化在社会治理中面临的困境与挑战需要通过深入挖掘与阐释、创新传播方式、深度融合社会治理、加强文化传承与保护、发挥文化引领作用以及强化社会参与与共建共享等多方面的策略来解决。这些策略的实施将有助于推动中华优秀传统文化在现代社会治理中发挥更大作用,实现社会治理的创新性发展。

第五节　中华优秀传统文化在社会治理中的发展趋势

一、未来发展趋势预测

中华优秀传统文化在社会治理中的发展趋势与方向,主要呈现出以下几个方面的特点:

1. 深度融合与创新发展

(1) 深度融合社会治理实践。中华优秀传统文化将更深入地融入社会治理的各个环节,如矛盾纠纷调解、公共服务提供、社区治理等,成为社会治理的重要支撑。

通过将传统文化中的智慧与现代社会治理理念相结合,推动社会治理模式的创新,提高社会治理效能。

(2) 创新发展路径。在传承中创新,在创新中传承。中华优秀传统文化将不断探索适应现代社会发展的新路径,如通过数字化、网络化等手段,让传统文化

---

[1] 韩家平. 信用监管的演进、界定、主要挑战及政策建议 [J]. 征信, 2021, 39 (5): 1-8.

更加贴近群众生活，提高传播力和影响力。

2. 强化文化认同与自信

（1）提升文化认同感。通过弘扬中华优秀传统文化，增强人民群众对民族文化的认同感和自豪感，形成共同的价值观念和行为规范，为社会治理奠定坚实的文化基础。

（2）坚定文化自信。文化自信是更基本、更深层、更持久的力量。在社会治理中，将更加注重培养和增强人民群众的文化自信，让中华优秀传统文化成为推动社会治理现代化的重要精神动力。

3. 推动法治与德治相结合

（1）法治保障。在社会治理中，将坚持依法治国和以德治国相结合的原则，通过完善法律法规体系，为传统文化在社会治理中的发挥作用提供有力保障。

（2）德治引领。充分发挥中华优秀传统文化的道德教化作用，引导人民群众树立正确的道德观念和行为规范，促进社会和谐稳定。

4. 加强文化保护与传承

（1）文化遗产保护。加强对中华优秀传统文化遗产的保护力度，包括文物、古籍、非物质文化遗产等，确保中华优秀传统文化的传承和发展。

（2）传承机制建设。建立和完善中华优秀传统文化传承机制，如通过教育、媒体、文化活动等多种渠道，推动传统文化的普及和传播。

5. 促进文化交流与合作

（1）国际文化交流。加强与其他国家和地区的文化交流与合作，推动中华优秀传统文化走向世界，增强中华文化的国际影响力。

（2）民间文化交流。鼓励和支持民间文化交流活动，让人民群众在交流中增进了解、加深友谊，共同推动中华优秀传统文化的传承与发展。

综上所述，中华优秀传统文化在社会治理中的发展趋势与方向是深度融合与创新发展、强化文化认同与自信、推动法治与德治相结合、加强文化保护与传承以及促进文化交流与合作。这些趋势与方向将共同推动中华优秀传统文化在现代社会治理中发挥更大作用，为实现中华民族伟大复兴的中国梦提供有力支撑。

二、发展策略与建议

中华优秀传统文化在社会治理中的发展策略与建议，可以从以下几个方面进行阐述：

1. 深化理论研究与阐释

（1）挖掘与阐释传统文化内涵。深入挖掘中华优秀传统文化所蕴含的丰富的教化思想、哲学思想、道德理念以及人文精神等，明确其在现代社会治理中的价值与作用。

（2）构建理论体系。结合现代社会治理的实际需求，构建具有中华文化底蕴的思想体系、学术体系和话语体系，为中华优秀传统文化在社会治理中的应用提供理论支撑。❶

2. 加强教育普及与传承

（1）融入教育体系。将中华优秀传统文化全方位融入思想道德教育、文化知识教育、艺术体育教育、社会实践教育等各环节，贯穿于启蒙教育、基础教育、职业教育、高等教育、继续教育各领域。❷ 特别是要加强青少年文化遗产教育，帮助他们更好地承担起传承与弘扬中华优秀传统文化的历史使命。

（2）创新教学方法。以文化人，以德育人，不断创新改进中华优秀传统文化的课程与教学内容，扩大与充实学校的文化生活，提高学生对中华优秀传统文化的认同感与自豪感。

3. 推动创新发展

（1）创造性转化与创新性发展。在传承中华优秀传统文化的基础上，注重其创造性转化和创新性发展，使其与现代社会治理理念和实践相结合，形成具有时代特色的社会治理模式。

（2）利用现代科技手段。借助数字技术、新媒体等现代科技手段，创新中华优秀传统文化的表现形式和传播方式，让其在现代社会中焕发新的生机与活力。例如，推进古籍数字化工作，利用虚拟技术、数码技术等手段创新文化遗产的表现形式。

4. 强化政策支持与保障

（1）制定相关政策法规。修订和完善相关法律法规，如文物保护法、文化产业促进法等，为中华优秀传统文化的传承发展提供制度性保障。

（2）加大财政支持力度。中央和地方各级财政应加大对中华优秀传统文化传承发展工作的支持力度，同时统筹整合现有相关资金，支持重点项目和活动的开展。

5. 促进国际交流与合作

（1）加强对外文化交流。通过"一带一路"等国际合作平台，加强中华优秀传统文化的对外交流与合作，推动中华文化的国际传播与影响。

（2）支持文化产品"走出去"。鼓励和支持具有中华文化特色的文化产品走向国际市场，提高中华文化的国际竞争力和影响力。

---

❶ 舒大刚，任蕴奇. 儒家经典的体系、内容及其当代价值 [J]. 国际儒学（中英文），2023, 3 (1): 1-13.

❷ 邱明磊. 中华优秀传统文化融入高校思想政治理论课的困境与路径——以《思想道德与法治》课程为载体 [J]. 三角洲，2024 (20): 142-144.

6. 结合基层社会治理实践

（1）融入基层治理。将中华优秀传统文化融入基层社会治理中，通过弘扬中华优秀传统文化来建构社区共识、形塑社区规范、促成集体行动，推动基层社会治理的创新与发展。

（2）推广成功案例。总结和推广基层社会治理中运用中华优秀传统文化的成功案例和经验做法，为其他地区提供借鉴和参考。

综上所述，中华优秀传统文化在社会治理中的发展策略与建议应围绕深化理论研究与阐释、加强教育普及与传承、推动创新发展、强化政策支持与保障、促进国际交流与合作以及结合基层社会治理实践等方面展开。通过这些措施的实施，可以进一步发挥中华优秀传统文化在社会治理中的积极作用，推动社会治理体系和治理能力现代化的进程。

第四章 中华优秀传统文化与家庭教育

第一节 文化与教育价值

一、家庭教育的重要性

（一）家庭教育在孩子成长过程中的关键作用

家庭，作为孩子成长的第一个也是最重要的环境之一，对孩子的全面发展具有不可估量的影响。在孩子的成长旅途中，家庭教育扮演着至关重要的角色，它不仅塑造了孩子的性格与价值观，还深刻影响着孩子的习惯养成、情感发展、学习动力、社会适应能力、品德修养以及生涯规划等多个方面。以下将从八个关键维度详细阐述家庭教育在孩子成长过程中的重要作用。

1. 性格塑造

家庭是孩子性格形成的摇篮。父母的言行举止、家庭氛围及教育方式都会潜移默化地影响孩子的性格发展。一个充满爱与尊重的家庭环境，有助于培养出自信、乐观、坚韧不拔的孩子；而缺乏关爱或过度控制的家庭，则可能导致孩子性格内向、自卑或叛逆。因此，家庭教育在塑造孩子积极向上的性格特征方面起着决定性作用。

2. 价值观引导

价值观是孩子行为选择的指南针。家庭是孩子最初接触并理解社会规范和道德观念的地方。父母通过日常生活中的言传身教，向孩子传递正确的价值观，如诚信、善良、勤奋、责任感等。这些价值观将成为孩子未来人生道路上的宝贵财富，指导他们做出正确的道德判断和行为选择。

3. 习惯培养

良好的习惯是孩子成功的基础。家庭教育在孩子习惯培养上发挥着不可替代的作用。从饮食习惯、作息习惯到学习习惯，每一个细节都需要家长的悉心引导和监督。通过制定规则、树立榜样、适时奖励与惩罚等方式，家庭教育帮助孩子逐步养成良好的习惯，为终身发展奠定坚实的基础。

4. 情感教育

情感教育是家庭教育的核心之一。孩子在家庭中获得的情感支持与关爱是他们健康成长的重要保障。家长应给予孩子足够的关注、理解和尊重，培养他们的同理心、爱心和感恩之心。通过积极的情感交流，家长可以帮助孩子建立健康的自我认知，学会处理人际关系中的情感问题。

5. 学习动力

学习动力是孩子持续进步的源泉。家庭教育在激发孩子学习动力方面发挥着关键作用。家长可以通过营造浓厚的学习氛围、设定合理的学习目标、鼓励探索与尝试等方式，激发孩子的学习兴趣和好奇心，培养他们自主学习的能力和习惯。

6. 社会适应

家庭是孩子接触社会的起点。家庭教育在孩子社会适应能力培养上至关重要。家长应引导孩子了解社会规则、尊重多元文化、学会与人交往和合作。通过模拟社会情境、参与社会实践活动等方式，家庭教育帮助孩子逐步适应社会环境，为未来的社会生活做好准备。

7. 品德教育

品德教育是家庭教育的灵魂。家长应注重培养孩子的道德品质，如诚实守信、尊重他人、勇于担当等。通过讲述道德故事、分析道德案例、参与道德实践等方式，家庭教育引导孩子树立正确的道德观念，形成高尚的品德修养。

8. 生涯启蒙

生涯启蒙是家庭教育的重要内容之一。家长应根据孩子的兴趣、特长和潜力，帮助他们初步规划未来发展方向。通过了解不同职业的特点和要求、鼓励参与职业体验活动等方式，家庭教育帮助孩子建立初步的职业意识，为未来的生涯规划奠定基础。

综上所述，家庭教育在孩子成长过程中具有不可替代的作用。作为父母，我们应该注重家庭教育，以身作则，为孩子树立榜样，用爱和智慧陪伴孩子健康成长。

（二）家庭教育与学校教育的互补性

家庭教育与学校教育的互补性体现在六个方面，共同为孩子的全面发展提供了坚实的基础。以下是对两者互补性的详细阐述：

1. 教育目标的互补

（1）家庭教育。注重培养孩子的品德、家风、情感和价值观等。家庭教育通过父母的言传身教，潜移默化地影响孩子的道德观念和行为习惯，为其健康成长奠定情感支持和道德基础。

（2）学校教育。则更加注重学习知识的传授和综合素质的培养。学校教育通过系统的课程设置和教学方法，使学生掌握科学文化知识，培养逻辑思维和创新能力，同时促进学生的全面发展。

家庭教育和学校教育的目标虽各有侧重，但相互补充，共同促进孩子的全面发展。

2. 培养方式的互补

（1）家庭教育。具有情感性和个性化的特点。父母作为孩子的第一任教师和最亲密的伙伴，能够根据孩子的性格特点和需求，提供量身定制的成长方案。家庭教育中的情感呵护和个性关怀，使孩子感受到温暖与安全，为他们的心理健康和个性发展奠定基础。

（2）学校教育。具有系统性和规范性的特点。学校教育通过专业的教师和科学的教学方法，为学生提供全面而深入的学习体验。在集体生活中，孩子们学会了如何与他人相处、如何合作与竞争，这些经历不仅丰富了他们的情感体验，还锻炼了他们的心理素质和社会适应能力。

家庭教育和学校教育在培养方式上互为补充，共同促进孩子的全面发展[1]。

3. 知识传递的互补

（1）学校教育。注重知识的系统传授和学习方法的培养。通过教师的指导和课堂教学，学生掌握了扎实的知识基础和学习技能。

（2）家庭教育。则能够将学校学到的知识与现实生活相结合。父母通过日常生活中的实际操作和亲身体验，帮助孩子加深对知识的理解和应用。这种结合不仅使学习更加生动有趣，也提高了孩子的学习效果。

4. 性格塑造的互补

（1）家庭教育。在孩子的性格培养方面起着至关重要的作用。父母的言传身教和教育方法对孩子的性格起着决定性的作用[2]。一个温馨、和谐的家庭环境能够培养出孩子积极向上、乐观开朗的性格。

（2）学校教育。则通过各种集体活动和社会交往来促进孩子的性格发展。在集体生活中，孩子们学会了如何与他人相处、如何面对挑战和困难，这些经历有助于他们形成坚韧不拔、勇于担当的性格特点。

家庭教育和学校教育在性格塑造上相辅相成，共同为孩子塑造积极阳光的个性。

5. 情感支持的互补

（1）家庭教育。家庭是孩子情感交流和心理支持的主要来源。父母与孩子之

---

[1] 柳永祥. 先秦家教研究 [D]. 兰州：西北师范大学，2015.

[2] 蒋红梅. 浅析家园共育下的幼儿品格教育 [J]. 当代家庭教育，2023 (20): 227-230.

间的亲密关系,为孩子提供了安全感和归属感。在家庭中,孩子可以自由地表达情感、分享喜怒哀乐,得到及时的情感回应和心理支持。

(2)学校教育。学校虽然也关注学生的情感发展和心理健康,但受限于师生比例、教育环境等因素,难以像家庭那样提供个性化的情感交流和心理支持。然而,学校可以通过心理健康教育课程、心理咨询室等途径,为学生提供专业的心理支持和辅导。

家庭提供温暖、亲密的情感环境,满足孩子的情感需求;而学校则通过专业手段,帮助学生解决心理困扰,促进其心理健康发展。

6. 社会适应的互补

(1)家庭教育。家庭是孩子初步接触社会、学习社会规范的地方。家长通过日常生活中的言传身教,引导孩子了解社会规则、尊重他人、学会合作与分享。家庭中的互动和模仿,有助于孩子形成初步的社会适应能力和规则意识。

(2)学校教育。学校作为社会化的重要场所,通过集体活动、社会实践、规则教育等方式,进一步培养学生的社会适应能力和规则意识。学校注重培养学生的集体荣誉感、社会责任感以及遵守社会规范的习惯。

家庭提供初步的社会化环境和规则引导,而学校则通过更为系统、全面的教育手段,帮助学生更好地适应社会和遵守规则。两者结合,共同促进孩子成为有责任感、有规则意识的社会成员。

综上所述,家庭教育与学校教育在孩子的成长过程中具有互补性。它们各自扮演着独特的角色,又相互依存、相互补充,共同为孩子的全面发展提供了有力保障。家长和学校应充分认识到这一点,加强合作与沟通,共同为孩子的成长创造更加有利的环境和条件。

二、文化与教育价值的融合

(一)中华优秀传统文化与家庭教育有效融合对于孩子全面发展的重要性

中华优秀传统文化与家庭教育的有效融合对于孩子的全面发展具有极其重要的意义。这种融合不仅有助于孩子形成正确的价值观、道德观和人生观,还能提升他们的文化素养、社交能力和心理健康水平。以下是具体的重要性分析:

1. 塑造正确的价值观与道德观

(1)核心价值观的培育。中华优秀传统文化蕴含着丰富的价值理念,如"仁爱""诚信""孝道"等,这些理念是家庭教育的重要内容。通过家庭教育中融入这些传统美德,可以帮助孩子树立正确的价值观,培养他们的道德情操和社会责任感。

（2）道德行为的引导。在家庭教育中，父母可以通过讲述历史故事、传承家训家规等方式，让孩子在潜移默化中接受中华优秀传统文化的熏陶，从而在日常生活中自觉践行道德规范，形成良好的行为习惯。

2. 提升文化素养与审美能力

（1）文化知识的积累。中华优秀传统文化包含了诗词歌赋、琴棋书画等多种艺术形式，这些艺术形式不仅具有深厚的文化底蕴，还能培养孩子的文化素养和审美情趣。家庭教育中融入这些内容，可以让孩子在欣赏和学习中感受到中华文化的博大精深。

（2）审美能力的提升。通过接触和学习中华优秀传统文化中的艺术形式，孩子可以提升自己的审美能力，学会欣赏美、创造美，进而在生活中追求更高层次的精神享受。

3. 增强社交能力与团队协作能力

（1）社交技能的培养。中华优秀传统文化强调和谐共处、团结互助的精神，这些精神在家庭教育中得以传承和弘扬。通过家庭教育中的互动和合作，孩子可以学会如何与他人相处、如何建立和维护良好的人际关系。

（2）团队协作能力的提升。在参与家庭活动和传统文化活动时，孩子需要与家人或同伴共同完成任务，这有助于培养他们的团队协作能力和集体荣誉感。

4. 促进心理健康与全面发展

（1）情感关怀与心理支持。家庭教育中融入中华优秀传统文化，可以让孩子感受到家庭的温暖和关爱，从而增强他们的安全感和归属感。这种情感关怀和心理支持对于孩子的心理健康发展至关重要。

（2）全面素质的提升。中华优秀传统文化与家庭教育的融合，不仅关注孩子的智力发展，还注重培养他们的情感、意志、品质等多方面的素质。这种全面的培养方式有助于孩子实现全面发展，成为具有综合素质的优秀人才。

综上所述，中华优秀传统文化与家庭教育的有效融合对于孩子的全面发展具有极其重要的意义。家长应该积极学习和传承中华优秀传统文化，将其融入家庭教育中，为孩子的成长提供丰富的精神滋养和坚实的文化支撑。

（二）如何将中华优秀传统文化与家庭教育有效融合

将中华优秀传统文化与家庭教育有效融合，是一个既具有深远意义又充满挑战的任务。以下是一些具体的策略和方法，旨在帮助家长在家庭教育中更好地融入中华优秀传统文化，促进孩子的全面发展。

1. 提高家长的文化自觉与自信

（1）增强文化自信。家长应深刻认识到中华优秀传统文化的独特魅力和时代价值，自觉承担起传承和弘扬中华优秀传统文化的责任。通过学习和了解传统文化，增强自身的文化自信，树立对中华文化的认同感和自豪感。

（2）树立榜样作用。家长应以身作则，通过自身的言行举止展示中华优秀传统文化的精髓，为孩子树立良好的榜样。❶

2. 营造家庭文化氛围

（1）布置家庭环境。通过悬挂字画、摆放文化艺术品等方式，营造充满中华优秀传统文化的家庭氛围。让孩子在潜移默化中感受到中华文化的熏陶。

（2）开展文化活动。定期举办家庭读书会、书法练习、国画创作等文化活动，鼓励孩子参与并享受其中的乐趣。这些活动不仅能丰富孩子的业余生活，还能加深他们对传统文化的理解和认同。

3. 抓住日常生活中的教育机会

（1）传统节日教育。利用春节、端午节、中秋节等传统节日，向孩子介绍节日的起源、习俗和寓意，让他们在实践中体验传统文化的魅力。例如，春节时可以教孩子写春联、包饺子；端午节时可以一起包粽子、看赛龙舟等。

（2）日常行为引导。通过茶文化、饭桌上的礼仪等日常行为，培养孩子的良好品德和习惯。这些行为不仅有助于增进家人间的和睦，还能让孩子在潜移默化中培养良好的思想品德。

4. 结合现代教育理念进行创新

（1）利用现代科技手段。借助互联网、多媒体等现代科技手段，向孩子展示中华文化的魅力。例如，可以观看传统文化相关的纪录片、动画片或参与线上文化活动等。

（2）创新教育方式。在传承传统文化的同时，结合现代教育理念进行创新。例如，可以采用游戏化学习、项目式学习等方式，让孩子在轻松愉快的氛围中学习传统文化知识。

5. 加强亲子沟通与互动

（1）了解孩子需求。家长应加强与孩子的沟通和互动，了解他们的兴趣和需求。在融合传统文化教育时，要尊重孩子的个性和兴趣，鼓励他们自主探索和学习。

（2）共同参与活动。家长应积极参与孩子的学习过程，与他们一起参与传统文化活动。通过共同学习和实践，增进亲子关系，同时也让孩子感受到传统文化的乐趣和价值。

综上所述，将中华优秀传统文化与家庭教育有效融合需要家长、学校和社会各界的共同努力。通过提高家长的文化自觉与自信、营造家庭文化氛围、抓住日

---

❶ 朱娅婷．"互联网+"背景下中华优秀传统文化与幼儿园教育的融合[J]．黑龙江教师发展学院学报，2023，42(1): 128-131.

常生活中的教育机会、结合现代教育理念进行创新以及加强亲子沟通与互动等措施的实施,我们可以更好地传承和弘扬中华优秀传统文化,为孩子的全面发展奠定坚实的基础。

第二节　传统思想在家庭教育中的应用

一、儒家思想在家庭教育中的应用

(一)儒家思想的核心价值观及其对家庭教育的启示

儒家思想作为中国传统文化的重要组成部分,其核心价值观对家庭教育具有深远的启示。以下是对儒家思想核心价值观及其对家庭教育的详细阐述:

1. 儒家思想的核心价值观

(1)仁。仁是儒家思想的核心,强调人与人之间的关爱、尊重和理解。孔子认为"仁"就是爱人,要求人们以仁爱之心对待他人,做到"己所不欲,勿施于人"。

(2)义。义是儒家思想中的道德规范,强调人们应该遵循正义、公正、公平的原则,做到无私无欲,对人对事都公正无私。

(3)礼。礼是儒家思想的重要组成部分,包括仪式、礼节、礼貌等,旨在规范人们的行为,维护社会秩序。孔子强调礼的重要性,认为礼可以培养人们的恭敬之心,促进社会的和谐稳定。

(4)智。智是儒家思想中的重要概念,指智慧或理智。孔子认为智慧是人类最重要的品质之一,只有具备智慧,才能正确判断事物,做出正确的决策,实现自我价值。

(5)信。信是儒家思想中的道德规范,强调人们应该诚实守信,做到言行一致,言出必行。诚信是儒家伦理文化的重要观点之一,也是传统家庭教育的重要内容。

2. 儒家思想对家庭教育的启示

(1)培养仁爱之心。家庭教育应注重培养孩子的仁爱之心,引导他们以关爱、尊重和理解的态度对待家人和他人。家长应以身作则,通过日常行为示范,让孩子在潜移默化中学会关爱他人、尊重他人。

(2)强调公正无私。家庭教育应重视培养孩子的公正无私精神,让他们学会在处理问题时遵循正义、公正、公平的原则。家长应引导孩子树立正确的价值观,培养他们的正义感和责任感。

（3）注重礼仪教育。儒家思想强调礼的重要性，家庭教育也应注重礼仪教育。家长应教导孩子遵守社会公德和家庭规范，培养他们的礼貌行为和恭敬之心。通过礼仪教育，可以让孩子更好地融入社会，与他人和谐相处。

（4）培养智慧品质。家庭教育应注重培养孩子的智慧品质，激发他们的好奇心和求知欲。家长应鼓励孩子多读书、多思考、多探索，培养他们的逻辑思维和创新能力。只有具备智慧品质的孩子，才能在未来社会中立于不败之地。

（5）树立诚信意识。诚信是儒家伦理文化的重要品德之一，也是家庭教育的重要内容。家长应教育孩子诚实守信，做到言行一致、言出必行。通过诚信教育，可以让孩子在人际交往中赢得他人的信任和尊重，为他们的未来发展奠定坚实的基础。

综上所述，儒家思想的核心价值观对家庭教育具有深远的启示。家庭教育应注重培养孩子的仁爱之心、公正无私精神、礼仪规范、智慧品质和诚信意识等品质，为他们的全面发展奠定坚实的基础。

（二）如何在家庭教育中践行儒家思想

在家庭教育中践行儒家思想，可以从以下五个方面入手：

1. 营造仁爱氛围

（1）以身作则。家长应以身作则，展现出仁爱之心，对待家人、朋友及周围的人都要充满关爱与尊重。通过日常行为示范，让孩子在潜移默化中感受到仁爱的力量。

（2）培养同情心。鼓励孩子关注他人的感受和需求，培养他们的同情心。可以引导孩子参与公益活动，让他们在实践中学会关爱他人、帮助他人。

2. 强调道德教育

（1）孝敬父母。儒家思想非常重视孝道，认为这是做人的根本。家长应教育孩子尊敬长辈、孝敬父母，通过讲述历史故事、传承家训家规等方式，让孩子明白孝敬父母的重要性。

（2）诚信教育。家长应教育孩子诚实守信，做到言行一致、言出必行。可以通过日常生活中的小事，如按时完成作业、不撒谎等，来培养孩子的诚信品质。

3. 注重礼仪规范

（1）基本礼仪。教育孩子遵守社会公德和家庭规范，培养他们的礼貌行为和恭敬之心。从日常生活中的小事做起，如见到长辈要问好、吃饭时要有礼貌等。

（2）尊重他人。教导孩子尊重他人的意见和感受，学会倾听和沟通。在家庭中，可以鼓励孩子发表自己的看法，同时也要尊重家长的意见和决定。

4. 培养智慧品质

（1）鼓励学习。家长应鼓励孩子多读书、多思考、多探索，培养他们的逻辑思维和创新能力。可以为孩子提供丰富的阅读材料和学习资源，激发他们的学习兴趣。

（2）注重实践。鼓励孩子将所学知识应用于实践中，通过实际操作来加深对知识的理解和掌握。可以引导孩子参与家务劳动、社区服务等实践活动，培养他们的动手能力和社会责任感。

5. 践行中庸之道

（1）平衡发展。儒家思想强调中庸之道，即追求平衡与和谐。在家庭教育中，家长应引导孩子平衡发展各方面的能力，既注重学习成绩，也关注身心健康和兴趣爱好。

（2）适度原则。教育孩子做事要适度，既不过度追求完美也不过于放纵自己。在面对困难和挑战时，要保持乐观的心态和积极的态度，勇于面对并努力克服。

综上所述，在家庭教育中践行儒家思想需要从多个方面入手，包括营造仁爱氛围、强调道德教育、注重礼仪规范、培养智慧品质以及践行中庸之道等。这些措施将有助于培养孩子的良好品德和综合素质，为他们未来的成长和发展奠定坚实的基础。

二、道家思想在家庭教育中的体现

（一）道家思想的基本观点及其对家庭教育的影响

1. 道家思想的基本观点及其对家庭教育的影响

（1）以"道"为核心。道家思想以"道"为最高范畴，认为"道"是宇宙万物的本源和根本规律，是天地万物运行的法则。它强调"道"的无形无象、超越时空、永恒不变，是宇宙间最真实、最本质的存在。

（2）主张自然无为。道家主张"无为而治"，认为人类应该顺应自然规律，不要人为地干预和改变自然，以达到"无为而无不为"的境界。这种思想体现在政治、经济、文化等各个方面，强调自然和谐、万物共生。

（3）强调内在修养。道家注重个人内在修养和精神世界的提升，提倡通过修炼心性、保持内心的平静和淡泊来达到与"道"合一的境界。这种修养不仅关乎个人的精神健康，还关系到社会的和谐稳定。

（4）倡导和谐共生。道家思想强调人与自然的和谐共生，认为人类应该尊重自然、顺应自然，与自然保持一种和谐的关系。同时，也倡导人与人之间的和谐相处，提倡宽容、理解和包容。

2. 道家思想对家庭教育的影响

（1）注重家庭和谐。道家思想强调家庭和谐的重要性，认为家庭成员之间应该相互尊重、关爱和支持，共同维护家庭的和谐稳定。这种和谐不仅关乎家庭的幸福安康，还关系到社会的和谐稳定。

（2）倡导自然教育。道家思想主张自然教育，即按照孩子的天性和兴趣进行教育，不强行灌输知识或技能。这种教育方式有助于培养孩子的自主性和创造力，让他们能够在自然的环境中自由成长和发展。

（3）强调内在品质。道家思想注重个人内在品质的培养，认为良好的品德和道德修养是家庭教育的重要内容。家长应该以身作则，通过自己的言行举止来影响孩子，培养他们诚信、善良、节俭、勤奋等优秀品质。

（4）倡导平等交流。道家思想强调平等交流的重要性，认为家长应该与孩子保持平等的沟通关系，尊重孩子的意见和想法。这种交流方式有助于增进亲子关系，让孩子感受到家庭的温暖和关爱。

（5）培养自律意识。道家思想主张自律意识的培养，认为孩子应该学会自我约束和管理。家长可以通过制定家庭规则、引导孩子养成良好习惯等方式来培养他们的自律意识，让他们能够自觉地遵守规则和纪律。

综上所述，道家思想的基本观点对家庭教育产生了深远的影响。它注重家庭和谐、倡导自然教育、强调内在品质、倡导平等交流和培养自律意识等方面都为现代家庭教育提供了有益的启示和借鉴。

（二）如何在家庭教育中运用道家思想的智慧

在家庭教育中运用道家思想的智慧，可以从以下四个方面入手：

1. 尊重孩子的自然成长

（1）顺应天性。道家思想强调"道法自然"，即遵循自然规律，不强制、不干预。在家庭教育中，这意味着家长应尊重孩子的天性，给予他们足够的自由空间去探索和发展自己的兴趣和才能。每个孩子都有独特的天赋和潜能，家长应善于观察和发现，并鼓励孩子在自己擅长的领域深耕细作。

（2）鼓励尝试与探索。道家思想倡导"无为而治"，但这并不意味着放任不管。家长应鼓励孩子勇于尝试新事物，面对挑战和失败时保持积极的心态。通过不断的尝试和探索，孩子可以逐渐发现自己的兴趣所在，并培养出坚韧不拔的品质。

2. 培养内在修养与自律

（1）强调道德修养。道家思想注重个人内在修养和精神世界的提升。家长可以通过言传身教的方式，引导孩子树立正确的价值观和道德观。例如，家长可以以身作则，展现出诚信、善良、宽容等优秀品质，让孩子在潜移默化中受到影响。

（2）培养自律意识。道家思想强调自律的重要性。家长可以通过制定家庭规则、引导孩子制订个人计划等方式，帮助他们建立起良好的自律习惯。同时，家长也应尊重孩子的选择和决策，给予他们适当的自主权，让他们学会自我管理和自我约束。

3. 营造和谐的家庭氛围

（1）增进亲子关系。道家思想倡导和谐共生的理念。在家庭中，家长应努力营造温馨、和谐、平等的氛围，与孩子建立起良好的亲子关系。通过多沟通、多倾听、多理解，家长可以更好地了解孩子的需求和想法，为他们提供更加精准的支持和帮助。

（2）倡导家庭合作。道家思想强调"天人合一"的和谐观念。在家庭中，家长可以倡导家庭成员之间的合作与协作，共同解决家庭中的问题和挑战。这种合作不仅有助于增强家庭成员之间的默契和信任，还有助于培养孩子的团队精神和集体意识。

4. 注重孩子的心理健康

（1）关注情绪变化。道家思想注重内心的宁静和平和。家长应关注孩子的情绪变化，及时给予他们关爱和支持。当孩子遇到挫折或困难时，家长应鼓励他们勇敢面对并寻求解决方案，而不是逃避或放弃。

（2）培养积极心态。道家思想倡导积极、乐观的心态。家长可以通过讲述励志故事、分享成功经验等方式，激发孩子的积极性和自信心。同时，家长也应鼓励孩子保持好奇心和求知欲，不断探索未知领域并追求自己的梦想。

综上所述，家庭教育中运用道家思想的智慧需要家长从多个方面入手，包括尊重孩子的自然成长、培养内在修养与自律、营造和谐的家庭氛围以及注重孩子的心理健康等。这些措施将有助于促进孩子的全面发展并培养他们成为具有优秀品质和良好心态的人。

第三节　礼仪文化与家庭建设

一、礼仪文化的重要性

1. 礼仪文化在家庭建设中的作用

礼仪文化在家庭建设中扮演着至关重要的角色，它不仅是家庭和谐美满的基石，还是塑造家庭成员品格、传承家庭价值观的重要途径。以下是礼仪文化在家庭建设中的具体作用：

（1）促进家庭和谐。礼仪文化强调尊重、理解和包容，家庭成员之间通过遵循一定的礼仪规范，能够减少误解和冲突，增进相互之间的情感交流。例如，餐桌礼仪能够营造温馨和谐的用餐氛围，让家人在享受美食的同时感受到家庭的温暖和关爱。

（2）培养良好品格。家庭是孩子品格形成的第一课堂，而礼仪文化则是这堂课的重要内容之一。通过学习和实践礼仪规范，孩子们可以学会尊重他人、关心他人、诚实守信等优良品质，这些品质将伴随他们一生，成为他们立足社会、与人交往的重要资本。

（3）传承家庭价值观。每个家庭都有其独特的价值观和文化传统，而礼仪文化正是这些价值观和文化传统的重要载体。通过遵循和实践家庭中的礼仪规范，家族成员能够更好地理解和传承家庭的价值观和文化传统，从而增强家族的凝聚力和认同感。

（4）提升家庭形象。家庭是社会的基本细胞，而家庭形象则直接影响着家庭成员在社会中的形象和地位。一个注重礼仪文化的家庭，往往能够给外界留下良好的印象，提升家庭成员的社交能力和社会声誉。这不仅有利于家庭成员的个人发展，还有利于家庭的整体发展。

（5）增强家庭责任感。礼仪文化还强调家庭成员之间的责任和义务。通过学习和实践礼仪规范，家庭成员能够更加清晰地认识到自己在家庭中的角色和责任，从而更加自觉地承担起对家庭的责任和义务。这种责任感的增强将促使家庭成员更加努力地工作和学习，为家庭的繁荣和发展贡献自己的力量。

总之，礼仪文化在家庭建设中具有不可替代的作用。它不仅能够促进家庭和谐、培养良好品格、传承家庭价值观、提升家庭形象，还能够增强家庭责任感，为家庭成员的全面发展提供有力保障。因此，我们应该高度重视礼仪文化在家庭建设中的应用和推广，让礼仪文化成为家庭和谐美满的助推器。

2. 礼仪文化对于孩子成长的影响

礼仪文化对于孩子的成长具有深远的影响，它不仅是孩子社交技能的基石，更是塑造孩子品格、提升综合素质的重要途径。以下是礼仪文化对孩子成长的具体影响：

（1）促进社交技能发展。礼仪是人际交往中的行为准则和规范，学习礼仪可以帮助孩子学会如何与他人交往和沟通。孩子通过掌握礼仪知识，能够更自信地与人交往，表现出良好的沟通能力和合作精神。这有助于孩子建立良好的人际关系，为未来的社会交往打下坚实基础。

（2）增强自信心。当孩子们了解并遵守礼仪规范时，他们会感到更自信和受欢迎。因为礼仪体现了对他人的尊重和关心，遵守礼仪能让孩子在人际交往中更加得体、大方，从而赢得他人的尊重和喜爱。这种正面的反馈会进一步增强孩子的自信心和自尊心，使他们在面对挑战和困难时更加勇敢和坚定。

（3）培养道德价值观。礼仪是道德价值观的一种体现，它要求人们在行为上符合社会公认的道德准则。通过学习礼仪，孩子们可以学会尊重他人、关心他人、诚实守信等优良品质。这些品质将伴随孩子一生，成为他们为人处世的重要原则。同时，礼仪教育还能够培养孩子的责任感和自律性，使他们能够自觉遵守社会规范，成为有责任感的社会成员。

（4）提高综合素质。在竞争日益激烈的现代社会，具备良好的礼仪素养对于孩子的综合素质提高至关重要。良好的礼仪素养能够提升孩子的个人形象，使他们在学习和工作中更加受欢迎和认可。同时，礼仪教育还能够培养孩子的领导力、团队协作能力和创新思维等能力，使他们在未来的社会中更具竞争力。

（5）促进身心和谐发展。情绪对孩子的身体生长发育有极为重要的影响。学习礼仪可以帮助孩子控制情绪，保持积极向上的心理态度。当孩子在学校或家庭中遇到挫折和困难时，他们能够通过学习和运用礼仪来调节自己的情绪，保持平稳的心态。这种良好的心理状态有助于孩子的身心和谐发展，使他们更加健康、快乐地成长。

综上所述，礼仪文化对于孩子的成长具有多方面的影响。家长和教育者应该重视礼仪教育，通过言传身教、实践锻炼等多种方式引导孩子学习礼仪知识，培养良好的礼仪习惯。这将有助于孩子在未来的人生道路上更加顺利、成功。

二、家庭礼仪的具体内容和实践方法

家庭礼仪的具体内容和实践方法涵盖了家庭成员之间的相处之道、对长辈的尊敬、待客之道以及日常生活中的细节规范。以下是对这些内容的详细阐述：

1. 家庭成员之间的相处之道

（1）尊重与理解。尊重每个家庭成员的意见和感受，不随意打断他人说话。理解并体谅他人的难处，尤其是在面对家庭矛盾时，应保持冷静和理性，寻求和平解决的方式。

（2）沟通与分享。鼓励家庭成员之间的沟通交流，分享彼此的生活点滴和感受。定期举行家庭会议，讨论家庭事务，共同决策。

（3）互助与支持。在家庭成员遇到困难时，应伸出援手，给予必要的帮助和支持。共同参与家务劳动，分担家庭责任，营造温馨和谐的家庭氛围。

2. 对长辈的尊敬

（1）孝顺与关心。孝顺父母是中华民族的传统美德，应主动关心父母的身体状况和生活需求。听从父母教诲，不随便顶撞，不对父母产生敌对情绪。

（2）尊重与陪伴。尊重长辈的意见和决定，即使有不同看法也应以礼貌的方式表达。经常陪伴长辈，与他们聊天、散步或共同参与活动，增进感情。

（3）耐心与细心。与老人相处要有耐心，理解他们的生活习惯和言语方式。细心照顾长辈的日常生活，如提醒他们按时吃药、注意保暖等。

3. 待客之道

（1）提前准备。家里有客人来访时，应提前做好准备，包括整理居室、准备待客物品等。主人的仪容仪表也要干净整齐，修饰得体。

（2）热情接待。迎接客人时要面带微笑，热情招呼，并引导客人就座。敬茶时要上热茶，茶以七分满为最佳，并注意上茶的顺序。

（3）礼貌交谈。与客人交谈时要保持礼貌和谦逊的态度，不随意打断对方说话。谈论的话题应健康、积极，避免涉及敏感或争议性话题。

（4）送别客人。当客人离席或准备告辞时，主人应婉言相留并送至门口。表达对客人的感谢和欢迎再次来访的意愿。

4. 日常生活中的细节规范

（1）餐桌礼仪。用餐时保持安静和文雅的态度，不发出过大的声响。不乱翻菜肴、不挑食、不浪费食物。饭后主动收拾餐具并帮助清理餐桌。

（2）起居礼仪。早睡早起、作息规律，保持个人卫生和居室整洁。尊重他人的隐私和空间，不随意进入他人的房间或翻动他人的物品。

（3）出行礼仪。外出时注意交通安全和公共秩序，遵守交通规则、不闯红灯、不乱穿马路。在公共场合保持安静和文明的行为举止，不大声喧哗或做出不雅动作。

通过遵循这些家庭礼仪的具体内容和实践方法，可以营造出一个温馨和谐、文明礼貌的家庭氛围，促进家庭成员之间的情感交流和相互理解。同时也有助于培养孩子的良好品德和社会交往能力，为他们未来的成长和发展打下坚实的基础。❶

三、礼仪文化与家庭和谐

（一）礼仪文化对于家庭和谐的影响

礼仪文化对于家庭和谐的影响深远而广泛，主要体现在以下几个方面：

1. 促进家庭成员间的相互尊重与理解

礼仪文化强调对他人的尊重和理解，这种文化在家庭中尤为重要。通过遵循家庭礼仪，家庭成员能够学会尊重彼此的意见、感受和生活方式，减少不必要的冲突和误解。例如，在餐桌上，遵循用餐礼仪不仅体现了对食物的尊重，也表达了对其他家庭成员的关心和尊重。这种相互尊重和理解是家庭和谐的重要基石。

---

❶ 陈嘉仪. 论唐宋示子诗的内容与表达方式 [J]. 名家名作，2023 (36): 24-26.

2. 增强家庭凝聚力

家庭礼仪有助于增强家庭成员之间的凝聚力。通过共同参与家庭活动、遵循共同的礼仪规范，家庭成员能够感受到彼此之间的联系和归属感。这种归属感使得家庭成员在面对外部挑战时能够团结一致，共同应对。同时，家庭礼仪也促进了家庭成员之间的情感交流，使得家庭关系更加紧密和谐。

3. 培养良好品德与行为习惯

家庭礼仪是儿童品德教育和行为习惯培养的重要途径。通过学习和实践家庭礼仪，孩子们能够逐渐形成良好的品德和行为习惯，如诚实守信、尊重他人、礼貌待人等。这些品德和行为习惯不仅有助于孩子们在家庭中健康成长，还能为他们未来的社会生活打下坚实的基础。

4. 提升家庭成员的社交能力

家庭礼仪还有助于提升家庭成员的社交能力。在家庭中，孩子们通过学习和实践礼仪规范，能够掌握正确的社交技巧，如何与人交往、如何表达自己的想法和感受等。这些社交技能将使他们在未来的社会生活中更加自信、得体地与他人交往，建立良好的人际关系。

5. 传承家庭文化传统

家庭礼仪作为家庭文化的重要组成部分，具有传承家庭文化传统的重要功能。通过遵循和实践家庭礼仪，家庭成员能够更好地理解和继承家庭的文化传统和价值观，从而保持家庭的独特性和连续性。这种文化传统的传承不仅有助于增进家庭成员之间的情感联系，也有助于家庭在社会中的认同感和归属感。

综上所述，礼仪文化对于家庭和谐具有多方面的影响。它不仅能够促进家庭成员间的相互尊重与理解、增强家庭凝聚力、培养良好品德与行为习惯、提升社交能力，还能够传承家庭文化传统。因此，我们应该重视家庭礼仪的教育和实践，让它在家庭生活中发挥更大的作用。

（二）如何通过礼仪文化促进家庭和睦

通过礼仪文化促进家庭和睦，可以从以下六个方面入手：

1. 树立礼仪观念，强化家庭意识

家庭成员需要共同树立礼仪观念，认识到礼仪在家庭和睦中的重要性。通过学习和了解礼仪文化，认识到礼仪不仅是对外交往的规范，更是家庭内部和谐相处的基石。强化家庭意识，让每个家庭成员都意识到自己是家庭的一分子，有责任和义务维护家庭的和谐与稳定。

2. 制定家庭礼仪规范，共同遵守

家庭成员可以共同制定一些家庭礼仪规范，如餐桌礼仪、待客礼仪、起居礼仪等。这些规范应该根据家庭成员的实际情况和需求来制定，既要符合传统文

化的要求,又要具有可操作性和实用性。制定后,家庭成员需要共同遵守这些规范,形成良好的家庭习惯和风气。

3. 注重言传身教,树立榜样作用

家庭成员中的长辈或家长应该注重言传身教,通过自己的行为示范来影响和教育下一代。在日常生活中,长辈或家长应该以身作则,遵守家庭礼仪规范,展现出良好的礼仪素养和道德品质。同时,也要关注孩子的成长和变化,及时给予指导和帮助,引导他们树立正确的价值观和礼仪观念。

4. 加强沟通与交流,增进理解与信任

家庭成员之间需要加强沟通与交流,分享彼此的生活点滴和感受。通过沟通与交流,可以增进彼此之间的理解与信任,减少误解和冲突。在沟通过程中,要尊重对方的意见和感受,保持开放和包容的心态。同时,也要学会倾听和表达,用恰当的方式来表达自己的想法和需求。

5. 营造温馨和谐的家庭氛围

家庭氛围的营造对于家庭和睦十分重要。家庭成员应该共同努力,营造一个温馨和谐的家庭氛围。这包括保持家庭环境的整洁与美观、关注家庭成员的情感需求、共同参与家庭活动等。在这样的氛围中,家庭成员能够感受到彼此的关爱和支持,从而更加珍惜和维护家庭的和谐与稳定。

6. 定期举办家庭活动,增进感情

定期举办家庭活动也是促进家庭和睦的有效方式之一。这些活动可以是家庭聚会、户外游玩、共同学习等。通过共同参与活动,家庭成员可以增进感情、加深了解、培养默契。同时,这些活动也能够为家庭成员提供一个放松和娱乐的平台,缓解生活和工作中的压力。

综上所述,通过树立礼仪观念、制定家庭礼仪规范、注重言传身教、加强沟通与交流、营造温馨和谐的家庭氛围以及定期举办家庭活动等方式,可以有效地利用礼仪文化促进家庭和睦。

第四节 孝道文化与家庭教育

一、孝道文化的内涵

(一)孝道文化的定义、起源及其核心内涵

1. 定义

孝道文化,是中国传统文化中极为重要且深具影响力的伦理道德体系之一,其核心在于尊敬、关爱并侍奉父母及长辈，以此为基础，进一步推广至对整个社会的尊重与和谐。孝道不仅体现了个人品德修养的高度，还是社会秩序稳定与文明进步的基石。它强调家庭内部的情感纽带，倡导以孝为先，通过实际行动表达对长辈的敬爱与感激之情。

2. 起源

孝道文化的起源可追溯至中国古代社会，其思想根源深深植根于儒家学说之中。早在西周时期，随着宗法制度的建立和完善，"孝"作为维护家族内部和谐、稳定社会秩序的重要手段就被提出并逐渐形成体系。儒家学派创始人孔子对孝道文化进行了进一步系统的阐述与弘扬，他强调将孝视为一切道德行为的出发点和归宿。此后，历代儒家学者不断对孝道文化进行丰富和发展，使其成为中国传统文化中最为核心的价值观念之一。

在历史长河中，孝道文化不仅受到儒家学说的影响，还融合了道家、墨家、法家等不同学派的思想精华，形成了独具特色的文化体系。同时，孝道文化也深深扎根于民间，通过家训、族规、诗词歌赋等多种形式广泛传播，深入人心。

3. 核心内涵

孝道文化的核心内涵丰富而深远，主要包括以下几个方面：

（1）尊敬与顺从。尊敬是孝道文化的首要内涵。子女应尊重父母的意愿和决定，不违背他们的教诲和期望。这种尊敬不仅体现在言语上的恭敬有礼，更在于行动上的顺从与照顾。子女应努力让父母感受到关爱与温暖。

（2）关爱与照顾。关爱与照顾是孝道文化的具体体现。子女应关注父母的身体健康和精神状态，为他们提供必要的照顾和帮助。这包括日常生活的照料、疾病的护理以及精神上的慰藉等。通过实际行动表达对父母的关爱之情，让他们安享晚年。

（3）传承与弘扬。孝道文化不仅是一种个人品德的体现，更是一种文化的传承与弘扬。子女应通过学习和实践孝道文化，将其精神内涵传递给下一代。这包括通过家庭教育、学校教育等多种渠道普及孝道知识，培养青少年的孝德观念；同时，积极参与社会公益活动，将孝道文化的精神力量转化为推动社会和谐发展的动力。

（4）忠诚与报效。在更深层次上，孝道文化还体现了对国家和社会的忠诚与报效。在古代社会，忠孝是紧密联系在一起的。子女在孝顺父母的同时，也应忠诚于国家和社会，为国家的发展和繁荣贡献自己的力量。这种忠诚与报效的精神不仅是对个人品德的升华，更是对社会责任的担当。

综上所述，孝道文化作为中国传统文化的重要组成部分，其定义明确、起源深远、核心内涵丰富。它不仅是个人品德修养的标尺，还是社会和谐稳定的基石。在当今社会，我们更应弘扬孝道文化的精神内涵，让其在新的时代背景下焕发出更加璀璨的光芒。

（二）孝道文化对于家庭教育的意义

孝道文化作为中华民族的传统美德之一，其在家庭教育中的意义深远而重大。它不仅承载着对长辈的尊敬与关爱，更是家庭美德传承、亲子关系增进、责任感培养、感恩之心强化、健全人格塑造、社会和谐促进以及正面榜样树立的重要基石。以下将从七个方面详细阐述孝道文化对于家庭教育的意义。

1. 传承家庭美德

家庭是社会的基本单元，也是文化传承的重要场所。孝道文化作为家庭美德的核心内容，通过家庭教育得以世代相传。父母以身作则，通过自身的孝行向子女传递尊老爱幼、和睦相处的价值观念，使这些美德成为家族文化的一部分，代代相传，历久弥新。

2. 增进亲子关系

孝道文化强调子女对父母的尊敬与关爱，这要求双方建立基于理解和尊重的亲密关系。在家庭教育中，父母通过引导子女实践孝道，如关心父母的生活起居、陪伴父母共度时光等，不仅能让子女感受到父母的养育之恩，也能加深亲子之间的情感联系，使家庭更加温馨和谐。

3. 培养责任感

孝道文化要求子女承担起照顾父母、维护家庭和谐的责任。在家庭教育中，通过让子女参与家务劳动、照顾家人等活动，可以培养他们的责任感和独立能力。这种责任感不仅体现在家庭内部，还将延伸至社会生活的各个方面，使子女成为有担当、有责任感的社会成员。

4. 强化感恩之心

孝道文化教导我们要心怀感恩，铭记父母的养育之恩。在家庭教育中，父母可以通过讲述自己的成长经历、分享生活中的点滴感动等方式，引导子女学会感恩。这种感恩之心的培养不仅能让子女更加珍惜父母的付出，还能使他们更加关注身边的人和事，培养积极向上的生活态度。

5. 塑造健全人格

孝道文化所倡导的尊老爱幼、和睦相处等价值观念，对于塑造子女健全的人格具有重要作用。通过家庭教育中的孝道教育，可以使子女建立起正确的世界观、人生观和价值观，培养他们善良、正直、勇敢、坚韧等优秀品质。这些品质将成为他们未来人生道路上的宝贵财富。

6. 促进社会和谐

家庭是社会的基本细胞，家庭和谐是社会和谐的基础。孝道文化强调家庭内部的和谐与稳定,这种和谐氛围的营造有助于促进整个社会的和谐与稳定。当每个家庭都充满爱与关怀时,整个社会也将充满正能量和和谐氛围。因此,孝道文化对于促进社会和谐具有不可替代的作用。

7. 树立正面榜样

父母是子女的第一任老师,他们的言行举止对子女有着深远的影响。在家庭教育中,父母通过自身的孝行树立正面榜样,为子女树立了一个可以效仿的标杆。这种榜样作用不仅体现在对父母的孝顺上,还体现在对社会的责任感、对工作的敬业精神等方面。通过树立正面榜样,父母可以激励子女不断追求更高的道德标准和人生价值。

综上所述,孝道文化对于家庭教育的意义重大。它不仅有助于传承家庭美德、增进亲子关系、培养责任感、强化感恩之心、塑造健全人格和促进社会和谐,还能为子女树立正面榜样,引导他们健康成长。因此,在家庭教育中应充分重视孝道文化的传承与弘扬。

二、孝道文化的传承

孝道文化作为中华民族的传统美德,其在家庭教育中的传承对于培养下一代的道德品质、家庭和谐以及社会文明具有重要意义。为了有效传承孝道文化,家庭教育需要采取多种方法和途径,使这一优秀文化传统得以深入人心、代代相传。以下将从八个方面详细阐述孝道文化在家庭教育中传承的方法和途径。

1. 树立榜样示范

父母是子女的第一任老师,他们的行为举止对子女具有深远的影响。因此,树立榜样示范是传承孝道文化的首要方法。父母应以身作则,通过自身的孝行向子女展示尊老爱幼、和睦相处的典范。例如,在日常生活中关心照顾长辈、尊敬老人、耐心倾听他们的意见等,这些行为都会在无形中引导子女形成正确的孝道观念。

2. 融入日常生活

孝道文化的传承不应仅仅停留在口头上或特定场合中,而应融入家庭日常生活的方方面面。父母可以通过共同承担家务、照顾老人、关心家人健康等方式,让子女在实践中感受孝道的内涵。同时,还可以利用节日、生日等特殊时刻,组织家庭活动,表达对长辈的感激之情,增进家庭成员之间的情感联系。

3. 故事讲述与经典诵读

故事讲述和经典诵读是传承孝道文化的有效手段。父母可以通过讲述古代孝道故事、名人孝行等,让子女了解孝道文化的历史渊源和现实意义。同时,还可以引导子女诵读《孝经》《弟子规》等经典文献，从中汲取孝道文化的精髓。这些故事和经典不仅具有教育意义，还能激发子女对孝道文化的兴趣。

4. 情感交流与引导

情感交流是家庭教育的重要环节，也是传承孝道文化的有效途径。父母应经常与子女进行心与心的交流，了解他们的思想动态和情感需求。在交流过程中，父母可以引导子女关注家人的感受和需要，培养他们的同理心和关爱之心。同时，还可以通过分享自己的孝行经历和感受，激发子女的孝道情感共鸣。

5. 实践活动体验

实践活动是传承孝道文化的生动课堂。父母可以组织子女参与敬老院探访、社区志愿服务等实践活动，让他们亲身体验关爱老人、帮助他人的乐趣和意义。这些实践活动不仅能让子女在实践中感受孝道文化的力量，还能培养他们的社会责任感和奉献精神。

6. 家风家训传承

家风家训是家庭文化的重要组成部分，也是传承孝道文化的重要载体。每个家庭都应有自己的家风家训，明确家庭成员的行为规范和道德准则。在家风家训中融入孝道文化的元素，如尊敬长辈、关爱家人、和睦相处等，使这些价值观念成为家庭成员共同遵守的行为规范。通过代代相传的家风家训，孝道文化得以在家庭中根深蒂固、历久弥新。

7. 感恩教育培养

感恩教育是传承孝道文化的重要内容之一。父母应引导子女学会感恩，铭记家人的养育之恩和社会的关爱之情。通过组织感恩主题班会、书写感恩信件、制作感恩卡片等方式，培养子女的感恩之心和回报之意。同时，还要教育子女珍惜身边的人和事，学会用实际行动表达对家人和社会的感激之情。

8. 持续学习与反思

传承孝道文化是一个长期而持续的过程，需要家庭成员不断学习和反思。父母应关注孝道文化的新发展、新动态，不断更新自己的知识结构和教育观念。同时，还要鼓励子女积极参与孝道文化的学习和交流活动，拓宽他们的视野和思路。在传承过程中，家庭成员还应定期进行自我反思和总结，及时发现和解决存在的问题和不足，确保孝道文化的传承工作取得实效。

综上所述，孝道文化在家庭教育中的传承需要采取多种方法和途径。通过树立榜样示范、融入日常生活、故事讲述与经典诵读、情感交流与引导、实践活动体验、家风家训传承、感恩教育培养以及持续学习与反思等措施的有机结合，我们可以有效地传承和弘扬孝道这一中华民族的传统美德。

三、孝道文化与子女教育

（一）孝道文化对于子女教育的影响

孝道文化对于子女教育的影响是多方面且深远的，它不仅塑造了个体的道德品质，还促进了家庭和谐与社会稳定。下面从六个方面详细阐述孝道文化对子女教育的影响：

1. 道德品质的塑造

孝道文化强调尊老爱幼、尊敬长辈、关爱家人的价值观念，这些观念在子女教育过程中起到至关重要的作用。通过孝道文化的熏陶，子女能够形成正确的道德观念，懂得尊重他人、关爱他人，从而培养出良好的道德品质。这种道德品质不仅体现在家庭生活中，也会延伸到社会交往的各个方面，使子女成为有道德、有修养的人。

2. 家庭责任感的培养

孝道文化要求子女承担起照顾父母、维护家庭和谐的责任。在家庭教育中，通过引导子女实践孝道，如帮助父母做家务、关心照顾长辈等，可以培养他们的家庭责任感。这种责任感不仅有助于维护家庭和谐，还能使子女在成长过程中逐渐形成对社会、对国家的责任感，成为有担当、有责任感的人。

3. 感恩之心的培养

孝文化教导我们要心怀感恩，铭记父母的养育之恩。在家庭教育中，通过讲述父母的付出和辛劳，引导子女学会感恩，从而激发他们的感恩之心。这种感恩之心不仅让子女更加珍惜父母的关爱和家庭的温暖，还能使他们在成长过程中更加关注身边的人和事，学会感恩和回报社会。

4. 人际关系的建立

孝道文化强调家庭内部的和谐与团结，这种和谐氛围有助于子女建立良好的人际关系。在家庭教育中，通过培养子女的同理心和关爱之心，使他们懂得尊重他人、理解他人，从而在人际交往中更加得心应手。此外，孝道文化还倡导诚信、宽容等美德，这些美德在子女成长过程中也会成为他们建立良好人际关系的重要基础。

5. 人生观和价值观的塑造

孝道文化蕴含着丰富的人生哲理和价值观念，这些观念对子女的人生观和价值观塑造产生深远影响。通过孝道文化的传承和教育，子女能够形成积极向上的人生态度，明确自己的人生目标和追求。同时，他们还能够形成正确的价值观判断标准，对事物有更加全面和深入的认识和理解。

6. 社会稳定与和谐的促进

孝道文化不仅是家庭美德的重要组成部分，也是社会和谐稳定的重要基石。

通过家庭教育传承孝道文化，可以使更多的子女成为有道德、有责任感、有感恩之心的人。这些人将在社会生活中发挥积极作用，促进社会的和谐稳定和文明进步。

综上所述，孝道文化对子女教育的影响是多方面且深远的。它不仅塑造了个体的道德品质、培养了家庭责任感、激发了感恩之心、建立了良好的人际关系和塑造了正确的人生观和价值观，还促进了社会的和谐稳定与文明进步。因此，在家庭教育中应充分重视孝道文化的传承和教育。

（二）如何在子女教育中践行孝道文化

孝道文化作为中华民族的传统美德，对于子女教育具有深远的意义。在子女成长过程中，积极践行孝道文化，不仅能够培养其良好的道德品质，还能促进家庭和谐与社会进步。以下将从八个方面探讨如何在子女教育中践行孝道文化。

1. 讲述孝道故事

故事是传递价值观的有效载体。在子女教育中，家长可以通过讲述古代孝道故事、现代孝行典范等方式，让子女了解孝道文化的内涵和重要性。这些故事可以激发子女的情感共鸣，引导他们思考如何在日常生活中践行孝道。同时，家长还可以鼓励子女自己寻找和分享孝道故事，加深他们对孝道文化的理解和认同。

2. 身教重于言传

家长的行为举止对子女具有深远的影响。因此，在践行孝道文化时，家长应做到身教重于言传。通过自己的孝行示范，如尊敬长辈、关心家人、勤劳节俭等，为子女树立榜样。这种无声的教育方式比任何言语都更加有力，能够潜移默化地影响子女的行为习惯和价值观念。

3. 感恩教育

感恩是孝道文化的重要组成部分。在子女教育中，家长应注重感恩教育，引导子女学会感恩父母、感恩家人、感恩社会。可以通过日常生活中的小事入手，如让孩子参与家务劳动、照顾长辈等，让他们感受到付出的辛劳和收获的喜悦。同时，还可以通过组织感恩活动、书写感恩信件等方式，培养孩子的感恩之心和回报之意。

4. 家庭互动

家庭是孝道文化传承的重要场所。在子女教育中，家长应积极营造和谐温馨的家庭氛围，通过家庭互动促进孝道文化的传承。可以定期组织家庭会议、共同参加户外活动等，增进家庭成员之间的情感联系和相互理解。同时，还可以鼓励子女参与家庭决策和规划，培养他们的责任感和主人翁意识。

5. 传统节日实践

传统节日是孝道文化的重要表现形式之一。在子女教育中，家长可以利用传统节日这一契机，组织丰富多彩的庆祝活动，引导子女在实践中感受孝道文化的魅力，如春节拜年、中秋节团圆等节日，都是传承孝道文化的好时机。家长可以通过这些活动，让子女了解节日的来历和意义，学习传统礼仪和习俗，增强对家庭和传统文化的认同感和归属感。

6. 敬老活动参与

敬老活动是践行孝道文化的具体行动之一。在子女教育中，家长可以鼓励和支持子女参与敬老院探访、为老人送温暖等志愿服务活动。通过这些活动，子女可以亲身体验到关爱老人、帮助他人的乐趣和意义，从而更加深刻地理解孝道文化的内涵和价值。同时，这些活动还能培养孩子的社会责任感和奉献精神。

7. 品德教育融合

孝道文化与品德教育紧密相连。在子女教育中，家长应将孝道文化融入品德教育之中，通过品德教育强化孝道文化的传承。可以通过课堂教育、课外活动等多种方式，引导子女学习诚实守信、勤劳勇敢等优秀品质，培养他们的道德情操和人格魅力。同时，还要注重引导子女将孝道文化中的尊老爱幼、和睦相处等价值观念转化为实际行动。

8. 情感沟通

情感沟通是践行孝道文化的重要途径之一。在子女教育中，家长应注重与子女的情感沟通，了解他们的思想动态和情感需求。通过与子女的交流互动，家长可以及时发现并解决子女在成长过程中遇到的问题和困惑，引导他们正确看待家庭和社会关系。同时，情感沟通还能增进亲子之间的情感联系和信任度，为孝道文化的传承奠定坚实的基础。

综上所述，在子女教育中践行孝道文化需要家长从多个方面入手，通过讲述孝道故事、身教重于言传、感恩教育、家庭互动、传统节日实践、敬老活动参与、品德教育融合以及情感沟通等方式，共同营造和谐温馨的家庭氛围和积极向上的社会环境。

第五节 德育传承与家风塑造

一、德育传承的重要性

（一）德育在孩子成长过程中的关键作用

德育在孩子成长过程中的关键作用不容忽视，它对于塑造孩子的品德、价值观以及未来的发展具有深远的影响。以下是德育在孩子成长过程中的六个关键作用：

1. 培养正确的价值观和道德观念

德育的首要任务是帮助孩子形成正确的价值观和道德观念。这些观念是孩子行为的指南针，影响着他们的思想、情感和行动。通过德育，孩子能够学会区分是非、善恶，从而在面对各种诱惑和挑战时能够坚守底线，做出正确的选择。

2. 提升自我教育能力和责任心

德育注重培养孩子的自我教育能力和责任心。自我教育能力是指孩子能够自觉地学习、反思和改进自己的行为，而责任心则是指孩子能够对自己的行为负责，为集体和他人着想。这些能力的培养有助于孩子形成良好的习惯，自觉遵守纪律，为未来的学习和生活打下坚实的基础。

3. 增强爱国主义精神

德育还强调培养孩子的爱国主义精神。通过讲述国家的历史、文化和成就，激发孩子的民族自豪感和国家荣誉感，使他们能够自觉地维护国家的利益和尊严。这种爱国主义精神将成为孩子未来发展的重要动力，推动他们为国家的繁荣富强贡献自己的力量。

4. 促进心理健康发展

德育对孩子的心理健康发展也起着至关重要的作用。通过德育，孩子能够学会正确面对生活中的困难和挑战，保持积极乐观的心态。同时，德育还能帮助孩子建立良好的人际关系，学会尊重他人、理解他人和与他人合作，从而在社会中更好地立足和发展。

5. 培养非智力因素

德育不仅关注孩子的道德品质培养，还对孩子的情感、意志、性格等非智力因素的发展产生积极影响。通过德育，孩子能够学会尊重他人、合作共处、遵守社会规则等社会交往技能，这些技能是孩子成为社会有用人才的基础。

6. 塑造良好行为习惯

德育通过具体的行为规范和实践活动，帮助孩子养成良好的行为习惯。这些习惯包括礼貌待人、诚实守信、勤奋学习、热爱劳动等。这些良好的行为习惯将伴随孩子一生，成为他们走向成功的重要支撑。

综上所述，德育在孩子成长过程中的关键作用是多方面的，它不仅有助于孩子形成正确的价值观和道德观念，还能提升他们的自我教育能力和责任心，增强爱国主义精神，促进心理健康发展，培养非智力因素以及塑造良好行为习惯。因此，家庭、学校和社会都应该高度重视孩子的德育工作，共同为孩子的健康成长营造良好的环境。

（二）德育传承对于家庭教育的意义

德育传承对于家庭教育的意义深远且重大，主要体现在以下五个方面：

1. 塑造孩子的品德基础

（1）培养正确的价值观。德育传承有助于孩子从小树立正确的价值观，如诚信、友善、责任等。这些价值观是孩子未来行为规范的基石，影响着他们的思想、情感和行动。

（2）形成道德观念。通过家庭中的德育传承，孩子能够学会区分是非、善恶，培养对正义、公平、尊重等道德观念的认知。

2. 促进家庭和谐与稳定

（1）增强家庭凝聚力。德育传承强调家庭成员之间的相互尊重、关爱和支持，这有助于增强家庭的凝聚力和稳定性。当每个家庭成员都遵循相同的道德准则时，家庭内部的矛盾和冲突自然会减少。

（2）传承家庭文化。家庭是孩子接触社会的第一个环境，家庭文化中的德育元素通过代代相传，能够形成独特的家庭风貌和道德传统。这种文化的传承不仅有助于家庭的和谐，还能为孩子提供稳定的精神寄托。

3. 为孩子未来发展奠定基础

（1）提升综合素质。德育传承不仅关注孩子的道德品质培养，还涉及情感、意志、性格等多方面的素质提升。这些素质的综合发展能够帮助孩子在未来社会中更好地适应和立足。

（2）培养社会责任感。通过家庭中的德育传承，孩子能够学会关注社会、关爱他人，培养社会责任感和使命感。这种责任感将激励他们在未来为社会做出积极的贡献。

4. 实现家庭与社会的良性互动

（1）促进社会和谐。家庭是社会的基本细胞，家庭的和谐稳定直接关系到社会的和谐稳定。德育传承通过提升家庭成员的道德素质，有助于减少家庭矛盾和社会冲突，促进社会的和谐发展。

（2）传承社会文明。家庭作为社会文明传承的重要载体，通过德育传承能够将社会的主流价值观和道德规范传递给下一代。这种传承不仅有助于社会文明的延续和发展，还能为社会的文明进步提供源源不断的动力。

5. 具体实践方式

（1）言传身教。家长应用自己的言行举止为孩子树立榜样，让孩子在潜移默化中接受德育的熏陶。

（2）家庭活动。通过组织家庭会议、共同参与公益活动等方式，增强家庭成员之间的互动和沟通，共同践行德育理念。

（3）家风建设。注重家风建设，将德育元素融入家庭文化中，形成独特的家庭风貌和道德传统。

综上所述，德育传承对于家庭教育具有不可替代的意义。它不仅能够塑造孩子的品德基础、促进家庭和谐与稳定、为孩子未来发展奠定基础，还能实现家庭与社会的良性互动。因此，家长应高度重视家庭中的德育传承工作，为孩子营造一个良好的成长环境。

二、家风塑造的方法

家风塑造，这一深远影响个体成长与家族传承的过程，不仅是一场心灵的耕耘，更是时间与智慧的结晶。它如同一幅细腻的织锦，每一根丝线都代表着家庭教育的不同面向，交织出独一无二的家庭风貌。

1. 家庭教育：基石与灵魂

（1）品德教育。在家庭这片沃土上，品德教育如同春雨般润物无声。我们强调尊老爱幼的传统美德，通过讲述古代先贤的故事、现代社会的正面案例，以及家庭内部的日常实践，让孩子深刻理解并内化这些价值观。诚实守信不仅是口头上的教诲，更是通过实际行动，如兑现承诺、勇于承认错误来展现。勤劳节俭，则是通过共同参与家务、体验劳动的价值，让孩子学会珍惜与感恩。

（2）行为习惯培养。良好的习惯是成功的开始。家庭注重培养孩子规律的生活习惯，如定时作息、合理膳食，以及自律的学习态度，如独立完成作业、主动预习复习。通过家务劳动的参与，孩子不仅能学会生活技能，更能体会到责任与担当的重量，从而在自我管理中茁壮成长。

（3）家长示范。家长是孩子最直接的模仿对象。我们深知"身教重于言传"的道理，因此，在日常生活中，家长需时刻注意自己的言行举止，以积极向上的态度面对生活，用实际行动诠释诚信、尊重、责任等美德，为孩子树立一面鲜活的旗帜。

2. 家庭活动：情感的纽带与成长的舞台

（1）共同参与。家庭活动是增进成员间情感交流的绝佳机会。无论是户外探险的欢声笑语，还是餐桌旁的温馨对话，都能让家庭成员的心更加贴近。这些活动不仅丰富了孩子的课余生活，更在无形中培养了他们的团队协作能力和沟通技巧，增强了家庭的整体凝聚力。

（2）主题教育。利用国家重大节日或特殊纪念日，家庭可以策划一系列主题教育活动。如感恩节的感恩分享、国庆节的爱国故事会等，让孩子在参与中感受家国情怀，学会感恩与奉献，增强社会责任感和公民意识。

3. 家庭阅读：心灵的滋养与智慧的启迪

（1）阅读习惯培养。阅读是开启智慧之门的钥匙。家庭应努力营造浓厚的阅读氛围，鼓励孩子多读书、读好书。家长可以与孩子共读一本书，分享阅读心得，这不仅能增进亲子关系，还能激发孩子的阅读兴趣，培养他们的批判性思维和独立思考能力。

（2）拓展知识面。通过阅读，孩子能够跨越时空的界限，接触到更广阔的世界。家庭应引导孩子广泛涉猎各类书籍，从文学经典到知识科普，从历史文化到现代科技，不断拓展孩子的知识面和视野，激发他们的好奇心和探索欲。

4. 家庭沟通：心灵的桥梁与理解的基石

（1）建立沟通机制。有效的沟通是家庭和谐的关键。家长应主动与孩子建立开放、坦诚的沟通渠道，倾听他们的心声，尊重他们的意见和选择。通过日常的交流互动，家长可以及时了解孩子的思想动态和学习生活情况，为他们提供必要的支持和指导。

（2）解决问题。面对孩子的困惑和挑战，家庭应成为他们最坚实的后盾。家长应耐心倾听孩子的诉说，理解他们的感受和需求，与他们一起分析问题、寻找解决方案。在这个过程中，孩子将学会如何面对困难、如何解决问题以及如何在挫折中成长。

5. 家庭礼仪：文明的体现与修养的展现

（1）基本礼仪规范。家庭是孩子学习礼仪的第一课堂。家长应教育孩子遵守基本的礼仪规范如尊重长辈、礼貌待人、餐桌礼仪等。这些看似微不足道的细节实则蕴含着深厚的文化内涵和道德修养。通过遵守家庭礼仪孩子将学会尊重他人、关爱他人以及关心集体等优秀品质。

（2）提升个人修养。礼仪教育不仅关乎外在的行为表现更关乎内在的品质修养。家庭应注重培养孩子的内在美，通过礼仪教育引导他们形成正确的道德观念和价值取向为他们未来的社会交往打下坚实的基础。

6. 家庭传统与传承：历史的记忆与未来的希望

（1）传承家庭传统。每个家庭都有其独特的传统和故事这些传统是家族文化的重要组成部分。家长应积极传承和弘扬家庭传统如传统节日的庆祝方式、家族故事的讲述以及家族习俗的延续等。通过这些活动孩子将更加深入地了解自己的家族历史和文化增强家庭认同感和归属感。❶

（2）创新与发展。在传承的基础上家庭也应鼓励创新和发展。随着时代的变迁和社会的发展家庭传统也需要与时俱进以适应新的环境和需求。家庭成员可以共同探索新的庆祝方式、创造新的家族故事以及发展新的家族习俗等让家庭传统

---

❶ 夏泽铭. 动画在家庭题材口述体纪录片中的应用研究 [D]. 曲阜：曲阜师范大学，2024.

在创新中焕发新的生机与活力。

7. 利用现代信息技术：家校共育的新篇章

（1）家校沟通。现代信息技术为家校沟通提供了更加便捷和高效的途径。家长可以通过微信群、校讯通等平台与教师保持密切联系以便及时了解孩子在校的学习和生活情况。同时教师也可以在这些平台上为家长提供家庭教育的指导和建议帮助家长更好地理解和实施家庭教育。

（2）资源共享。网络平台为家庭教育的资源共享提供了无限可能。家长可以通过各种教育APP、在线课程、亲子论坛等，获取丰富的教育资源和学习材料。这些资源涵盖了知识学习、兴趣培养、心理健康等多个方面，能够满足孩子不同成长阶段的需求。同时，家长之间也可以在网络上分享育儿经验、教育心得，相互学习、共同进步，形成一个良好的家庭教育生态环境。

8. 持续性与灵活性

家风塑造并非一蹴而就，而是需要家庭成员长期不懈地努力和坚持。在这个过程中，家庭应保持高度的灵活性和适应性，根据孩子的成长变化和社会环境的变化，及时调整家庭教育策略和方法。例如，随着孩子年龄的增长，家庭教育的内容应逐渐从基础品德教育向更高级别的社会责任感、人生规划等方面拓展；同时，也要关注孩子的个性差异和兴趣爱好，为他们提供个性化的成长支持。

总之，家风塑造是一项复杂而艰巨的任务，但它也是家庭最宝贵的财富之一。通过家庭教育、家庭活动、家庭阅读、家庭沟通、家庭礼仪、家庭传统与传承以及利用现代信息技术等多方面的努力，我们可以共同营造出一个温馨、和谐、积极向上的家庭环境，为孩子的健康成长和家族的繁荣兴旺奠定坚实的基础。在这个过程中，每个家庭成员都是参与者、贡献者和受益者，让我们携手并进，共同书写属于我们自己的家庭篇章。

三、德育与家风的关系

（一）德育与家风之间的内在联系

德育与家风之间存在着紧密的内在联系，这种联系体现在多个方面，共同作用于孩子的成长与发展。

1. 德育与家风的定义与核心

（1）德育。是学校教育的重要组成部分，旨在培养学生的道德素养、品德修养以及正确的价值观和行为准则。它关注学生的全面发展，旨在通过一系列教育活动，使学生成为有道德、有责任感、有担当的社会公民。

（2）家风。是家庭成员在长期的相处过程中形成的一种行为方式和思想观念，它以家庭成员的言行举止、品德修养、家庭内的规范与氛围等为表现形式。

家风是家庭伦理和家庭美德的集中体现，对家庭成员尤其是孩子的成长具有深远的影响。

2. 德育与家风的内在联系

（1）互补性。德育在学校教育中占据着无可替代的核心地位，它是学生全面发展不可或缺的基石。通过精心设计的课程体系和丰富多彩的实践活动，学校不仅向学生传授道德知识，更注重培养他们的道德情感与道德意志，使之在复杂多变的社会环境中能够坚守道德底线，展现高尚的品德修养。与此同时，家风作为家庭教育的灵魂，通过家长日常生活中的点点滴滴，尤其是他们自身的言行一致、以身作则，以及家庭内部和谐向上、积极向上的氛围，对孩子进行一种润物细无声的教育。这种教育方式虽不显山露水，却能在孩子的内心深处种下善的种子，逐渐生根发芽，影响其一生的行为习惯和价值观念。因此，德育与家风在内容与方法上形成了巧妙的互补，共同为孩子的健康成长铺设了坚实的道德基石。

（2）一致性。德育与家风在教育理念上存在着深刻的一致性，它们都将品德修养、道德观念的培养视为教育的首要任务。德育致力于通过系统化的教学，让学生明确何为善、何为恶，学会在纷繁复杂的世界中做出正确的道德判断与选择。而家风则通过家庭成员间的日常互动与传承，将这些道德准则内化为孩子的自觉行动。两者共同致力于构建一个以道德为基石的社会环境，强调个人责任、诚信、尊重与关爱等核心价值观的树立。这种一致性使得德育与家风在教育过程中能够形成强大的合力，共同促进学生的全面发展与健康成长。

（3）互动性。家庭与学校作为孩子成长的两个重要场域，它们之间的互动关系对于孩子的成长至关重要。家庭中的家风以其独特的魅力和影响力，为孩子的品德养成提供了最初的土壤与养分。孩子在家庭中通过观察、模仿家长的言行举止，逐渐形成了自己的道德观念与行为习惯，而学校的德育活动则在此基础上进一步拓展与深化，通过专业的教育与引导，帮助学生巩固与提升自己的道德素养。家庭与学校之间的这种互动关系不仅体现在信息的交流与反馈上，更体现在双方教育理念的融合与碰撞中。通过不断地沟通与协作，家庭与学校共同为孩子的成长创造了一个更加和谐、有利的教育环境。

（4）协同性。为了实现德育与家风的有机结合与深度融合，家庭与学校之间的协同合作显得尤为重要。学校可以通过定期举办家长会、家长学校等活动，为家长提供科学的教育理念与方法指导，帮助他们树立正确的家庭教育观念；同时，也可以通过家校互动平台等现代技术手段，实现与家长之间的即时沟通与信息共享。家长则应该积极参与学校的各项活动，了解孩子在学校的表现与成长情况，与学校共同制订符合孩子个性特点的教育计划。在协同合作的过程中，家庭与学校应相互尊重、相互理解、相互支持，共同为孩子的健康成长贡献自己的力量。

3. 具体表现

（1）家长示范作用。家长，作为孩子生命中最初也是最重要的教育者，他们的每一个细微举动都如同镜子般映射在孩子的心田。从日常生活的点滴到为人处世的态度，家长的言行举止无时无刻不在对孩子产生着深远的影响。因此，家长应当时刻意识到自己作为"第一任教师和终身导师"的身份，不断提升自身的道德素养和品德修养。这意味着要在日常生活中践行诚实、守信、尊重、关爱等美德，以身作则，为孩子树立一个正直、善良、有责任感的榜样。通过这样的示范作用，家长能够引导孩子形成正确的价值观和道德观，促进他们的健康成长。

（2）家庭氛围营造。家庭氛围，这个看似无形却又无处不在的力量场，对孩子的品德养成起着重要作用。一个和谐、温馨、充满爱的家庭氛围，就如同温暖的阳光，照耀着孩子的心灵，给予他们无尽的安全感和归属感。在这样的家庭环境中，孩子更容易形成积极向上的心态，勇于面对挑战，自信地探索世界。相反，一个冷漠、紧张、充满矛盾的家庭氛围，则可能像寒风一样侵袭孩子的心灵，让他们感到孤独、无助和迷茫，甚至对人际关系产生恐惧和逃避。因此，家长应当努力营造一个良好的家庭氛围，让爱成为家庭的主旋律，让孩子在爱的沐浴下茁壮成长。

（3）家校共育。在孩子的成长过程中，家庭和学校是两个不可或缺的重要角色。它们各自承担着不同的教育任务，但又紧密相连、相互依存。为了实现孩子的全面发展，家庭和学校应当建立紧密的合作关系，共同承担起孩子的教育责任。学校可以主动邀请家长参与学校的德育活动，如组织家长会、家长学校等，让家长了解学校的教育理念、教学计划和德育成果，❶同时也为家长提供科学的家庭教育方法和指导。此外，学校还可以通过家校互动平台等现代化手段，与家长保持密切联系，及时沟通孩子的在校表现和成长情况，共同制订个性化的教育计划。这种家校共育的模式，不仅能够促进家庭与学校之间的理解和信任，还能够为孩子提供更加全面、有效的教育支持。综上所述，德育与家风之间存在着紧密的内在联系。它们相互补充、相互促进、相互协同，共同作用于孩子的成长与发展。为了培养孩子的良好品德和道德修养，需要家庭和学校共同努力，加强家校合作，形成教育合力。

（二）如何通过德育塑造良好的家风

通过德育塑造良好的家风是一个系统工程，需要家庭成员的共同努力和持续实践。以下是一些具体的方法和途径：

---

❶ 张艺. 外部发展资源与青少年亲社会行为：内部发展资源与意向性自我调节的链式中介[D]. 上海：华东师范大学，2023.

1. 明确德育目标

首先,家庭成员需要明确德育的目标,即培养什么样的道德品质和价值观。这通常包括诚实守信、尊老爱幼、勤劳节俭、爱国敬业等传统美德,以及社会主义核心价值观所倡导的富强、民主、文明、和谐、自由、平等、公正、法治、爱国、敬业、诚信、友善等价值理念。❶

2. 家长以身作则

家长是孩子的第一任老师,他们的言行举止对孩子有着深远的影响。因此,家长应该以身作则,成为孩子学习的榜样。家长应该注重自身的道德修养,遵守社会公德和职业道德,展现出良好的道德品质和行为习惯。同时,家长还应该关注孩子的情感需求和心理变化,与孩子建立良好的沟通和信任关系,引导孩子形成正确的道德观念和价值观。

3. 融入日常生活

德育不应该仅仅停留在口头说教上,而应该融入家庭生活的方方面面。家长可以通过日常生活中的小事来培养孩子的道德品质,如让孩子参与家务劳动、关心家人、尊重长辈等。同时,家长还可以利用节假日、纪念日等特殊日子,开展主题教育活动,如爱国主义教育、感恩教育等,让孩子在参与中感受到德育的魅力和力量。

4. 注重情感交流

情感交流是家庭德育的重要组成部分。家长应该与孩子保持密切的情感联系,关注孩子的情感需求和心理变化,及时给予关爱和支持。在情感交流中,家长可以引导孩子表达自己的观点和感受,培养孩子的独立思考能力和批判性思维。同时,家长还应该注重培养孩子的同理心和感恩之心,让孩子学会关心他人、理解他人、尊重他人。

5. 营造良好氛围

良好的家庭氛围是德育的重要保障。家长应该努力营造和谐、温馨、积极向上的家庭氛围,让孩子在这样的环境中健康成长。具体来说,家长可以注重家庭环境的整洁和美观,营造舒适的生活空间;可以开展丰富多彩的家庭文化活动,如读书、音乐、体育等,培养孩子的兴趣爱好和综合素质;还可以鼓励孩子参与社会公益活动,培养孩子的社会责任感和奉献精神。

6. 家校合作共育

家校合作是德育的重要途径之一。学校应该与家庭建立紧密的合作关系,共同关注孩子的道德成长。学校可以通过家长会、家访等方式了解学生在家庭中的

---

❶ 贾淑品. 马克思主义与中华优秀传统文化相结合的三重逻辑及建构路径 [J]. 理论建设,2022,38 (6): 10-19.

表现和家庭教育的需求；家庭则应该积极参与学校的德育活动，共同为孩子的道德成长营造良好的环境。家校合作可以形成教育合力，提高德育的针对性和实效性。

综上所述，通过德育塑造良好的家风需要家庭成员的共同努力和持续实践。家长应该以身作则、融入日常生活、注重情感交流、营造良好氛围；学校则应该与家庭建立紧密的合作关系，共同关注孩子的道德成长。只有这样，才能培养出具有高尚道德品质和正确价值观的新一代青少年。

第六节 艺术教育与审美培养

一、艺术教育的重要性

（一）艺术教育在家庭教育中的价值和意义

在家庭教育的广阔天地里，艺术教育如同一股清泉，不仅滋养着孩子们的心灵，更在他们的成长道路上留下了不可磨灭的印记。艺术教育不仅仅是技艺的传授，更是对孩子全面发展的一种深远投资。以下将从以下几个方面探讨艺术教育在家庭教育中的价值和意义。

1. 启迪创造力与想象力

艺术教育鼓励孩子跳出常规思维的框架，勇于尝试新的表达方式和创作思路。通过绘画、音乐、舞蹈等多种艺术形式的学习和实践，孩子们能够自由地想象、构思和创造，这种过程极大地激发了他们的创造力和想象力。这种能力在日后的学习、工作和生活中都是极其宝贵的，有助于孩子成为具有创新精神的人才。

2. 培养审美情趣

艺术教育有助于培养孩子对美的感知、鉴赏和创造能力。通过接触不同风格、不同流派的艺术作品，孩子们能够逐渐形成自己的审美观念和评价标准。这种审美情趣的提升，不仅能使他们的生活更加丰富多彩，还能在无形中提高他们的文化素养和人文底蕴。

3. 促进情感表达与交流

艺术是情感的载体，通过艺术创作和欣赏，孩子们能够更好地理解和表达自己的情感。无论是欢快的歌曲、动人的画作还是激情的舞蹈，都是孩子们内心世界的展现。这种情感的表达和交流，不仅有助于孩子们情感的宣泄和释放，还能增进他们与家人、朋友之间的理解和沟通。

4. 增强自我认知与自信

艺术教育鼓励孩子们探索自我、展现自我，从而在过程中增强自我认知。通过不断地练习和尝试，孩子们会逐渐认识到自己的优点和不足，并学会接受和面对这些现实。同时，艺术创作的成就感也会让孩子们更加自信，相信自己有能力完成更多的事情。

5. 拓展知识面与视野

艺术教育不仅仅是技艺的学习，更是文化的传承和视野的拓展。在学习艺术的过程中，孩子们会接触到不同历史、不同地域、不同民族的文化和艺术成果，从而拓宽他们的知识面和视野。这种跨文化的体验有助于孩子们养成更加开放、包容的心态，以便更好地适应全球化时代的发展。

6. 家庭和谐与情感纽带

艺术教育为家庭成员提供了一个共同参与、共同享受的平台。在家庭中，家长可以和孩子一起欣赏艺术作品、创作艺术作品，这种共同经历不仅能够增进亲子关系，还能让家庭成员之间的情感更加紧密。艺术教育成了家庭和谐与情感纽带的重要组成部分。

7. 非智力因素发展（如耐心、毅力）

艺术教育的学习过程往往需要孩子们付出大量的时间和精力进行练习和创作。这个过程中，孩子们会面临各种挑战和困难，需要他们具备足够的耐心和毅力去克服。因此，艺术教育也是培养孩子们非智力因素的重要途径之一。通过艺术学习，孩子们能够学会坚持不懈、勇于挑战自我，这种品质对于他们的未来发展至关重要。

8. 未来职业规划启蒙

在快速变化的社会中，孩子们需要从小就开始考虑自己的职业规划。艺术教育不仅能够为孩子们提供多元化的选择机会（如音乐家、画家、设计师等），还能通过培养创新思维、团队合作等能力为孩子们未来职业发展打下坚实的基础。此外，艺术教育还能帮助孩子们了解自己的兴趣和特长所在，为他们的职业规划提供有益的参考。

综上所述，艺术教育在家庭教育中的价值和意义是多方面的。它不仅有助于启迪孩子们的创造力与想象力、培养审美情趣和情感表达能力，还能增强他们的自我认知与自信、拓展知识面与视野。同时，艺术教育也是促进家庭和谐与情感纽带的重要手段之一，并能在孩子们的非智力因素发展和未来职业规划中发挥重要作用。因此，我们应该重视艺术教育在家庭教育中的地位和作用，为孩子们的成长提供更加丰富和多元的教育资源。

（二）艺术教育对孩子全面发展的影响

艺术教育，作为教育体系中不可或缺的一环，对孩子的全面发展具有深远而广泛的影响。它不仅能够激发孩子的创造力，提升审美能力，还在情感、思维、品格、社交等多个维度促进孩子的成长。以下将从八个方面详细阐述艺术教育对孩子全面发展的影响。

1. 创造力激发

艺术教育鼓励孩子自由想象、大胆创新，是激发创造力的有效途径。在艺术创作过程中，孩子们需要运用独特的视角和思维方式来构思作品，这种过程极大地锻炼了他们的创造力和想象力。通过艺术，孩子们学会了跳出常规，寻找新的可能性，这种能力将伴随他们一生，为未来的学习、工作和生活带来无限可能。

2. 审美能力提升

艺术教育能够培养孩子的审美感知和鉴赏能力。通过接触和欣赏各种艺术作品，孩子们逐渐建立起自己的审美标准和审美情趣。他们学会从色彩、线条、形状、节奏等多个维度去感受和理解美，这种能力的提升不仅丰富了他们的精神生活，还提高了他们的文化素养和审美修养。

3. 情感表达与理解

艺术是情感的载体，通过艺术，孩子们能够更深入地表达自己的情感和内心世界。无论是绘画、音乐还是舞蹈，都是孩子们情感表达的重要方式。同时，艺术也能帮助孩子们理解他人的情感，增强同理心。在艺术创作和欣赏过程中，孩子们学会了如何倾听和理解他人的情感，这对于他们的情感发展和人际交往至关重要。

4. 多元思维培养

艺术教育有助于培养孩子的多元思维。艺术创作需要孩子们运用逻辑思维、形象思维、直觉思维等多种思维方式来解决问题。在艺术创作过程中，孩子们需要不断地尝试、调整和优化自己的思路，这种过程锻炼了他们的思维灵活性和创造力。同时，艺术教育也鼓励孩子们从多个角度去看待问题，培养他们的批判性思维和解决问题的能力。

5. 耐心与毅力锻炼

艺术学习往往需要长时间的练习和坚持，这对于孩子的耐心和毅力来说是一种很好的锻炼。在艺术创作过程中，孩子们会遇到各种挑战和困难，这需要他们付出努力和耐心去克服。通过艺术学习，孩子们领悟到了坚持不懈的精神，并勇于挑战自我，这种品质对于他们的未来发展十分重要。

6. 团队合作与社交

艺术活动往往需要团队合作来完成。在艺术创作和表演过程中，孩子们需要与同伴们密切协作、相互支持。这种合作过程不仅培养了孩子们的团队合作精神和沟通能力,还让他们学会了如何与他人建立良好的关系。同时,艺术活动也为孩子们提供了展示自我的平台,让他们在社交中更加自信和自如。

7. 文化认知与传承

艺术教育不仅是技艺的传授,更是文化的传承。通过学习艺术,孩子们能够深入了解不同地域、不同民族的文化传统和艺术成就。这种跨文化的体验有助于孩子们形成更加开放、包容的心态,增强对多元文化的认知和理解。同时,艺术教育也让孩子们意识到文化传承的重要性,激发他们为保护和传承优秀文化贡献出自己的力量。

8. 自信心与自我表达

艺术教育能够增强孩子的自信心和自我表达能力。在艺术创作过程中,孩子们需要不断地展示自己的作品和想法,这种过程锻炼了他们的表达能力和自信心。当他们的作品得到认可和赞赏时,他们会更加自信地面对未来的挑战和机遇。同时,艺术学习也让孩子们更加了解自己的优点和不足,让他们学会接受自己并不断努力进步。

综上所述,艺术教育对孩子全面发展的影响是多方面的。它不仅能够激发孩子的创造力、提升审美能力、促进情感表达与理解,还能培养孩子的多元思维、锻炼耐心与毅力、增强团队合作与社交能力、加深文化认知与传承意识以及提升自信心与自我表达能力。因此,我们应该高度重视艺术教育在孩子成长过程中的作用和价值,为他们的全面发展创造更加有利的条件和环境。

二、审美培养的方法

在家庭教育中培养孩子的审美能力是一个全面且持续的过程,涉及多个方面的引导和实践。以下是一些具体的方法和建议:

1. 注重生活细节中的审美教育

在家居环境的美化方面,家长可以进一步发挥创意与用心,比如定期更换季节性装饰品,如春季的鲜花、夏日的清凉绿植、秋日的温馨烛火与冬季的温暖抱枕,让家成为四季变换的风景线,这不仅提升了居住环境的舒适度,也让孩子在日常生活中不断感受到美的流动与更迭。此外,家长还可以通过与孩子一起参与家居装饰的策划与实施,如共同挑选家具颜色、布置房间等,让孩子的审美意识在参与中得到培养,同时增进亲子间的情感交流。

在日常穿着的引导上,家长除了指导孩子根据场合选择得体衣物外,还可以鼓励孩子尝试不同的风格与搭配,培养他们的个性与创造力。通过讨论不同服饰背后的文化意义与时尚趋势,让孩子在穿着打扮中学会尊重多元文化,同时发展自己的独特审美视角。

2. 引导孩子接触自然和艺术

在亲近自然时，家长可以设计一些寓教于乐的活动，如户外写生、植物认知游戏、星空观测等，让孩子从亲身体验中更加深刻地感受到大自然的鬼斧神工与生命之美。通过这些活动，不仅能增强孩子的环保意识，还能激发他们对自然美的热爱与敬畏之心。

参观艺术场所时，家长可以提前做足功课，了解展览内容，以便在参观过程中为孩子提供更加翔实且有趣的信息。同时，鼓励孩子记录下自己的所见所感，无论是文字、绘画还是摄影形式，都是对他们审美体验的一种深化与巩固。

3. 鼓励参与艺术活动

在艺术创作方面，家长可以为孩子创造更多元化的创作空间，如设立家庭艺术创作角，配备各种绘画工具、手工材料以及音乐乐器等，让孩子根据自己的兴趣自由探索。此外，组织家庭成员共同参与的艺术创作活动，如家庭画展、手工艺品市集等，也能极大地提升孩子的创作热情与成就感。

在艺术表演方面，家长应积极鼓励孩子参与，并帮助他们克服舞台紧张感。通过排练过程中的团队合作与互相支持，孩子不仅能在表演中展现自我，还能学会倾听他人、尊重他人的重要性。

4. 阅读优秀文学作品

提供丰富阅读材料时，家长应考虑到孩子的年龄、兴趣及阅读能力，精选那些既能引发共鸣又能启迪智慧的文学作品。同时，利用数字化资源，如电子书、有声读物等，让阅读变得更加便捷与多样化。

在共同阅读分享环节中，家长可以设计一些互动环节，如角色扮演、故事续写等，让阅读过程更加生动有趣。通过分享，家长可以引导孩子深入思考作品背后的思想内涵与美学价值，培养他们的批判性思维能力。

5. 培养审美意识和能力

在分辨美丑时，家长可以引导孩子从多个角度审视事物，如功能美、形式美、内涵美等，让他们学会全面而深入地欣赏与评价。同时，鼓励孩子大胆地表达自己的审美观点，即使这些观点与传统审美标准不符，也应给予尊重与理解。

在提高审美评价能力方面，家长可以与孩子一起探讨艺术作品的创作背景、艺术家的创作意图以及作品所传达的情感与思想。通过深入分析，让孩子学会运用专业的审美语言来阐述自己的观点。

在增强审美自信方面，家长应成为孩子最坚实的后盾，无论孩子的创作成果如何，都应给予正面的反馈与鼓励。同时，为孩子提供展示自我才华的平台，如家庭画展、社交媒体分享等，让他们在实践中不断积累自信与成就感。

6. 营造和谐的家庭氛围

父母的榜样作用至关重要，家长应以身作则，展现出良好的审美品位与行为习惯。通过自身的言行举止为孩子树立榜样，让孩子在潜移默化中受到影响与熏陶。

和谐的家庭关系则是孩子健康成长与审美心理发展的基石。家长应努力营造一个充满爱、尊重与理解的家庭氛围，让孩子在这样的环境中自由成长、勇敢表达。同时，通过家庭会议、共同出游等活动增进家庭成员之间的沟通与了解，让家庭成为孩子最坚实的依靠与最温暖的港湾。

总之，在家庭教育中培养孩子的审美能力需要家长的耐心和细心引导。通过注重生活细节、引导孩子接触自然和艺术、鼓励参与艺术活动、阅读优秀文学作品以及营造和谐的家庭氛围等多种方式相结合，可以全面提升孩子的审美素养和综合素质。

三、艺术与审美的融合

（一）艺术教育与审美培养之间的内在联系

艺术教育与审美培养作为教育体系中的两个重要方面，它们之间存在着紧密而深刻的内在联系。

1. 基础概念界定

（1）艺术教育。是以艺术为媒介，通过教学活动培养学生的艺术感知力、创造力、表现力及审美能力的教育过程。它涵盖了音乐、舞蹈、戏剧、美术等多个艺术领域，旨在促进学生的全面发展。

（2）审美培养。是指通过教育手段，引导学生认识、理解、欣赏和评价美的过程。它不仅包括对自然美、社会美、艺术美的感知与鉴赏，还包括对美的创造能力的培养。❶ 审美培养旨在提升学生的审美情趣、审美标准和审美能力，为其形成健康的审美心理打下坚实基础。

2. 相互依存关系

艺术教育与审美培养之间存在着紧密的内在联系，这种联系体现在多个方面，共同作用于个体的全面发展。以下是对这种联系的详细阐述：

（1）目标一致性。艺术教育与审美培养在目标上具有一致性，都旨在提升个体的审美能力和审美素养。艺术教育通过指导人们进行艺术创作、艺术鉴赏等活动，培养人们的艺术感受力、创造力和审美情趣。而审美培养则更广泛地关注个体对美的感知、理解和创造能力的提升，包括对各种艺术形式和自然美、社会美

---

❶ 鲁艳丽，易兰兰，姚素玲，等. 高等学校加强审美教育的途径探讨 [J]. 中国科技信息，2007 (13): 195.

的欣赏能力。

（2）内容互补性。艺术教育为审美培养提供了丰富的内容和载体。艺术作品是艺术教育的核心，它们通过色彩、线条、声音等艺术语言，传达出深刻的思想和情感，激发人们的审美感受。这些艺术作品不仅是审美教育的教材，也是审美培养的重要资源。通过艺术教育，人们可以接触到各种艺术形式，了解它们的创作背景、艺术风格和表现手法，从而丰富自己的审美经验和审美知识。

（3）功能协同性。艺术教育与审美培养在功能上相互协同，共同促进个体的全面发展。艺术教育通过艺术创作和艺术鉴赏等活动，培养人们的想象力和创造力，提升他们的审美感受力和审美情趣。这些能力不仅有助于个体在艺术领域的发展，也有助于他们在其他领域的创新和创造。同时，审美培养则通过提升个体的审美素养，使他们能够更好地欣赏和理解各种美的事物，从而丰富自己的精神世界，提高生活质量。

（4）相互促进性。艺术教育与审美培养之间存在着相互促进的关系。艺术教育为审美培养提供了实践的平台和机会，使人们在艺术创作和艺术鉴赏中不断提升自己的审美能力和审美素养。而审美培养则反过来促进艺术教育的发展，使艺术教育更加注重培养个体的审美感受力和创造力，从而提高艺术教育的质量和效果。

综上所述，艺术教育与审美培养之间存在着紧密的内在联系，它们相互依存、相互促进，共同作用于个体的全面发展。在家庭教育和学校教育中，应注重艺术教育与审美培养的融合与贯通，为个体提供更加丰富和全面的审美教育体验。

（二）如何通过艺术教育促进孩子审美能力的提升

家庭通过艺术教育促进孩子审美能力的提升，是一个全面而细致的过程，涉及多个方面的努力和实践。以下是一些具体的方法和策略：

1. 营造艺术氛围

（1）家庭环境布置。家庭环境是孩子接触艺术的第一课堂。家长可以在家中布置一些艺术品，如挂画、雕塑、手工艺品等，让孩子在日常生活中就能感受到艺术的氛围。

（2）音乐与阅读。播放优美的音乐，如古典乐、爵士乐等，让孩子在音乐的熏陶中培养对美的感知。同时，鼓励孩子阅读优秀的文学作品，尤其是那些具有艺术性和审美价值的书籍，如绘本、诗歌等。

2. 鼓励参与艺术创作

（1）提供创作材料。为孩子提供丰富的艺术创作材料，如画笔、颜料、纸张、黏土等，让他们能够随时随地进行创作。

（2）引导创作过程。在孩子创作过程中，家长可以给予适当的指导和鼓励，但应避免过度干预。应当让孩子自由发挥想象力，创作出属于自己的艺术作品。

（3）展示作品。在家中设置专门的区域展示孩子的艺术作品，让他们感受到自己的成就和被认可的价值。

3. 经典艺术鉴赏

（1）参观艺术展览。利用周末或假期时间，带孩子参观美术馆、博物馆等艺术展览场所，让他们近距离接触经典艺术作品。

（2）讲解艺术知识。在参观过程中，家长可以给孩子讲解艺术作品的历史背景、创作技巧和艺术价值等，帮助他们更好地理解和欣赏艺术作品。❶

4. 多元艺术体验

（1）接触不同艺术形式。鼓励孩子尝试不同的艺术形式，如音乐、舞蹈、戏剧等，让他们感受到不同艺术形式的独特魅力。

（2）参与艺术活动。带孩子参加社区或学校组织的艺术活动，如音乐会、舞蹈表演、戏剧演出等，让他们在实践中体验艺术的乐趣和魅力。

5. 自然之美探索

（1）户外写生。利用周末或假期时间，带孩子到户外进行写生，让他们观察自然景物，感受大自然的美丽和神奇。

（2）自然观察。引导孩子观察四季变化、植物生长、动物习性等自然现象，培养他们的观察力和感受力。

6. 情感共鸣与审美评价

（1）情感引导。在欣赏艺术作品或自然美景时，引导孩子表达自己的感受和情感，培养他们的情感共鸣能力。

（2）审美评价。鼓励孩子对艺术作品或自然美景进行简单的审美评价，培养他们的审美判断力和批判性思维能力。

7. 家长的榜样作用

（1）自身修养。家长自身要具备良好的艺术修养和审美素养，通过言传身教影响孩子。

（2）共同学习。与孩子一起学习艺术知识，参与艺术创作活动，建立共同的兴趣爱好和话题。

综上所述，家庭通过艺术教育促进孩子审美能力的提升是一个综合性的过程，需要家长在多个方面付出努力和实践。通过营造艺术氛围、鼓励参与艺术创作、经典艺术鉴赏、多元艺术体验、自然之美探索、情感共鸣与审美评价以及家

---

❶ 何玉娟. 高中美术鉴赏多元教学实践[J]. 启迪与智慧（上），2023（12）：9-11.

长的榜样作用等方法和策略，可以有效地提升孩子的审美能力，让他们在未来的生活中更加懂得欣赏美、创造美。

第七节　经典阅读与智慧启迪

一、阅读的意义

（一）经典阅读在家庭教育中的重要作用

在快速变化的数字时代，经典阅读作为一种传统而深远的教育方式，其在家庭教育中的地位非但未被削弱，反而愈发凸显出其不可替代的价值。经典文学作品，跨越时空的界限，承载着人类智慧的结晶与情感的共鸣，对儿童的成长与发展具有深远影响。以下将从八个方面阐述经典阅读在家庭教育中的重要作用。

1. 塑造价值观与品德

经典作品往往蕴含着丰富的道德观念和人生哲理，通过阅读，孩子们能在潜移默化中学习到正直、勇敢、善良、诚信等美德，形成积极向上的价值观和人生观。这些正面的价值导向，如同灯塔一般照亮孩子成长的道路，引导他们成为有道德、有责任感的社会成员。

2. 增强语言与表达

经典文学作品的语言优美、表达丰富，是孩子学习语言的绝佳范本。在阅读过程中，孩子们不仅能接触到丰富的词汇和句式结构，还能通过模仿和内化，提升自己的语言表达能力和写作技巧。这为他们日后的学习、工作和人际交往奠定了坚实的语言基础。

3. 拓宽知识视野

经典作品涵盖了历史、文化、哲学、科学等多个领域的知识，通过阅读，孩子们能够跨越时间和空间的限制，领略不同文化背景下的风土人情，了解人类文明的演进历程。这种跨学科的学习体验，极大地拓宽了他们的知识视野，激发了探索未知世界的好奇心。

4. 培养批判性思维

经典作品往往引发读者深思，促使读者对书中的人物、事件、观点进行批判性思考。在家长的引导下，孩子们可以学会质疑、分析、评估信息，形成独立的见解和判断能力。这种批判性思维能力的培养，对他们未来的学习、工作乃至整个人生都至关重要。

5. 增进亲子关系

共读经典作品是增进亲子关系的有效途径。在温馨的家庭氛围中，父母与孩子一起阅读、讨论书中的情节和人物，分享彼此的感受和见解，不仅能加深亲子之间的情感交流，还能让孩子感受到家庭的温暖和支持，增强归属感和安全感。

6. 激发想象力与创造力

经典文学作品中的奇幻世界、精彩故事和丰富想象，能够极大地激发孩子们的想象力和创造力。在阅读过程中，孩子们会不自觉地代入角色，构想情节，甚至创作属于自己的故事。这种创造力的培养，对他们未来的创新能力和问题解决能力具有重要意义。

7. 学习历史与文化

经典作品是历史的见证和文化的传承。通过阅读，孩子们可以直观地了解过去的历史事件、文化传统和社会变迁，感受不同文化的独特魅力和价值。这种跨文化的理解和尊重，有助于培养孩子们的全球视野和跨文化交际能力。

8. 促进情感发展与同理心

经典作品中的人物形象鲜明、情感真挚，通过阅读，孩子们能够体验到各种复杂的人类情感，如爱、恨、悲伤、喜悦等。同时，他们也能学会从他人的角度思考问题，理解并同情他人的遭遇和感受。这种情感的发展和同理心的培养，对于塑造健全的人格、建立和谐的人际关系来说至关重要。

综上所述，经典阅读在家庭教育中扮演着举足轻重的角色。它不仅能够帮助孩子塑造正确的价值观和品德，提升语言与表达能力，拓宽知识视野，培养批判性思维，还能增进亲子关系，激发想象力和创造力，学习历史与文化，促进情感发展与同理心。因此，家长应高度重视经典阅读在家庭教育中的实施，与孩子一起享受阅读的乐趣，共同成长。

（二）经典阅读对孩子智慧启迪的影响

1. 经典阅读能够激发孩子的好奇心和求知欲

经典作品往往蕴含了丰富的智慧和深刻的思考，通过阅读这些作品，孩子能够接触到不同领域的知识和思想，从而拓宽他们的视野，激发他们的好奇心和求知欲。

2. 经典阅读能够培养孩子的批判性思维和独立思考能力

在阅读过程中，孩子需要理解作品的主题、情节、人物以及作者的意图和观点，这要求他们进行深入的思考和分析。通过这样的训练，孩子能够逐渐培养出独立思考和判断的能力，不轻易接受他人的观点，而是能够根据自己的理解和判断来形成自己的观点。

3. 经典阅读还能够激发孩子的创造力和想象力

经典作品往往具有独特的艺术魅力和想象力，通过阅读这些作品，孩子能够感受到作者所创造的奇妙世界和独特视角，从而激发他们的创造力和想象力。这种创造力和想象力是孩子未来发展的重要基础，能够帮助他们在各个领域取得更好的成就。

4. 经典阅读还能够培养孩子的情感共鸣和人文关怀

经典作品往往塑造了丰富的人物形象和描绘了深刻的情感世界，通过阅读这些作品，孩子能够感受到不同人物的情感变化和内心世界，从而培养出对他人情感的理解和共鸣。这种情感共鸣和人文关怀将使孩子更加关注他人的需求和感受，更加懂得关爱他人、尊重他人。

综上所述，经典阅读对孩子智慧启迪的影响是多方面的，它不仅能够拓宽孩子的视野、培养他们的批判性思维和独立思考能力，还能够激发他们的创造力和想象力、培养他们的情感共鸣和人文关怀。因此，家长应该重视孩子的经典阅读教育，引导他们深入阅读经典作品，从中汲取智慧和力量。

二、经典阅读的选择与指导

（一）如何选择适合孩子阅读的经典作品

选择适合孩子阅读的经典作品是一个细致且重要的过程，需要考虑孩子的年龄、兴趣、阅读能力以及作品的文学价值和教育意义。以下是一些具体的建议：

1. 了解孩子的年龄和认知水平

孩子的年龄和认知水平是选择经典作品的首要依据。不同年龄段的孩子有不同的阅读能力和兴趣偏好。

（1）低龄儿童（如3~6岁）。可以选择图画丰富、情节简单、语言生动的绘本或童话故事，如《小蝌蚪找妈妈》，以及《猜猜我有多爱你》《好饿的毛毛虫》等绘本。

（2）小学生（6~12岁）。可以逐渐过渡到文字较多、情节更为复杂的故事书，如《神笔马良》《小猪唏哩呼噜》等，这些作品既能满足他们的好奇心，又能引导他们思考人生和社会。

（3）中学生。可以接触长篇小说、经典散文这类更复杂的文学作品，如《骆驼祥子》《草房子》《朝花夕拾》，等等。

2. 关注孩子的兴趣和阅读偏好

孩子的兴趣是阅读的最大动力。在选择经典作品时，要关注孩子的阅读兴趣，尽量挑选那些能够引起他们共鸣和兴趣的作品。

与孩子一起讨论他们喜欢的书籍类型、角色和情节，了解他们的阅读偏好。

根据孩子的兴趣点，挑选相关领域的经典作品，如喜欢动物的孩子可以阅读《狼王梦》，喜欢冒险的孩子可以阅读《西游记（青少年版）》系列。

3. 考虑作品的文学价值和教育意义

经典作品之所以经典，是因为它们具有深远的文学价值和教育意义。在选择作品时，要关注其是否有助于培养孩子的道德品质、人文素养和思维能力。

选择那些语言优美、情节生动、人物形象鲜明的作品，如《稻草人》《宝葫芦的秘密》中的经典篇目。

挑选那些具有深刻哲理和教育意义的作品，如《小王子》中的关于友谊、责任和爱的思考，《少年读史记》系列中关于勇气、友情和正义的探讨。

4. 参考权威推荐和奖项

在选择经典作品时，可以参考一些权威的书单、奖项和推荐。

关注国内外儿童文学领域的知名奖项，如国际安徒生奖、纽伯瑞儿童文学奖等，这些奖项的获奖作品通常都是经过严格评选的经典之作。

参考一些权威机构或专家推荐的书单，如学校、图书馆、儿童文学研究机构等提供的书单，这些书单通常具有较高的权威性和参考价值。

5. 注意作品的版本和装帧

在选择经典作品时，还要注意作品的版本和装帧。

选择那些由知名出版社出版的版本，这些版本通常具有较高的印刷质量和校对水平。

关注作品的装帧设计，选择那些符合孩子审美趣味、能够吸引他们注意力的版本。

综上所述，选择适合孩子阅读的经典作品需要综合考虑多个因素。通过了解孩子的年龄和认知水平、关注他们的兴趣和阅读偏好、考虑作品的文学价值和教育意义、参考权威推荐和奖项以及注意作品的版本和装帧等方面的考虑，可以为孩子挑选出既符合他们阅读需求又具有深刻教育意义的经典作品。

（二）家长在经典阅读中的指导方法和作用

在孩子的阅读旅程中，家长的角色十分重要。尤其是在经典阅读的引导与陪伴中，家长不仅是书籍的提供者，更是孩子心灵的引路人和智慧的启迪者。以下将从八个方面阐述家长在经典阅读中的指导方法和所起的重要作用。

1. 树立阅读榜样

家长是孩子的第一任老师，也是最重要的榜样。通过自身的阅读行为，家长可以向孩子展示阅读的乐趣和价值。当家长在家中经常阅读书籍、分享阅读心得时，孩子自然会受到影响，将阅读视为生活中不可或缺的一部分。这种潜移默化的身教，比任何言传都更为有效。

2. 共同选择书籍

与孩子一起挑选适合他们的经典作品，是家长指导阅读的重要一环。在选书过程中，家长可以了解孩子的兴趣爱好和阅读需求，引导他们接触不同类型的经典文学作品。同时，这也是增进亲子关系的好机会，让孩子感受到家长的关注和支持。

3. 亲子共读时光

安排专门的亲子共读时间，是增进亲子关系、提升孩子阅读兴趣的有效途径。在共读过程中，家长可以与孩子一起探索书中的世界，分享彼此的感受和见解。这种亲密的互动不仅有助于孩子理解故事情节和人物形象，还能培养他们的情感共鸣和语言表达能力。

4. 引导兴趣激发

每个孩子都有其独特的阅读偏好和兴趣点。家长应该善于观察孩子的阅读行为，了解他们的兴趣所在，并据此引导他们接触更多相关的经典作品。通过讲述书中有趣的故事情节、展示精美的插图或推荐相似主题的作品等方式，激发孩子的阅读兴趣和好奇心。

5. 制订阅读计划

与孩子一起制订阅读计划，有助于培养他们的自律性和阅读习惯。家长可以根据孩子的年龄、阅读能力和时间安排等因素，制订合理的阅读目标和计划。同时，也要给予孩子一定的自由度和选择权，让他们根据自己的兴趣和节奏进行阅读。

6. 深度阅读指导

经典作品往往蕴含着深刻的哲理和思想内涵。在孩子阅读的过程中，家长可以提供适当的指导和帮助，引导他们深入理解作品的主题、人物性格和情节发展。这包括解释难懂的词语、分析复杂的情节、探讨作品的深层含义等方面。通过深度阅读指导，孩子能够更全面地理解作品，提升阅读能力和思考能力。

7. 情感与价值观引导

经典作品是情感和价值观的载体。在阅读过程中，家长可以引导孩子关注作品中人物的情感变化和道德选择，培养他们的情感共鸣和价值观认同。通过讨论作品中的善恶美丑、正义与非正义等话题，引导孩子形成正确的价值观和道德观念。

8. 反馈与鼓励

及时的反馈和鼓励是激发孩子阅读兴趣和动力的重要手段。在孩子完成阅读任务或取得阅读成果时，家长应给予肯定和鼓励，让他们感受到自己的努力和成就。同时，也要关注孩子的阅读感受和需求，及时给予指导和帮助。通过积极的反馈和鼓励，孩子能够更加自信地面对阅读挑战，享受阅读的乐趣和成就感。

综上所述，家长在经典阅读中的指导方法和作用是多方面的。通过树立阅读榜样、共同选择书籍、亲子共读时光、引导兴趣激发、制订阅读计划、深度阅读指导、情感与价值观引导以及反馈与鼓励等方式，家长可以为孩子营造一个良好的阅读环境，激发他们的阅读兴趣和动力，促进他们的全面发展。

三、经典阅读与家庭教育的结合

（一）经典阅读与家庭教育的内在联系

经典阅读与家庭教育之间存在着紧密的内在联系，这种联系体现在多个方面，它们共同促进孩子的全面发展。

1. 传承与弘扬传统文化

经典作品是传统文化的重要载体，蕴含着丰富的历史、文化、哲学和道德思想。家庭教育作为孩子接受教育的第一课堂，承担着传承和弘扬优秀传统文化的重任。通过经典阅读，家长可以引导孩子深入了解中华民族的优秀传统文化，增强对优秀传统文化的认同感和自豪感。这种文化传承不仅有助于孩子形成正确的价值观和道德观，还能为他们提供丰富的精神食粮，滋养心灵。

2. 培养阅读习惯与兴趣

家庭教育在培养孩子的阅读习惯和兴趣方面发挥着关键作用。家长通过陪伴孩子阅读经典作品，从而激发孩子的阅读兴趣，引导他们逐渐爱上阅读。同时，经典作品的优美语言和深刻内涵也能吸引孩子的注意力，让他们在阅读中感受到乐趣和成就感。这种阅读习惯的培养将伴随孩子一生，为他们未来的学习和生活提供源源不断的动力。

3. 提升综合素质与能力

经典阅读在提升孩子的综合素质和能力方面具有重要意义。通过阅读经典作品，孩子可以锻炼自己的思维能力、语言表达能力和审美能力[1]。经典作品中的深刻哲理和丰富情感也能激发孩子的想象力和创造力，培养他们的批判性思维和独立思考能力。此外，经典阅读还有助于孩子形成健全的人格和良好的道德品质，为他们成为全面发展的栋梁之材奠定坚实的基础。

4. 增进亲子关系与沟通

经典阅读还是增进亲子关系和沟通的有效途径。在共读经典作品的过程中，家长和孩子可以一起探讨书中的内容，分享彼此的感受和想法。这种亲密的互动不仅可以加深亲子之间的情感纽带，还能让孩子感受到来自家庭的温暖和支持。同时，家长还可以通过共读活动了解孩子的兴趣爱好和阅读需求，为他们提供更加个性化的阅读指导和服务。

---

[1] 李杨. 中华优秀传统文化融入职业大学语文课程教学的探索 [J]. 知识文库，2024，40 (6): 5-8.

5. 家庭教育与学校教育的互补

家庭教育是学校教育的补充和延伸。在学校教育中,孩子主要接受系统的学科知识教育;而在家庭教育中,家长则可以通过经典阅读等方式为孩子提供更加全面和深入的教育。这种互补关系有助于孩子形成完整的知识结构和综合素质体系,为他们未来的发展提供更加坚实的基础。

综上所述,经典阅读与家庭教育之间存在着紧密的内在联系。通过经典阅读活动,家长可以引导孩子深入了解传统文化、培养阅读习惯与兴趣、提升综合素质与能力、增进亲子关系与沟通以及实现家庭教育与学校教育的互补。这些方面的共同作用将促进孩子的全面发展,为他们成为社会的有用之才奠定坚实的基础。

(二)如何将经典阅读融入家庭教育中以促进孩子成长

将经典阅读融入家庭教育中以促进孩子成长,是一个既具有深远意义又充满挑战的任务。以下是一些具体的策略和建议:

1. 树立阅读典范,营造阅读氛围

(1)家长以身作则。家长应起带头作用,以身作则阅读经典书籍,让孩子看到阅读的重要性,并激发他们的阅读兴趣。

(2)创建阅读环境。在家中设立专门的阅读角落或书房,摆放丰富的经典书籍,营造温馨舒适的阅读环境。

2. 制订阅读计划,培养阅读习惯

(1)制订阅读计划。与孩子一起制订阅读计划,明确每天的阅读时间和阅读内容,帮助孩子养成良好的阅读习惯。

(2)设定阅读目标。根据孩子的阅读能力,设定合理的阅读目标,并鼓励他们逐步实现。

(3)记录阅读进度。使用阅读记录本或阅读打卡等方式,记录孩子的阅读进度和阅读感受,增强他们的阅读成就感。

3. 亲子共读,增进情感交流

(1)亲子共读。家长与孩子一起阅读经典作品,通过朗读、讨论等方式增进亲子关系,同时引导孩子深入思考作品内容。

(2)分享阅读感受。在阅读后,与孩子分享彼此的阅读感受,鼓励他们表达自己的观点和想法,培养他们的批判性思维和独立思考能力。

4. 拓展阅读形式,丰富阅读体验

(1)多样化阅读。除了纸质书籍外,还可以利用音频、视频等多种媒介进行阅读,如听有声书、观看经典电影等,丰富孩子的阅读体验。

(2)实践活动。结合经典作品的内容,组织相关的实践活动,如参观博物馆、观看戏剧表演等，让孩子在实践中加深对作品的理解和感受。

5.鼓励孩子自主阅读，培养自主学习能力

（1）提供自主选择权。在孩子的阅读选择上给予一定的自主权，鼓励他们根据自己的兴趣选择经典作品进行阅读。

（2）培养自主学习能力。引导孩子学会自主获取信息、独立思考问题，培养他们的自主学习能力，为未来的学习生涯打下坚实的基础。

通过以上策略和建议，家长可以将经典阅读有效地融入家庭教育中，促进孩子的全面成长。经典阅读不仅能够提升孩子的文化素养和综合素质，还能够增进亲子关系，培养孩子的阅读兴趣和自主学习能力。

第五章　中华优秀传统文化与乡村振兴

第一节　概述

一、乡村振兴战略的提出与实施背景

《中共中央　国务院关于实施乡村振兴战略的意见》（2018年1月2日）的提出背景主要可以从以下几个方面来理解：

1. 历史与战略高度

（1）农业农村农民问题的核心地位。农业农村农民问题是关系国计民生的根本性问题。没有农业农村的现代化，就没有国家的现代化。❶ 这是党中央始终将"三农"问题置于战略高度和核心地位的重要体现。

（2）历史成就的积累。党的十八大以来，在党中央的坚强领导下，我国农业农村发展取得了历史性成就，为实施乡村振兴战略奠定了良好基础。❷ 这些成就包括粮食生产能力提升、农业供给侧结构性改革推进、农民收入增长、农村民生改善等。❸

2. 现实需求与挑战

（1）发展不平衡不充分问题。当前，我国发展不平衡不充分问题在乡村最为突出，主要表现在农产品供需矛盾、农民能力不足、农村基础设施和民生领域欠账较多、农村生态环境问题等方面。这些问题迫切需要通过实施乡村振兴战略来解决。❹

（2）人民日益增长的美好生活需要。随着经济社会的发展，人民对美好生活

---

❶ 翁鸣. 绘制未来中国农村发展的新蓝图——从"乡村振兴战略"视角 [J]. 民主与科学，2018 (1): 40-42.

❷ 周烨. 推进产业基础高级化 助推制造业高质量发展——2022国家制造强国建设专家论坛在宁波举行 [J]. 中国科技产业，2022 (8): 16-17.

❸ 王小娟，魏秋彤，钟雪琴，等. 聚力发展"七大产业"，构建西藏现代产业体系——学习贯彻中央第七次西藏工作会议精神 [J]. 阿坝师范学院学报，2020，37 (4): 55-62.

❹ 钟夏. 突出生态文明 推进美丽宜居乡村建设 [N]. 珠海特区报，2018-08-09 (F02).

的需要日益增长,对农业农村的发展也提出了更高的要求。实施乡村振兴战略,是满足人民日益增长的美好生活需要的必然要求。❶

3. 政策与战略部署

(1) 党的十九大的重大决策部署。实施乡村振兴战略是党的十九大作出的重大决策部署,是决胜全面建成小康社会、全面建设社会主义现代化国家的重大历史任务,是新时代"三农"工作的总抓手。❷

(2) 全面建设社会主义现代化国家的需要。实施乡村振兴战略是开启全面建设社会主义现代化国家新征程的必然选择,是实现中华民族伟大复兴中国梦的客观要求❸。

4. 机遇与条件

(1) 发展机遇。在中国特色社会主义新时代,乡村是一个可以大有作为的广阔天地,迎来了难得的发展机遇。

(2) 有利条件。我们有党的领导的政治优势、社会主义的制度优势、亿万农民的创造精神、强大的经济实力支撑、历史悠久的农耕文明以及旺盛的市场需求等有利条件,完全有能力实施乡村振兴战略。❹

综上所述,《中共中央 国务院关于实施乡村振兴战略的意见》的提出背景是多方面的,既基于历史与战略的高度考虑,也针对现实需求与挑战的迫切需求,同时符合党的政策与战略部署以及当前的发展机遇与有利条件。

二、中华优秀传统文化与乡村振兴相结合的重要性

中华优秀传统文化与乡村振兴相结合的重要性主要体现在以下几个方面:

(1) 中华优秀传统文化是中华民族的根和魂,蕴含了深厚的历史底蕴和精神内涵。将这一文化融入乡村振兴中,不仅可以丰富乡村的精神文化生活,提升乡村社会的文明程度,还可以激发乡村文化的内在活力,促进民族文化的传承与创新。这种结合有助于构建乡村居民的精神家园,增强他们的文化认同感和归属感,进而推动乡村社会的和谐稳定与发展。

(2) 传统文化在乡村振兴中有助于培育公众文化自信。乡村居民通过了解和传承自身文化传统,可以增进其对文化的认同感和自豪感,进而提升乡村文化的软实力。这种文化自信不仅有助于乡村居民在面对外部文化冲击时保持坚定和自

---

❶ 原超,黄天梁. 使乡村运转起来:乡村振兴战略的理论内核与行动框架 [J]. 中共党史研究,2019(2): 15-23.

❷ 任常青. 新时代中国特色社会主义"三农"理论的创新和构建 [J]. 社会科学辑刊,2018(5): 25-34.

❸ 何钧铜,王越,徐学英. 乡村振兴战略背景下大学生返乡创业的意义及模式 [J]. 乡村科技,2020,11 (28): 22-23.

❹ 叶军. 乡村振兴战略视域下农村青年思想政治教育研究 [D]. 南昌:南昌大学,2019.

信，还能激发他们的文化创新潜能，为乡村振兴注入新的活力。

（3）优秀传统文化中的许多元素，如传统手工艺、传统节庆等，都可以作为乡村振兴的文化资源。将这些元素融入当代的文化产品中，不仅可以保护和传承传统文化，还为乡村经济的发展带来新的增长点。通过这种方式，传统文化成为了乡村振兴的重要推动力。

（4）中华优秀传统文化还有助于优化农村社会治理。传统文化中的许多治理理念和智慧可以为现代乡村治理提供有益的参考和启示。通过挖掘和传承这些治理理念，可以提升乡村治理的效能和水平，进一步推动乡村振兴。

综上所述，中华优秀传统文化与乡村振兴的结合具有深远的意义和价值，不仅有助于推动乡村文化的繁荣与发展，还能促进乡村经济社会的进步与和谐稳定。因此，我们应该深入挖掘和利用中华优秀传统文化资源，将其融入乡村振兴的实践中去，共同铸就乡村发展的新辉煌。

第二节　文化基础

一、中华优秀传统文化在乡村的传承

（一）中华优秀传统文化在乡村的历史传承脉络

中华优秀传统文化在乡村的历史传承脉络，可以从多个维度进行梳理和阐述。以下是对其历史传承脉络的详细分析：

1. 历史渊源与基础

中华优秀传统文化源远流长，博大精深，其根基深深扎根于乡村社会。古代中国是典型的农耕社会，农村是主要的活动区域，农民则是社会的主体成员。以农耕文明为基础、以农村为主要生存空间的乡村文化，构成了传统文化的核心内涵。这种文化在长期的历史发展过程中，经过不断积淀和传承，形成了丰富多样的文化形态和表现形式。

2. 主要传承内容

（1）乡土建筑文化。乡村的传统建筑，如古村落、古建筑群、祠堂、庙宇等，是乡村文化的重要载体。这些建筑不仅体现了乡村的历史变迁和建筑风格，还承载了丰富的文化内涵和民族精神。

（2）农耕文化。包括传统的农耕技术、农耕工具和农耕习俗等，这些文化元素反映了乡村社会的生产方式和农民的智慧。农耕文化是乡村文化的核心组成部分，也是乡村经济发展的重要基础。

（3）手工艺文化。如编织、陶艺、剪纸等传统手工艺，这些技艺往往代代相传，体现了乡村社会的独特审美和创造力。手工艺文化不仅丰富了乡村的文化生活，还为乡村经济发展提供了重要支撑。

（4）节庆文化。各种传统节日、庆典和庙会等，是乡村社会重要的文化活动。这些活动增强了社区的凝聚力和归属感，也传承了乡村社会的道德观念和审美取向。

（5）饮食文化。地方特色菜肴、风味小吃等，不仅满足了人们的口腹之欲，更承载了乡村的饮食传统和文化记忆。饮食文化是乡村文化的重要组成部分，也是乡村旅游和经济发展的重要资源。

（6）民间艺术文化。包括民间歌舞、戏曲、曲艺等表演艺术，以及民间传说、故事等口头文学。这些艺术形式丰富了乡村的文化生活，也传承了乡村社会的历史和文化。

3. 传承方式与途径

（1）口耳相传。在乡村社会中，许多传统文化都是通过口耳相传的方式得以传承的。长辈们通过讲述故事、传授技艺等方式，将传统文化传递给下一代。

（2）节日庆典。传统节日和庆典是乡村文化传承的重要载体。在这些活动中，人们通过表演、展示、交流等方式，共同庆祝和传承传统文化。

（3）学校教育。近年来，随着乡村教育的发展，学校也逐渐成为传统文化传承的重要场所。许多学校将传统文化纳入教学内容，通过课堂教学、课外活动等方式，让学生了解和传承传统文化。

（4）社会参与。政府、社会组织和企业等也积极参与传统文化的传承和保护工作。他们通过资助项目、举办活动、宣传推广等方式，为传统文化的传承和发展提供支持和帮助。

4. 现代价值与意义

中华优秀传统文化在乡村的传承不仅具有重要的历史意义和文化价值，还具有重要的现代价值和社会意义。它有助于提升乡村居民的文化素养和道德水平，增强乡村社会的凝聚力和文化自信；有助于推动乡村经济的多元化发展，促进乡村振兴和可持续发展；还有助于促进城乡文化交流与融合，推动城乡一体化发展。

综上所述，中华优秀传统文化在乡村的历史传承脉络清晰而深远。它不仅是乡村社会的重要组成部分和宝贵财富，还是中华民族文化的重要组成部分和独特魅力所在。在未来的发展中，我们应该继续加强对乡村优秀传统文化的保护和传承工作，让其在新的时代背景下焕发出更加绚丽的光彩。❶

---

❶ 周会珍. 地域音乐文化的保护与现代传承 [J]. 黄河之声，2024 (10): 52-55.

（二）乡村传统文化保护的现状与问题

乡村传统文化保护的现状与问题可以归纳如下：

1. 现状

（1）政策推动与名录建设。近年来，国家层面高度重视传统村落的保护工作，实施了一系列保护工程。截至目前，已有大量传统村落列入名录并实施了挂牌保护制度，同时，许多历史建筑和传统民居得到了有效保护。❶例如，2023年住建部发布了《住房和城乡建设部等部门关于公布第六批列入中国传统村落名录村落名单的通知》，决定将北京市房山区史家营乡柳林水村等1336个村落列入中国传统村落名录，并按照"一村一档"建立完善中国传统村落档案。❷

（2）保护与传承并举。在致力于守护传统村落的每一寸肌理与风貌，确保其历史记忆与文化基因得以延续的同时，国家更是将目光投向了非物质文化遗产这一璀璨的文化瑰宝，深刻意识到唯有让这些"活"的文化形态得以传承与发展，才能真正让传统文化在现代社会中焕发新生。为此，国家层面精心策划并组织了丰富多彩的非遗项目展示活动，这些活动如同一扇扇窗，让公众得以近距离感受非遗的独特魅力与深厚底蕴。同时，针对非遗传承人的培养与扶持工作也紧锣密鼓地展开，通过系统化的培训、技艺交流以及资金与政策的双重支持，为非遗传承注入了新的活力与动力，有效促进了传统文化的活态传承，让古老的文化遗产在新时代的土壤中生根发芽，开花结果。

（3）公众参与与意识提升。乡村振兴战略的深入实施，如同一股强劲的春风，吹遍了广袤的乡村大地，也吹进了乡村居民的心田。随着乡村面貌的日新月异，乡村居民对传统文化的认同感与自豪感日益增强，他们开始意识到，保护好、传承好这份宝贵的文化遗产，不仅是对自己文化根脉的尊重与守护，更是对未来发展的责任与担当。因此，越来越多的乡村居民自发地参与到传统文化保护的相关活动中来，无论是参与非遗项目的制作与展示，还是投身到古村落的修缮与维护中，都展现了他们高涨的热情与坚定的决心。与此同时，社会各界也积极响应号召，通过捐款捐物、志愿服务、宣传推广等多种形式，为传统文化保护贡献自己的力量。这种全社会共同参与、共同关注的良好氛围，不仅提升了公众对传统文化保护的意识与责任感，更为传统文化的传承与发展奠定了坚实的基础。

2. 问题

（1）保护意识薄弱。当前，部分乡村地区的干部和群众对于传统文化保护的重要性仍缺乏深刻认识，他们中间存在一种依赖外部力量、等待政策扶持、缺

---

❶ 于靖园. 传统村落"变形记"[J]. 小康, 2023 (15): 24-25.
❷ 刘志宏. 西南少数民族地区特色古村落保护与申遗研究[J]. 广西社会科学, 2021 (4): 64-67.

乏主动作为的"等靠要"思想。这种意识上的不足直接导致了保护主体责任的弱化，许多本应由当地居民主动承担的保护工作被搁置或忽视。具体表现为，一些具有历史价值的传统民居建筑因缺乏及时的修缮与维护，逐渐破损、坍塌，自然损毁的现象触目惊心。这些建筑的消失不仅是对物质文化遗产的极大损失，更是与乡村历史记忆与文化传统的深刻割裂。

（2）资金与人才短缺。传统文化保护是一项系统工程，需要大量且持续的资金投入和专业人才的支持。然而，现实情况却是许多乡村地区经济发展相对滞后，财政能力有限，难以支撑起高昂的保护成本。同时，由于乡村地区生活环境、工作条件等方面的限制，专业人才往往不愿前往或难以长期留任，导致保护工作面临严重的人才短缺问题。这种资金与人才的双重短缺，极大地限制了传统文化保护工作的深入开展和有效实施，使得许多宝贵的文化遗产无法得到应有的重视与保护。

（3）保护与利用的矛盾。在传统文化保护的过程中，如何平衡好保护与利用的关系一直是一个复杂而敏感的问题。一方面，过度的商业化开发可能为了追求短期的经济利益而牺牲传统文化的原真性和完整性，使其沦为庸俗化的消费符号；另一方面，如果缺乏科学合理的利用手段，传统文化又可能因缺乏活力而逐渐衰微。这种矛盾要求我们在保护的同时必须兼顾文化的传承与发展，寻找一种既能保持文化本质又能激发其生命力的方式，让传统文化在现代社会中焕发新的光彩。

（4）法规与机制不健全。当前，尽管国家已经出台了一系列关于乡村文化遗产保护的法律法规和政策措施，但在具体实施过程中仍暴露出不少问题。例如，不同主体之间的法律责任划分不够明确，导致在出现问题时相互推诿、责任不清；考核问责力度不到位，使得一些保护措施未能得到有效执行；监督检查机制不健全，难以及时发现并纠正保护工作中的问题与偏差。这些法规与机制上的不足，严重影响了传统文化保护工作的有效性和权威性。

（5）文化同质化与特色丧失。在全球化和现代化的浪潮中，乡村地区的传统文化面临着前所未有的挑战。一方面，随着信息的快速传播和交流的日益频繁，乡村文化容易受到外来文化的冲击和影响；另一方面，一些地方在追求发展的过程中忽视了自身文化的独特性和差异性，盲目模仿和复制其他地区的成功经验，导致乡村文化逐渐趋同、失去特色。这种文化同质化现象不仅削弱了乡村文化的吸引力和竞争力，更威胁到了传统文化的传承与发展。因此，我们必须采取有效措施保护和弘扬乡村文化的独特魅力，让其在全球化和现代化的进程中保持独立性和多样性。

针对以上问题，需要采取多种措施加以解决。包括加强宣传教育提升公众保护意识、加大资金投入和人才培养力度、完善法规与机制建设、探索保护与利用的平衡点以及保护乡村文化的独特性和差异性等。通过这些措施的实施，可以推动乡村传统文化保护工作的深入开展和有效实施。

二、乡村文化与乡村振兴的关系

（一）乡村文化在乡村振兴中的作用与意义

乡村文化在乡村振兴中起着至关重要的作用，其意义深远且多元。以下是对其作用与意义的详细阐述：

（1）乡村文化是乡村振兴的精神动力。它不仅能够丰富乡村居民的精神文化生活，提升他们的文化素养和审美能力，还能激发他们的归属感和自豪感，从而增强乡村的内生发展动力。这种文化的滋养和激励作用，为乡村振兴提供了持续的精神动力。

（2）乡村文化是传承和发展中华优秀传统文化的重要载体。通过保护和振兴乡村文化，我们可以更好地传承和延续中华优秀传统文化，让这些文化在现代社会中焕发新的活力。这不仅有助于弘扬中华民族的传统美德，还能促进乡村社会的和谐稳定。

（3）乡村文化对于推动乡村经济发展也具有重要意义。文化产业的发展已经成为乡村振兴的新引擎。通过挖掘和利用乡村文化资源，可以发展乡村旅游、手工艺品等文化产业，增加农民收入来源，促进乡村经济的多元化发展。❶

（4）乡村文化还是塑造乡村特色和提升乡村形象的关键要素。每个乡村都有其独特的文化背景和历史传统，通过挖掘和展示这些特色文化，可以使乡村在众多竞争者中脱颖而出，形成独特的品牌形象和旅游吸引力。

（5）乡村文化的保护与振兴也是实现乡村可持续发展的必然选择。随着城镇化的快速推进，乡村面临着文化传承断裂、文化生态破坏等问题。因此，加强乡村文化的保护与振兴，不仅是为了传承历史文化，更是为了维护乡村生态平衡和社会可持续发展。

综上所述，乡村文化在乡村振兴中具有不可替代的作用和意义，是推动乡村全面振兴的重要力量。因此，我们应该高度重视乡村文化的保护与传承工作，加强相关政策支持和投入力度，让乡村文化在乡村振兴中发挥更大的作用和价值。

（二）乡村文化振兴对于乡村振兴战略的推动作用

乡村文化振兴对于乡村振兴战略具有显著的推动作用，主要体现在以下三个方面：

---

❶ 薛荣. 乡村振兴视域下基层治理现代化的路径浅析 [J]. 村委主任，2024 (1): 63-65.

（1）乡村文化振兴能够丰富乡村振兴的智力支持。通过挖掘和利用乡村文化资源，培育乡村文化人才，可以推动乡村文化产业的发展，进而为乡村经济带来新的增长点。这不仅有助于提升乡村的产业发展水平，还能吸引更多的人才和资本流入乡村，进一步促进乡村的全面振兴。

（2）乡村文化振兴有助于提升乡村社会的文明程度。通过加强乡村文化建设，可以引导农民树立正确的价值观，培育文明乡风、良好家风、淳朴民风，提高乡村社会文明程度，焕发乡村文明新气象。[1] 这种精神层面的提升，不仅能够增强农民的幸福感和归属感，还能为乡村振兴创造更加和谐的社会环境。

（3）乡村文化振兴还能够激发农民参与乡村振兴的积极性和创造性。农民是实施乡村振兴战略的主体和主力军，而乡村文化振兴正是通过满足农民对美好生活的向往和精神需求，激发他们的主动性和积极性。当农民更加认同和热爱自己的乡村文化时，他们会更加积极地参与到乡村振兴的各项工作中来，从而推动乡村振兴战略的全面实施。

综上所述，乡村文化振兴在乡村振兴战略中扮演着重要的角色，它通过提供智力支持、提升乡村社会文明程度和激发农民的积极性和创造性等方面，推动着乡村的全面振兴。因此，在实施乡村振兴战略的过程中，应充分重视并加强乡村文化建设工作，以实现乡村的可持续发展和全面进步。

第三节　乡村振兴概述

一、乡村振兴战略的内涵、主要目标与任务

1. 乡村振兴战略的内涵

乡村振兴战略的基本内涵可以概括为五个字：产、生、乡、治、生，即产业兴旺、生态宜居、乡风文明、治理有效和生活富裕。[2] 这五个方面相互关联、相互促进，共同构成了乡村振兴战略的核心内容。

（1）产业兴旺。指的是要加快农业农村经济发展，优化农业产业结构，提高农业生产效率，推动农村一二三产业融合发展。这要求我们在农业现代化的基础上，拓展农业多功能性，发展乡村旅游、农村电商等新兴产业，为农民提供更多的增收渠道。

（2）生态宜居。意味着要改善农村生态环境，提升农村人居环境，让农村成

---

[1] 翁鸣. 绘制未来中国农村发展的新蓝图——从"乡村振兴战略"视角 [J]. 民主与科学, 2018 (1): 40-42.

[2] 杨盼盼. 新时代乡村文化振兴研究 [D]. 无锡：江南大学, 2020.

为宜居宜业的美好家园。这需要我们加强农村基础设施建设，完善农村公共服务体系，同时推广绿色生产方式，保护农村生态环境。

（3）乡风文明。强调的是要培育文明乡风、良好家风、淳朴民风，提高乡村社会文明程度。❶ 这需要我们加强农村思想道德建设和公共文化建设，开展形式多样的文化活动，提高农民的文化素养和文明素养。

（4）治理有效。指的是要加强农村基层基础工作，构建自治、法治、德治相结合的乡村治理体系。❷ 这要求我们完善农村治理机制，提高基层治理能力，确保乡村治理有力、有序、有效。

（5）生活富裕。是乡村振兴战略的最终目标，旨在提高农民的生活水平和质量。这需要我们不断增加农民收入，改善农民生活条件，让农民共享改革发展成果。

2. 乡村振兴战略的主要目标

乡村振兴战略的主要目标是实现农村经济的全面发展、农村社会文明的显著进步、农村生态环境的持续改善以及农民生活水平的稳步提升。通过全面推进乡村振兴，我们期望缩小城乡差距，促进城乡融合发展，实现共同富裕。

3. 乡村振兴战略的主要任务

（1）加快推进农业现代化。通过推广先进的农业技术和装备，提高农业生产效率和质量，推动农业产业转型升级。❸ 同时，加强农业科技创新和人才培养，为农业发展提供有力支撑。

（2）加强农村基础设施建设。重点加强农村交通、水利、电力、通信等基础设施建设，提高农村公共服务水平，为农村经济发展提供坚实基础。

（3）推动农村一二三产业融合发展。鼓励农民通过参与乡村旅游、农村电商等新兴业态，实现一二三产业的融合发展，拓宽农民增收渠道。

（4）加强农村生态环境保护。推广绿色生产生活方式，完善农村生活污水处理、垃圾处理等设施，保护农村生态环境，实现人与自然和谐共生。

（5）推进乡村绿色发展。坚持绿色发展理念，推动农业农村绿色发展，加强农业面源污染防治，推进农业废弃物资源化利用，促进农业可持续发展。

总之，乡村振兴战略是一项长期而艰巨的任务，需要政府、社会各界以及农

---

❶ 任常青. 新时代中国特色社会主义"三农"理论的创新和构建 [J]. 社会科学辑刊，2018 (5): 25-34.

❷ 原超，黄天梁. 使乡村运转起来：乡村振兴战略的理论内核与行动框架 [J]. 中共党史研究，2019 (2): 15-23.

❸ 王潮阳. 雄安新区农村发展困境与策略分析 [C]// 河北省重点高端智库"河北省公共政策评估研究中心"，河北省公共政策评估研究基地，河北省科技创新智库. 第十三届公共政策智库论坛暨"雄安建设与发展国际学术研讨会"会议论文集. 燕山大学公共管理学院，河北省公共政策评估研究中心，2023: 5.

民自身的共同努力。❶ 通过全面推进乡村振兴，我们可以实现农村经济的全面发展、农村社会文明的显著进步、农村生态环境的持续改善以及农民生活水平的稳步提升，为构建社会主义现代化国家奠定坚实基础。

二、乡村振兴的现状与挑战

（一）当前乡村振兴的实施现状与成效

自乡村振兴战略提出以来，我国乡村地区正经历着前所未有的变革与发展。这一战略不仅关乎经济层面的增长，更着眼于社会、文化、生态等多方面的全面进步。下面，我们将从多个角度阐述乡村振兴的当前实施现状与取得的成效。

1. 实施现状

（1）政策引领与全面部署。乡村振兴战略得到了党中央、国务院的高度重视和全面推进。一系列相关政策文件陆续出台，为乡村振兴提供了明确的方向和路径。这些政策不仅涵盖了产业发展、基础设施建设、生态环境保护等多个方面，还体现了对乡村文化传承和乡村治理现代化的关注。

（2）资金投入与项目支持。政府不断加大财政投入力度，支持乡村振兴各项工作的开展。通过财政补贴、税收减免、金融扶持等方式，引导社会资本流入乡村，为乡村振兴提供有力的资金保障。同时，各类乡村振兴项目也应运而生，有效推动了乡村经济的发展和基础设施的完善。

（3）农民主体与多方参与。乡村振兴离不开农民的积极参与和贡献。政府注重发挥农民的主体作用，通过培训、教育等方式提升农民的素质和能力，使他们成为乡村振兴的有生力量。同时，也鼓励社会各界参与乡村振兴工作，形成政府、农民、社会多方共同参与的良好格局。

2. 成效显著

（1）乡村经济显著提升。通过实施乡村振兴战略，乡村地区的经济实力得到了显著提升。特色产业、乡村旅游等新兴产业蓬勃发展，为乡村经济注入了新的活力。同时，传统农业也向现代农业加速转型，农业生产效率和质量得到了大幅提高。

（2）基础设施不断完善。在乡村振兴战略的推动下，乡村地区的基础设施得到了显著改善。交通、水利、电力等基础设施不断完善，为乡村生产生活提供了有力保障。❷ 同时，教育、医疗等公共服务设施也逐渐向乡村延伸，提高了乡村

---

❶ 本报评论员. 织密三张网络 赋能乡村振兴 [N]. 菏泽日报，2024-05-29 (001).

❷ 王潮阳. 雄安新区农村发展困境与策略分析 [C]// 河北省重点高端智库"河北省公共政策评估研究中心"，河北省公共政策评估研究基地，河北省科技创新智库. 第十三届公共政策智库论坛暨"雄安建设与发展国际学术研讨会"会议论文集. 燕山大学公共管理学院，河北省公共政策评估研究中心，2023: 5.

居民的生活品质。

（3）乡村治理现代化水平提高。乡村振兴战略还推动了乡村治理的现代化进程。通过加强基层党组织建设、完善村民自治制度等方式，提高了乡村治理的效能和水平。同时，也加强了法治乡村建设，为乡村振兴提供了有力的法治保障。

（4）乡村文化得到传承与发展。在乡村振兴的过程中，乡村文化的传承与发展也得到了重视。通过挖掘和保护乡村文化遗产、开展乡村文化活动等方式，弘扬了乡村优秀传统文化，增强了乡村居民的归属感和认同感。

综上所述，当前我国乡村振兴的实施现状与成效显著。在政府、农民和社会的共同努力下，乡村地区正逐步实现经济繁荣、社会和谐、生态宜居、文化兴盛的全面发展目标。然而，乡村振兴是一个长期且艰巨的任务，我们仍需继续努力，为全面建设社会主义现代化国家贡献更多力量。

（二）乡村振兴面临的主要挑战与问题

乡村振兴是一项长期且艰巨的任务，在推进过程中面临着多方面的挑战与问题。以下是对主要问题的详细分析：

（1）城乡发展失衡。城乡发展失衡是乡村振兴面临的首要问题。城市与乡村在经济发展、教育资源、医疗卫生等方面存在显著差异，这种失衡不仅制约了乡村的发展，还加剧了城乡之间的差距。为了推动乡村振兴，需要采取措施促进城乡协调发展，缩小城乡差距。

（2）基础设施差距。乡村地区的基础设施建设相对滞后，如交通、水利、电力、通信等基础设施不完善，严重影响了乡村的生产和生活。❶ 基础设施的差距不仅限制了乡村的经济发展，还降低了农民的生活质量。因此，加大乡村基础设施建设力度，提升乡村生产生活条件，是乡村振兴的重要任务之一。

（3）农业科技落后。农业科技的发展对于提高农业生产效率、增加农民收入具有重要意义。然而，目前一些地区的农业科技水平相对较低，缺乏先进的农业技术和设备支持。这导致了农业生产效率低下，农民难以摆脱传统农业模式的束缚。因此，加强农业科技研发和推广，提高农业科技创新能力和应用能力，是推动乡村振兴的必然选择。

（4）人力资源短缺。随着城市化进程的加速，大量农村劳动力向城市转移，导致乡村地区人力资源短缺。这种短缺现象严重影响了乡村的经济发展和产业转型升级。为了解决这一问题，需要完善乡村地区的人才政策，吸引和留住优秀人才，为乡村振兴提供有力的人才支撑。

（5）文化传承断裂。乡村地区承载着丰富的历史文化传统，然而，随着现代

---

❶ 梁立国．以农业经济管理为抓手 践行乡村振兴战略[J]．中国商人，2024 (7): 140-141.

化进程的推进，一些乡村地区的文化传承出现了断裂现象。这不仅影响了乡村文化软实力的提升，也削弱了农民的归属感和认同感。因此，在乡村振兴过程中，应注重保护和传承乡村文化，提升乡村的文化底蕴和软实力。

（6）生态环境压力。在乡村地区，由于长期的农业生产活动和人类活动的影响，生态环境面临一定的压力。土壤污染、水资源过度利用、生物多样性丧失等问题逐渐凸显。这些生态环境问题不仅影响了乡村的可持续发展，还威胁着农民的生计和健康。因此，推进乡村生态环境治理和保护工作，实现绿色发展、可持续发展，是乡村振兴的必由之路。

（7）市场营销挑战。农产品市场营销是乡村振兴的重要环节。然而，目前一些乡村地区在市场营销方面存在诸多挑战，如市场信息不对称、销售渠道有限、品牌建设不足等。这些问题导致农产品难以顺利销售，农民收益受损。为了解决这一问题，需要加强市场营销体系建设，提升农产品的市场竞争力，帮助农民实现增收致富。

（8）资金支持不足。乡村振兴需要大量的资金投入，然而，目前一些地区的政府财政支持与社会资金投入之间存在不平衡。资金短缺限制了乡村基础设施建设和产业发展等工作的开展。因此，需要拓宽资金来源渠道，引导社会资本投入乡村振兴事业，为乡村振兴提供有力的资金支持。

综上所述，乡村振兴面临的主要挑战与问题涉及多个方面，需要政府、社会各界共同努力，采取有效措施加以解决。通过促进城乡协调发展、加强基础设施建设、推动农业科技发展、吸引和培养人才、保护和传承乡村文化、加强生态环境治理、完善市场营销体系以及增加资金支持等措施，我们可以为乡村振兴事业注入新的活力，推动乡村全面振兴。

三、乡村振兴的路径选择

（一）国内外乡村振兴的成功案例与经验

乡村振兴是全球范围内普遍关注的议题，旨在促进乡村地区的经济、社会、文化和环境协调发展。国内外涌现出众多成功的乡村振兴案例，这些案例不仅展现了多样化的实践路径，还积累了宝贵的经验，为其他地区的乡村振兴提供了有益的借鉴。以下将从精准规划与布局、农业产业融合发展、生态环境保护与修复、创新科技与人才培养、乡村文化传承与旅游、社会参与与多元共治、政策扶持与财政投入、持续监测与评估调整八个方面，分析国内外乡村振兴的成功案例与经验。

1. 精准规划与布局

（1）国内案例。浙江省安吉县以"绿水青山就是金山银山"理念为指导，制定了科学合理的乡村振兴规划。通过精准定位、错位发展，打造了一批具有地方特色的美丽乡村，实现了生态与经济的双赢。

（2）国外案例。日本"一村一品"运动通过深入挖掘各地资源优势，制定个性化的乡村发展规划，推动了乡村产业的特色化、品牌化发展。每个村庄都围绕一种或几种特色农产品或文化产品进行深度开发，形成了独特的竞争优势。

2. 农业产业融合发展

（1）国内案例。江苏省徐州市铜山区通过推动农业与旅游、文化、教育等产业的深度融合，打造了集观光、休闲、体验于一体的农业综合体。这种模式不仅拓宽了农民的增收渠道，还提升了乡村的吸引力和竞争力。

（2）国外案例。荷兰的现代农业产业园以高科技为支撑，实现了农业生产的智能化、精准化。同时，产业园还注重与旅游、教育等产业的融合，吸引了大量游客和学生前来参观学习，促进了乡村经济的多元化发展。

3. 生态环境保护与修复

（1）国内案例。陕西省延安市通过实施退耕还林、水土保持等生态工程，有效改善了黄土高原的生态环境。同时，延安市还注重发展生态农业和绿色产业，实现了生态效益与经济效益的有机结合。

（2）国外案例。德国在乡村地区推广了生态农业和可持续发展理念。通过减少化肥农药使用、实施轮作休耕等措施，保护了乡村地区的生态环境。同时，德国还注重乡村地区的生物多样性保护，为乡村居民提供了良好的生活环境。

4. 创新科技与人才培养

（1）国内案例。山东省寿光市是全国著名的蔬菜之乡。该市通过引进现代农业科技、建立农业科技园区等方式，推动了蔬菜产业的科技化、标准化发展。同时，寿光市还注重农业人才的培养和引进，为产业发展提供了有力的人才支撑。[1]

（2）国外案例。以色列在农业科技领域具有世界领先地位。该国通过发展节水农业、智能温室等技术，实现了农业生产的高效化和精细化。同时，以色列还建立了完善的农业科技教育和培训体系，为农业产业的持续发展提供了源源不断的人才支持。

5. 乡村文化传承与旅游

（1）国内案例。云南省丽江市古城区通过保护和传承纳西族传统文化，打造了独特的民族文化旅游品牌。古城区内的古村落、古建筑、民族服饰、民间工艺等吸引了大量游客前来体验和学习。

（2）国外案例。法国乡村地区的葡萄酒庄园和农庄旅游是乡村文化传承与旅游的典型代表。游客可以在庄园内品尝到地道的法国葡萄酒、学习葡萄酒酿造技

---

[1] 马瑞，张贵东. 主动融入国家发展大局谋求新突破 [N]. 中国纺织报，2024-08-12 (001).

艺，并体验农庄的田园生活。这种旅游模式不仅促进了乡村经济的发展，还传承和弘扬了法国的乡村文化。

6. 社会参与与多元共治

（1）国内案例。浙江省湖州市安吉县在乡村振兴过程中注重发挥社会组织和村民自治的作用。通过成立乡村振兴促进会、农民合作社等组织，引导村民积极参与乡村建设和管理。同时，政府还鼓励社会资本投入乡村振兴事业，形成了政府主导、社会参与的多元共治格局。

（2）国外案例。荷兰的乡村治理体系注重社区参与和多方合作。政府、企业、社会组织以及村民之间建立了紧密的合作关系，共同参与乡村规划、建设和管理。这种治理模式有助于凝聚共识、整合资源、提高治理效率。

7. 政策扶持与财政投入

（1）国内案例。中国政府近年来出台了一系列扶持乡村振兴的政策措施，包括加大财政投入、优化金融服务、完善土地政策等。这些政策措施为乡村振兴提供了有力的保障和支持。

（2）国外案例。欧盟通过设立专项基金、提供低息贷款等方式支持成员国的乡村振兴工作。同时，欧盟还制定了一系列有利于乡村发展的法律法规和政策措施，为乡村振兴提供了良好的制度环境。

8. 持续监测与评估调整

（1）国内案例。中国的一些地方政府在乡村振兴过程中建立了完善的监测评估体系，定期对乡村振兴的进展情况进行评估和反馈。通过监测评估结果及时调整政策措施和工作方向，保障乡村振兴工作始终沿着正确的轨道前进。

（2）国外案例。日本在乡村振兴过程中注重数据的收集和分析工作。通过建立完善的信息系统平台，实时掌握乡村地区的发展动态和存在的问题。同时，日本还建立了严格的评估制度，对乡村振兴项目和政策进行定期评估和调整，以确保资源的有效利用和项目的可持续性。

9. 国内外乡村振兴经验的综合启示

（1）注重顶层设计与地方特色相结合。成功的乡村振兴案例都强调在国家和区域层面进行顶层设计，明确发展目标和路径，同时充分考虑地方特色和资源优势，因地制宜地制定具体实施方案。

（2）强调多元主体协同参与。乡村振兴是一个复杂的系统工程，需要政府、企业、社会组织、村民等多方主体的共同参与和协同努力。通过建立有效的合作机制和利益共享机制，可以调动各方积极性，形成合力推动乡村振兴。

（3）注重生态环境保护与可持续发展。在乡村振兴过程中，必须牢固树立绿色发展理念，将生态环境保护放在首位。通过实施生态修复、推广生态农业、发展绿色产业等措施，实现经济发展与生态环境保护的良性循环。

（4）加强科技创新与人才培养。科技创新是推动乡村振兴的重要动力。通过引进先进技术和装备、建立科技创新体系、培养新型职业农民等措施，可以提升农业生产效率和质量，增强乡村经济的竞争力。

（5）深化产业融合发展。乡村振兴不仅要关注农业本身的发展，还要推动农业与旅游、文化、教育等产业的深度融合。❶通过发展乡村旅游、乡村文化产业等新兴业态，可以拓宽农民增收渠道，提升乡村的综合价值。

（6）强化文化传承与保护。乡村文化是乡村的灵魂和根基。在乡村振兴过程中，要注重对乡村文化的挖掘、保护和传承，弘扬乡村优秀传统文化和民族精神，增强村民的文化自信和归属感。❷

（7）加大政策扶持与财政投入。政府应加大对乡村振兴的政策扶持和财政投入力度，通过设立专项基金、提供税收优惠、优化金融服务等方式，为乡村振兴提供坚实的保障和支持。

（8）建立健全监测评估机制。建立完善的乡村振兴监测评估体系，定期对乡村振兴的进展情况进行评估和反馈，及时发现问题并采取措施加以解决。同时，通过评估结果调整政策措施和工作方向，确保乡村振兴工作始终沿着正确的轨道前进。

综上所述，国内外乡村振兴的成功案例为我们提供了宝贵的经验和启示。在未来的乡村振兴实践中，我们应充分借鉴这些经验，结合本地实际情况，制定科学合理的发展规划和政策措施，推动乡村经济、社会、文化和环境的全面振兴。

（二）适合我国国情的乡村振兴路径选择

当前乡村振兴的路径主要围绕以下几个方面展开：

（1）产业振兴，这是乡村振兴的基础。通过发展现代农业、农村二三产业以及乡村旅游业等，促进农村产业融合发展，提高农业附加值和农民收入。❸同时，也要注重科技创新和绿色发展，推动农业现代化和农村可持续发展。

（2）人才振兴。要吸引和留住各类人才，包括农业技术专家、创新创业人才以及懂技术、善经营的新型职业农民等。通过人才培养、引进和激励措施，打造一支有技术、懂管理、善经营的新型职业农民队伍，为乡村振兴提供强有力的人

---

❶ 彭海荣. 国土空间规划背景下乡村振兴战略实施路径探索 [J]. 城市建设理论研究 (电子版)，2024 (20): 28-30.

❷ 陈杰. 以环境设计助推西部乡村振兴的策略研究 [J]. 美与时代 (城市版)，2023 (10): 137-139.

❸ 胡小丽. 农村人口转移对城乡收入差距的影响——基于中国 313 个地级市的经验证据 [J]. 财经论丛，2021 (8): 3-13.

才支撑。❶

（3）文化振兴。要深入挖掘和传承乡村优秀传统文化，加强乡村思想道德建设和公共文化建设，提高乡村社会文明程度。同时，也要加强乡村治理体系和治理能力现代化建设，推动乡村治理体系不断完善和治理能力不断提升。

（4）生态振兴。要坚持绿色发展理念，加强农村生态环境保护和治理，推动农业面源污染防治和农业废弃物资源化利用。通过生态修复、生态保护和生态产业化的措施，打造生态宜居、环境优美的美丽乡村。

（5）组织振兴。要加强基层党组织建设，深化村民自治实践，建立现代乡村社会治理体制。通过发挥党组织的领导核心作用，以及村民自治的积极作用，推动乡村社会充满活力、安定有序。

综上所述，乡村振兴的路径是一个综合性的系统工程，需要政府、社会各界以及农民自身的共同努力。通过产业、人才、文化、生态和组织五个方面的全面振兴，推动农业农村现代化，实现乡村全面振兴。

四、乡村文化振兴与乡村振兴的关系

（一）乡村文化振兴在乡村振兴中的地位和作用

乡村文化振兴在乡村振兴中占据着重要的地位，并发挥着多方面的作用。具体来说：

（1）乡村文化振兴是乡村振兴的重要组成部分。乡村振兴是一个全面的振兴过程，涵盖了产业、人才、文化、生态和组织等多个方面。❷ 其中，乡村文化振兴不仅关乎乡村的精神文明建设，还对于提升乡村整体形象和吸引力、促进乡村全面发展具有关键作用。通过挖掘和传承乡村优秀传统文化，可以激发乡村内在的发展动力，为乡村振兴提供持续的精神动力。

（2）乡村文化振兴对于提升乡村社会文明程度和改善农民精神风貌具有重要作用。通过加强乡村思想道德建设和公共文化建设，可以培育文明乡风、良好家风、淳朴民风，焕发乡村文明新气象。❸ 这不仅有助于改善农民的精神风貌，还可以提高乡村社会的文明程度，为乡村振兴创造更加和谐的社会环境。

（3）乡村文化振兴还有助于传承和发展乡村优秀传统文化。乡村文化是中华民族的宝贵财富，通过深入挖掘和传承这些文化，可以让更多人了解和认同乡村文化，从而增强乡村的凝聚力和归属感。同时，创新乡村文化表达方式，如通过

---

❶ 张丽英，范金广，杨澜，等. 浅析秦皇岛市新型职业农民教育培训 [J]. 当代教育实践与教学研究，2020 (9)：235-236.

❷ 罗明忠，林玉婵，雷显凯. 夯实促进农村共同富裕的新型农村集体经济基础 [J]. 岭南学刊，2023 (2)：11-19.

❸ 李锋. 乡村文化振兴应发挥村落公共空间的文化功能 [N]. 社会科学报，2022-07-07 (003).

短视频、直播等形式传播乡村文化,可以进一步拓宽乡村文化的传播渠道,提高其影响力。

（4）乡村文化振兴还能促进乡村经济发展。文化产业的发展已经成为推动经济发展的重要力量。通过发展乡村文化产业,可以推动乡村经济发展,促进农民增收。同时,文化产业的繁荣还可以带动相关产业的发展,形成产业集群效应,为乡村带来更多的发展机遇。

综上所述,乡村文化振兴在乡村振兴中的地位和作用不可忽视。它不仅是乡村振兴的重要组成部分,更是提升乡村社会文明程度、改善农民精神风貌、传承和发展乡村优秀传统文化以及促进乡村经济发展的重要途径。

（二）乡村文化振兴的目标

乡村文化振兴作为乡村振兴战略的重要组成部分,旨在通过一系列措施和努力,全面提升乡村文化的内涵与质量,促进乡村社会的全面发展与和谐进步。其核心目标涵盖思想道德提升、公共文化繁荣、优秀文化传承、乡风文明建设、农民精神焕发、乡村治理进步以及文化生活满足七个方面,共同构建乡村文化的新生态。

1. 思想道德提升

乡村文化振兴的首要目标是提升农民的思想道德水平。通过加强社会主义核心价值观的宣传教育,引导农民树立正确的世界观、人生观和价值观,增强农民的道德观念和法律意识。同时,弘扬社会公德、职业道德、家庭美德和个人品德,营造风清气正的乡村道德风尚,为乡村振兴提供坚实的思想基础。

2. 公共文化繁荣

公共文化繁荣是乡村文化振兴的重要体现。要加强乡村公共文化设施建设,如图书馆、文化广场、文化活动室等,为农民提供丰富的文化资源和活动空间。同时,积极开展各类文化活动,如文艺演出、体育赛事、知识讲座等,满足农民多样化的文化需求,促进乡村公共文化事业的繁荣发展。

3. 优秀文化传承

优秀文化传承是乡村文化振兴的核心任务之一。要深入挖掘和整理乡村优秀传统文化资源[1],如民俗、节庆、手工艺等,通过现代科技手段进行保护和传承。同时,加强对乡村文化遗产的保护和利用,让其在现代社会中焕发新的生机和活力。通过优秀文化传承,增强农民的文化自信和文化认同感,为乡村振兴注入强大的精神动力。

4. 乡风文明建设

乡风文明建设是乡村文化振兴的重要内容。要通过教育引导、实践养成、

---

[1] 李锋. 乡村文化振兴应发挥村落公共空间的文化功能 [N]. 社会科学报, 2022-07-07 (003).

制度保障等多种方式，培育文明乡风、良好家风、淳朴民风。加强农村思想道德建设，倡导移风易俗，破除陈规陋习，树立新风正气。同时，加强农村公共环境卫生整治，改善农村人居环境，提升乡村整体形象，营造文明和谐的乡村氛围。

5. 农民精神焕发

农民精神焕发是乡村文化振兴的重要目标之一。通过文化活动的参与和熏陶，激发农民积极向上的生活态度和精神风貌。鼓励农民参与文化创作和文化传播，展现乡村文化的魅力和特色。同时，开展农民心理健康教育活动，锻炼农民的心理素质和抗压能力，让农民在乡村振兴的实践中焕发出更加饱满的热情和活力。

6. 乡村治理进步

乡村治理进步是乡村文化振兴的重要保障。要加强乡村基层组织建设，提高乡村治理能力和水平。推动乡村自治、法治、德治相结合，构建多元共治的乡村治理体系。通过文化引领和制度保障，促进乡村社会和谐稳定，为乡村振兴创造良好的社会环境。

7. 文化生活满足

文化生活满足是乡村文化振兴的最终目的。要不断丰富农民的文化生活内容，提高农民的文化生活质量。通过发展乡村文化产业和文化旅游业等，为农民提供更多的文化产品和服务。同时，加强农村文化市场监管，打击假冒伪劣文化产品，保障农民的文化权益。让农民在乡村振兴的进程中享受到更加丰富多彩的文化生活。

第四节 乡村文化振兴策略

一、挖掘乡村文化资源

（一）乡村文化资源的价值

乡村文化资源的价值体现在多个方面，这些资源不仅是乡村社会的重要组成部分，也是推动乡村全面振兴的重要力量。以下是乡村文化资源价值的具体体现：

1. 精神文化价值

（1）传承历史记忆与民族精神。乡村文化，犹如一部活生生的历史长卷，承载着世代相传的农耕智慧、民俗风情与英雄事迹，是中华民族文化宝库中不可或缺的瑰宝。它不仅是时间的见证者，更是民族精神的传承者。通过深入挖掘、精心保护和广泛传播乡村文化，我们能够强化村民对自身文化根源的深刻认识，增强他们对文化身份的认同感和归属感，进而在全社会范围内激发强烈的民族自豪感和凝聚力，让中华民族的精神血脉得以绵延不绝。

（2）提升文化自信。在全球化浪潮的冲击下，乡村文化资源的挖掘与传承显得尤为重要。这些资源以其独特的魅力和深厚的底蕴，展现了乡村文化的独特价值和无限可能。通过系统的整理、研究与展示，乡村文化能够以其独有的方式讲述中国故事，传递中国声音，让村民自豪于自身文化的同时，更加自信地面对世界文化的交流与碰撞，为构建文化强国贡献力量。

2. 经济价值

（1）促进乡村经济发展。乡村文化资源的开发利用，如同为乡村经济插上了一双翅膀。通过精心策划的乡村旅游线路、丰富多彩的民俗节庆活动以及创意十足的文化产品，乡村不仅能够吸引大量游客前来体验，还能带动餐饮、住宿、交通等相关产业的蓬勃发展。这种以文化为引领的经济发展模式，不仅为乡村带来了实实在在的经济效益，更为乡村的可持续发展注入了强大动力。

（2）创造就业机会。随着乡村文化产业的日益繁荣，越来越多的就业机会也随之涌现。从文化活动的组织者到旅游服务的提供者，从手工艺品的制作者到文化创意的设计者，乡村文化产业为村民提供了多样化的就业选择。这些就业机会不仅缓解了乡村的就业压力，还促进了乡村社会结构的优化和人口素质的提升，为乡村的和谐稳定奠定了坚实基础。

3. 社会价值

（1）增强社区凝聚力。乡村文化资源的开发利用，为村民提供了一个共同参与的平台。通过组织丰富多彩的民俗活动、传统节庆等，村民之间加强了联系与互动，增进了彼此之间的了解和友谊。这种基于共同文化认同的社交活动，有助于构建和谐的乡村社区关系，增强社区的凝聚力和向心力。

（2）推动社会和谐。乡村文化中蕴含的尊老爱幼、和睦邻里等积极向上的价值观和道德规范，是乡村社会和谐稳定的重要基石。通过传承和弘扬这些文化元素，我们能够引导村民树立正确的价值观念和行为准则，促进乡村社会的文明进步和和谐发展。同时，这些文化元素还能够为现代社会提供有益的借鉴和启示❶，推动全社会形成更加良好的道德风尚和社会风气。

4. 生态价值

（1）保护乡村生态环境。在开发利用乡村文化资源的过程中，我们始终秉

---

❶ 吴沂珊. 新时代中华优秀传统文化的德育价值探究——评《中国传统"践行"德育思想研究》[J]. 中国教育学刊，2024 (4): 114.

持绿色发展的理念。通过科学合理的规划和管理措施，我们努力保障乡村的自然景观和生态环境得到有效保护。例如，在开发乡村旅游时，我们注重生态环保原则的应用，避免过度开发和破坏；同时，我们还积极推广生态农业和绿色旅游项目，促进乡村生态环境的持续改善和可持续发展。

（2）倡导绿色生活方式。乡村文化中的许多元素都蕴含着绿色、环保的生活理念。例如，传统的农耕方式强调人与自然的和谐共生；乡村的民居建筑注重与自然环境的融合与协调；乡村的日常生活习惯也体现了节能减排、循环利用的环保理念。通过传承和弘扬这些文化元素，我们能够引导村民树立绿色生活理念，推动乡村社会形成更加环保、可持续的生活方式和发展模式。

5. 教育价值

（1）丰富教育内容。乡村文化资源的开发利用为乡村教育提供了丰富的素材和案例。通过将这些文化资源融入课堂教学和课外活动中，我们能够让学生更加直观地了解乡村的历史文化、风土人情和社会变迁。这种寓教于乐的教学方式不仅能够激发学生的学习兴趣和创造力，还能够提高他们的文化素养和综合素质。同时，乡村文化资源的开发利用还有助于拓宽学生的视野和思维方式，培养他们的跨文化交流能力和创新精神。

（2）培养文化人才。乡村文化的传承和发展离不开一批具有专业素养和文化情怀的人才。因此，在开发利用乡村文化资源的过程中，我们注重加强乡村文化教育和人才培养工作。通过设立专门的文化教育机构、举办文化培训班和讲座等方式，我们为乡村培养了一批热爱乡村、懂得传承和创新的文化人才。这些人才不仅具备扎实的专业知识和技能，还具备深厚的文化情怀和责任感，能够为乡村文化的持续发展提供有力保障和智力支持。

乡村文化资源是增强乡村认同感的重要纽带。在城市化进程加速的今天，许多乡村面临着人口流失和文化空心化的挑战。通过保护和传承乡村文化资源，可以激发村民对乡村的归属感和自豪感，增强他们对乡村的认同感和责任感。[1] 这种乡村认同感的增强，有助于凝聚人心、汇聚力量，推动乡村社会的全面发展和繁荣。

（二）乡村文化资源挖掘与利用的策略

乡村文化资源的挖掘与利用是乡村振兴的重要组成部分，它不仅有助于保护和传承乡村文化，还能促进乡村经济的多元化发展。以下是一些具体的策略：

1. 深入研究与梳理乡村文化资源

历史脉络梳理是一个细致而系统的过程，它要求研究者不仅要翻阅古籍、史

---

[1] 赵梦杰. 历史文化助力乡村振兴的实践路径研究 [J]. 智慧农业导刊，2023，3 (22): 150-153.

料,还要深入乡间地头,与村民交流,聆听老一辈人的口述历史。通过这样的方式,我们能够清晰地勾勒出乡村文化的形成轨迹,理解其在不同历史时期所扮演的角色和所经历的变化。这种梳理不仅有助于我们全面了解乡村文化的历史背景,还能揭示其独特价值和文化意义,为后续的保护与利用工作奠定坚实的基础。

同时,文化内涵的挖掘也是一项重要任务。乡村文化不仅仅体现在物质层面上,更蕴含在村民们的日常生活、风俗习惯、价值观念、道德规范、宗教信仰以及世代相传的文化传统之中。这些无形的文化遗产是乡村文化的灵魂所在,通过深入挖掘,我们可以更加全面地认识和理解乡村文化的本质和精髓。这不仅有助于增强村民的文化自觉和文化自信,还能为乡村文化的传承与发展提供源源不断的动力。

2. 保护与传承非物质文化遗产

加强保护是确保非物质文化遗产得以延续的前提。我们需要对乡村中的非物质文化遗产进行全面的普查和登记工作,建立详细的档案和数据库,以便对其进行有效的管理和保护。同时,还要加强对这些文化遗产的监管力度,防止其被非法挖掘、盗卖或破坏。在传承发展方面,我们需要通过教育、培训等方式培养一批热爱乡村文化、具备专业知识的传承人。这些传承人将承担起传承和弘扬非物质文化遗产的重任,通过他们的努力和付出,确保这些宝贵的文化遗产能够延续并焕发出新的生机与活力。

3. 创新文化表现形式

创新是乡村文化发展的动力源泉。我们需要将乡村文化与现代艺术相结合,创作出具有本土特色的文化产品。这些产品可以涵盖音乐、舞蹈、美术等多个领域,通过新颖的艺术形式和表现手法展现乡村文化的独特魅力。同时,我们还可以借助互联网、虚拟现实等现代科技手段将乡村文化以更加生动、直观的方式呈现给公众,让更多人了解和关注乡村文化的发展。

4. 发展文化产业

乡村文化产业是乡村经济发展的重要支柱。我们可以依托乡村独特的文化资源发展乡村旅游产业,通过打造具有地方特色的旅游项目吸引游客前来体验乡村文化。同时,还可以鼓励和支持乡村手工艺人发展手工艺产业,将传统技艺与现代设计相结合创作出具有市场竞争力的手工艺产品。这些产业的发展不仅能够促进乡村经济的多元化发展,还能为村民提供更多的就业机会和收入来源。

5. 加强文化教育与传播

文化教育与传播是乡村文化发展的重要途径。我们需要在乡村学校中开设文化课程让学生了解和传承乡村文化培养他们的文化自觉和文化自信。同时还需要定期举办乡村文化活动如文化节、文艺演出等让村民和游客共同参与感受乡村文化的魅力。❶ 此外，我们还可以利用媒体和网络等渠道加大对乡村文化的宣传力度提高乡村文化的知名度和影响力让更多人了解和关注乡村文化的发展。

6. 加强政策引导与支持

政府应在乡村文化资源的挖掘与利用过程中发挥积极的引导和支持作用。通过制定相关政策鼓励和支持乡村文化资源的挖掘与利用工作为乡村文化的发展提供政策保障。同时还需要为乡村文化项目提供必要的资金支持帮助解决资金短缺问题。此外还需要加强乡村文化人才的培养和引进工作，为乡村文化的发展提供人才保障。通过这些措施的实施，我们可以有效促进乡村文化的繁荣与发展为乡村振兴注入新的动力。❷

综上所述，乡村文化资源的挖掘与利用需要政府、社会和个人共同努力。通过深入研究与梳理、保护与传承、创新表现形式、发展文化产业、加强文化教育与传播以及加强政策引导与支持等措施的实施，可以有效促进乡村文化的繁荣与发展，为乡村振兴注入新的动力。

二、传承与创新乡村文化

（一）乡村文化传承的有效方式

乡村文化传承的有效方式多种多样，这些方式旨在保护和弘扬乡村的优秀传统文化，促进乡村文化的全面振兴。以下是一些主要的有效方式：

1. 加强乡村文化传承人的培养

在支持传承人方面，政府应设立专项资金，为农村文化传承人提供稳定的收入来源，以减轻他们的经济压力，同时，通过表彰、奖励等机制，增强他们的荣誉感和使命感，激发他们传承传统文化的热情。此外，还应建立传承人档案，记录他们的传承经历和贡献，为后人留下宝贵的文化遗产。教育与培训方面，应定期组织传承人参加各类文化课程、技能培训班，邀请专家学者进行授课，提升他们的文化素养和专业技能，使他们能够更好地理解传统文化的内涵和价值，掌握传承技艺的精髓，确保传统文化在传承中不失真、不走样。

2. 保护和传承乡村传统文化

建立文化设施是保护和传承乡村传统文化的重要举措。通过在农村地区建立文化博物馆、文化广场、文化长廊等公共设施，为村民提供一个学习、交流、展示传统文化的平台。同时，加强对传统文化遗址的保护，划定保护范围，制定保

---

❶ 谢忠华. 乡村振兴战略背景下乡村文化建设路径研究 [C]// 山西省中大教育研究院. 乡村振兴与教育发展研讨会论文集——文化振兴研究篇. 华中师范大学中国农村研究院，2023: 3.

❷ 廖勇胜. 乡村振兴战略背景下乡村文化场域的现状与重构 [J]. 太原城市职业技术学院学报，2024 (6): 38-41.

护措施，防止人为破坏和自然侵蚀。在非物质文化遗产保护方面，应建立健全法治体系，将非物质文化遗产保护纳入法律范畴，明确保护责任和义务。利用数字化技术，对非物质文化遗产进行数字化记录、存储和传播，建立非遗数据库和信息共享平台，方便公众查询和学习。

3. 推动乡村文化与现代文化的融合

在创新表现形式上，鼓励艺术家、设计师等创意人才深入乡村，挖掘传统文化元素，与现代设计理念相结合，创作出具有时代感和地域特色的文化产品❶。同时，利用现代科技手段，如虚拟现实、增强现实等，为传统文化注入新的活力，使其更加符合现代人的审美和需求。在利用现代技术方面，应加大对农村地区的网络基础设施建设投入，提高网络覆盖率和使用率，为乡村文化的传播和推广提供有力支持。通过社交媒体、短视频平台等新媒体渠道，展示乡村文化的独特魅力，吸引更多人来关注和参与。

4. 提升乡村居民的文化素养

将优秀传统文化融入乡村教育体系是提升乡村居民文化素养的有效途径。通过在学校开设传统文化课程、举办传统文化讲座等方式，让青少年了解和学习传统文化知识，培养他们的文化自觉和文化自信。同时，举办各类乡村文化活动，如诗歌朗诵会、文艺演出、手工艺制作比赛等，为村民提供展示自我、交流学习的平台，提高他们的文化素养和参与度。

5. 促进乡村文化产业发展

依托乡村的文化资源优势发展文化创意产业是实现乡村文化振兴的重要途径。通过挖掘乡村特色文化资源，开发具有地方特色的文化旅游产品、文化手工艺品等❷，满足游客和市民的多样化需求。同时，加强品牌建设，打造具有影响力的乡村文化品牌，提升乡村文化的知名度和美誉度。通过发展文化产业，带动乡村经济发展，为乡村文化的传承和发展提供经济支撑。

6. 加强乡村文化治理

促进乡村优秀文化治理多元主体合作是加强乡村文化治理的关键。政府应发挥主导作用，制定文化政策、规划文化项目、提供文化服务；同时，鼓励社会组织、企业、村民等多元主体积极参与乡村文化治理工作，形成政府主导、社会参与、村民自治的良好局面。在文化空间建设方面，应加快乡村文化设施建设步伐，完善文化服务功能；同时，注重培育乡村文化组织和文化人才队伍建设，为乡村文化治理提供有力保障。

---

❶ 张慧鑫. 文化创意产业赋能乡村建设 [J]. 文化产业，2024 (18): 22-24.

❷ 廖勇胜. 乡村振兴战略背景下乡村文化场域的现状与重构 [J]. 太原城市职业技术学院学报，2024 (6): 38-41.

7. 具体活动实施

通过实施一系列具体活动来推动乡村文化传承和发展。如开展"听党话、感党恩、跟党走"宣讲活动，组织专家学者深入乡村宣讲党的方针政策、传统文化知识等；举办"宜居宜业和美乡村"农民文艺作品展和"新国潮"乡村优秀文化艺术展演活动，展示乡村文化的独特魅力和创新成果；开展乡村文化旅游节、乡村文化节等活动，吸引游客前来体验乡村文化、感受乡村风情。这些活动不仅丰富了村民的精神文化生活，也提升了乡村文化的知名度和影响力。

综上所述，乡村文化传承的有效方式需要政府、社会、村民等多方面的共同努力，通过加强传承人培养、保护和传承传统文化、推动文化与现代融合、提升居民文化素养、促进文化产业发展、加强文化治理以及实施具体活动等多种手段，共同推动乡村文化的全面振兴和发展。

（二）乡村文化的创新与发展

乡村文化的创新与发展是当前乡村振兴战略的重要组成部分，旨在通过深入挖掘和传承乡村优秀传统文化，同时融入现代元素，推动乡村文化的繁荣与振兴。以下是对乡村文化创新与发展的一些具体探讨：

1. 乡村文化的深入挖掘与保护

农耕文明的传承，作为乡村文化之根，它要求我们不仅要珍视那些世代相传的传统农耕技术，如古老的耕作方法、灌溉系统以及作物种植经验，更要深入挖掘并传承农事节庆中的文化精髓，如春耕秋收的庆祝仪式、祈求丰收的祭祀活动等，这些节庆习俗不仅承载着农民对自然的敬畏与感恩，还丰富了乡村的文化生活。同时，农耕习俗中的互助合作、尊老爱幼等美德，更是乡村社会和谐稳定的重要基石，应得到充分的弘扬与传承。

历史文化保护方面，我们需以高度的历史责任感，划定并严守历史文化保护线，确保每一处文物古迹、每一座传统村落、每一栋传统建筑、每一片农业遗迹都能得到妥善保护。通过修缮、复原等手段，让这些历史遗迹焕发新生，成为连接过去与未来的桥梁，让后人能够直观地感受到乡村文化的深厚底蕴和历史变迁。

对于少数民族与民间文化，我们应采取更加积极开放的态度，支持并鼓励其继承与发展。通过举办丰富多彩的文化节庆、展览等活动，为这些文化提供展示的舞台，让更多人了解并欣赏到它们的独特魅力。同时，加强少数民族与民间文化的保护与传承工作，也是维护文化多样性、促进民族团结的重要举措。

2. 乡村文化的创新发展

在新文化形态构建上，我们倡导建立"五位一体"的新文化体系，即将物质文化、制度文化、行为文化、精神文化和生态文化有机融合，形成一个相互促进、共同发展的整体。通过培育乡村精神价值文化，引导村民树立正确的价值观、道德观和审美观，以社会主义核心价值观为引领，推动乡村文化在传承中创新，在创新中发展。

文化产业融合方面，我们鼓励创新文化产业形态，充分利用乡村丰富的文化资源，发展以乡村旅游、文化产品制作等为代表的特色产业。通过加强农村一二三产业的深度融合，实现乡村文化的经济价值和社会价值的双重提升。同时，注重品牌建设和市场推广，打造具有地方特色的文化品牌，提高乡村文化的知名度和影响力。

现代技术应用在乡村文化创新发展中同样发挥着重要作用。我们利用数字化、互联网等现代技术手段，对乡村文化进行数字化记录、保存和传播。通过建设乡村文化数据库、开发文化 App 等方式，拓宽文化传播渠道，提高文化传播效率。同时，利用虚拟现实、增强现实等新技术手段，为乡村文化注入新的活力，使其更加符合现代人的审美需求和生活方式。

3. 乡村文化活动与设施建设

为了丰富村民的精神文化生活，提升乡村文化品位，我们积极举办各类乡村文化活动。如农民诗词大会、乡村文艺作品展、乡村优秀文化艺术展演等，这些活动不仅为村民提供了展示自我、交流学习的平台，还促进了乡村文化的繁荣与发展。同时，我们注重活动的多样性和参与性，保障每位村民都能找到适合自己的文化活动。

在文化设施建设方面，我们加大投入力度，加强乡村文化设施建设。如建设图书馆、博物馆、文化广场等公共设施，为村民提供学习、交流、展示文化的平台。同时，注重文化设施的维护与更新工作，确保其长期发挥作用。此外，我们还鼓励村民自发组织文化团体和兴趣小组，参与文化设施的管理和使用工作，形成共建共享的良好氛围。

4. 乡村文化治理与人才培养

文化治理是乡村文化创新发展的重要保障。我们开展移风易俗行动，切实加强农村文化领域治理工作。通过制定文化政策、加强文化市场监管等方式，推动乡村文化健康发展。同时，我们注重弘扬优秀传统文化，净化乡村文化环境，营造积极向上的文化氛围。

在人才培养方面，我们加大对乡村文化工作者的培养力度。通过举办培训班、研讨会等活动提高他们的专业素养和创新能力。[1] 同时鼓励高校、研究机构等社会力量参与乡村文化人才培养工作，为乡村文化发展提供有力的人才保障。

---

[1] 孙超，邓传东，郑继云. 国有企业科研院所预先研究项目科技成果管理 [J]. 中国军转民，2024 (16): 55-56.

此外，我们还注重培养村民的文化自觉和文化自信，引导他们积极参与乡村文化建设工作，成为乡村文化创新发展的生力军。

5. 案例借鉴与经验总结

在乡村文化创新与发展过程中，我们积极借鉴国内外成功的案例和经验。如尹家峪田园综合体通过依托本地山水林田优势打造长三角地区的农产品供应基地、休闲旅游"后花园"和产业转移"大后方"的成功经验；竹泉村通过"先保护、后开发"的原则打造沂蒙特色显著、泉乡个性凸显的综合性旅居目的地的成功案例等。这些案例为我们提供了宝贵的经验和启示：在乡村文化创新发展过程中要注重保护与开发并重；要注重挖掘和传承乡村文化的独特魅力；要注重产业融合和品牌建设；要注重现代技术的应用和推广等。通过借鉴这些成功案例和经验我们可以更好地推动乡村文化的创新与发展工作。

综上所述，乡村文化的创新与发展需要政府、社会、村民等多方面的共同努力。通过深入挖掘与保护乡村优秀传统文化、推动文化创新与发展、加强文化活动与设施建设、实施文化治理与人才培养以及借鉴成功案例与经验总结等措施，可以推动乡村文化繁荣与振兴，为乡村振兴战略的实施提供有力支撑。

三、文化产业与乡村振兴

（一）文化产业在乡村振兴中的作用

文化产业在乡村振兴中起着至关重要的作用。具体来说，它的作用主要体现在以下四个方面：

（1）文化产业能够推动乡村经济的振兴。通过挖掘和传承乡村文化，打造具有地方特色的旅游产品，可以吸引更多游客前来体验❶，从而带动乡村旅游、民俗文化等相关产业的发展。这不仅增加了农民的收入，还为乡村经济注入了新的活力。❷

（2）文化产业可以提高农村地区的文化自信心。保护和传承乡村文化，包括传统手艺、民俗文化等，可以增强乡村地区的文化自信心，激发农民对于自己文化传承的认同感，进一步推动乡村振兴和发展。

（3）文化产业与农业等传统产业具有较强的互动性和融合性。乡村地区的农产品资源可以为文化产业提供丰富的素材和灵感，推动两者之间的融合发展，创造更多的经济价值。

（4）文化产业还能促进乡村社会的全面进步。文化产业的繁荣发展，不仅可

---

❶ 陈茜茜. 群众文化在促进乡村振兴发展中的作用与影响 [J]. 文化月刊, 2024 (8): 131-133.
❷ 娄石慧. 农村金融创新对农业生产效率提升的影响 [J]. 农村经济与科技, 2024, 35 (9): 216-219.

以提升乡村地区的整体形象,还可以改善乡村环境,提高乡村居民的生活质量。同时,文化产业的发展也需要乡村社会在基础设施、公共服务等方面进行配套建设,从而推动乡村社会的全面发展。

综上所述,文化产业在乡村振兴中扮演着重要的角色,它不仅有助于推动乡村经济的振兴和文化自信心的提高,还能促进乡村社会的全面进步。因此,应该充分发挥文化产业在乡村振兴中的积极作用,推动文化产业与农业、旅游等相关产业的融合发展,为乡村振兴贡献更多的力量。

(二)如何通过发展文化产业促进乡村振兴

通过发展文化产业以促进乡村振兴,这一战略路径蕴含了多维度、深层次的考量与实践,具体可以从以下几个方面深入阐述:

1. 深入挖掘与利用乡村文化资源

乡村,作为传统文化的深厚载体,蕴藏着丰富多彩的历史传统、独特迷人的民俗风情以及令人向往的自然景观。这些资源不仅是乡村的瑰宝,更是文化产业发展的不竭源泉。通过系统性的挖掘与整理工作,我们可以将这些散落民间的文化资源串联起来,形成具有鲜明地域特色的文化体系。进而,依托这些文化资源,开发出一系列独具特色的文化产品,如手工艺品、民俗表演、乡村美食等,以此来吸引游客的目光,激发他们的探索欲与消费欲,从而有效带动乡村经济的繁荣与发展。

2. 推动文化产业与农业产业的深度融合

在乡村振兴的背景下,推动文化产业与农业产业的深度融合显得尤为重要。这不仅可以丰富乡村旅游的内涵,还能为农产品赋予更多的文化附加值,提升其市场竞争力。具体而言,我们可以结合当地的农业特色,打造农业观光园、农耕文化体验基地等项目,让游客在享受田园风光的同时,亲身体验农耕文化的魅力。此外,还可以开发农产品文化创意产品,如将传统手工艺融入农产品包装设计,或是将乡村故事、民俗传说等元素融入农产品营销中,以此提升农产品的品牌价值和市场认可度。

3. 完善的基础设施是文化产业发展的基石。

为了吸引更多游客前来消费,提升乡村旅游的品质与体验,政府应加大对乡村文化产业基础设施的投入力度。这包括但不限于建设旅游厕所、停车场、游客服务中心等公共服务设施,以及改善乡村道路、网络通信等基础设施条件。通过这些措施的实施,可以显著提升乡村旅游的便捷性和舒适性,为游客提供更加优质的旅游体验。

4. 培养和引进文化产业人才

人才是文化产业发展的核心要素。为了推动乡村文化产业的持续健康发展,我们需要培养和引进一批懂文化、善经营、会管理的人才队伍。这可以通过开展专业技能培训、搭建人才交流平台等方式来实现。同时，我们也要积极鼓励和支持大学生、返乡农民工等群体投身乡村文化建设事业中来，激发他们的创新活力和创造力。通过他们的智慧和努力，可以为乡村文化产业的发展注入新的活力与动力。

5. 注重品牌建设与市场推广

在激烈的市场竞争中，品牌是文化产业的核心竞争力。因此，我们需要注重品牌建设与市场推广工作。通过打造独具特色的文化品牌，我们可以提升乡村文化的知名度和影响力，吸引更多游客前来消费。同时，我们还要利用各种渠道进行宣传推广，如社交媒体、旅游节庆活动等，让更多的人了解并关注乡村文化产业的发展动态。通过这些措施的实施，我们可以有效扩大乡村文化产业的市场份额和影响力，为乡村振兴贡献更大的力量。

综上所述，通过深入挖掘与利用乡村文化资源、推动文化产业与农业产业的深度融合、加强文化产业基础设施建设、培养和引进文化产业人才以及注重品牌建设与市场推广等措施的综合运用与协同推进，我们可以有效地通过发展文化产业来促进乡村振兴事业的蓬勃发展。

四、乡村文化教育与人才培养

（一）加强乡村文化教育体系建设

加强乡村文化教育体系建设，作为乡村振兴战略的核心环节之一，其深远意义不仅在于提升农民群体的整体素质，更在于为乡村社会的可持续发展奠定坚实的文化根基。以下是对如何全面推进这一体系建设的详细阐述与扩展：

1. 明确建设目标，引领发展方向

（1）提升农民综合素质。文化教育应成为农民自我提升的重要途径，通过系统的学习与实践，不仅要增强农民的科学文化知识，更要提升他们的思维能力和创新意识，使其能够适应现代农业和乡村发展的需求。

（2）传承乡村文化。乡村文化是乡村的灵魂，加强文化教育体系建设，旨在深入挖掘和保护乡村优秀传统文化❶，通过举办文化节、民俗活动等形式，让乡村文化焕发新的活力，成为乡村社会和谐发展的重要纽带。

（3）促进乡村发展。文化教育体系的建设应与乡村经济社会发展紧密结合，通过教育引导农民转变思想观念，积极参与乡村产业创新、生态治理、组织建设等各个方面，推动乡村全面振兴。

---

❶ 谢忠华. 乡村振兴战略背景下乡村文化建设路径研究 [C]// 山西省中大教育研究院. 乡村振兴与教育发展研讨会论文集——文化振兴研究篇. 华中师范大学中国农村研究院，2023: 3.

2. 完善教育体系，构建学习网络

（1）基础教育。加大对乡村学校的投入，改善教学设施，提高乡村教师待遇，吸引更多优秀教师扎根乡村。[1] 同时，推进教育信息化进程，利用现代信息技术手段，拓宽乡村学生的学习视野，提升教学质量。

（2）职业教育。紧密结合乡村产业发展需求，开展针对性强、实用性高的职业技能培训和农业技术培训。通过校企合作、工学结合等方式，为农民提供多样化的学习路径，提高其就业创业能力。

（3）成人教育。建立覆盖全乡村的成人教育体系，为不同年龄、不同需求的农民提供终身学习的机会。通过夜校、农民讲习所、网络学习平台等多种形式，普及政策法规、法律知识、健康养生等实用知识，提升农民的整体素养。

3. 丰富教育内容，激发学习兴趣

（1）传统文化教育。深入挖掘乡村优秀传统文化资源，如传统手工艺、民间音乐、舞蹈、戏曲等，通过开设特色课程、举办文化展览等方式，让农民了解并传承这些宝贵的文化遗产。

（2）思想道德教育。加强社会主义核心价值观教育，弘扬中华民族传统美德，引导农民树立正确的世界观、人生观、价值观。通过开展道德讲堂、评选道德模范等活动，营造崇德向善的良好氛围。

（3）科学知识普及。针对农民的实际需求，普及农业科技知识、环保知识、健康知识等实用信息。通过组织专家讲座、现场指导等形式，提高农民的科学素养和环保意识，促进农业绿色发展。

4. 创新教育方式，提升学习效果

（1）线上线下结合。充分利用互联网和远程教育技术，开发适合乡村教育的在线课程资源。同时，结合线下实践活动，如田间课堂、文化体验等，增强学习的互动性和实践性。

（2）体验式教育。鼓励农民参与农事体验、文化体验等活动，通过亲身体验让他们感受乡村文化的魅力。这种教育方式有助于激发农民的学习兴趣，加深他们对乡村文化的理解和认同。

（3）互动式教学。采用小组讨论、案例分析、角色扮演等互动式教学方法，让农民在参与中学习和交流。[2] 这种教学方式有助于培养农民的批判性思维和团队协作能力，提高他们的综合素质。

5. 加强师资队伍建设，提升教学质量

（1）引进优秀人才。通过政策扶持和待遇保障等措施，吸引高校毕业生、退

---

[1] 王红霞. 乡村人才振兴存在的问题及解决措施 [J]. 农村科学实验，2024 (13)：24-26.
[2] 黄颖乐. 汽车服务礼仪课程教学方法的改革与应用 [J]. 汽车画刊，2024 (7)：142-144.

休教师等优秀人才到乡村任教。同时，建立教师轮岗交流制度，促进城乡教育资源均衡配置。

（2）培养本土教师。加强乡村教师培训力度，提高他们的教学水平和专业素养。❶ 鼓励和支持乡村教师参加各类培训和交流活动，拓宽他们的视野和知识面。同时，建立乡村教师荣誉制度，表彰和奖励在教学和文化建设中作出突出贡献的教师。

（3）建立激励机制。完善乡村教师职称评定和薪酬待遇制度，同时，建立教师评价体系，将教学质量、学生满意度等作为评价教师工作的重要依据。

6.加大投入力度，保障建设资金

（1）政府投入。各级政府应加大对乡村文化教育体系建设的投入力度，将乡村教育纳入公共财政保障范围。通过设立专项基金、增加财政拨款等方式，保障各项建设任务顺利推进。

（2）社会支持。鼓励社会各界参与乡村文化教育体系建设事业中来。通过捐赠、赞助等方式为乡村文化教育事业贡献力量。同时，加强与企业、高校等机构的合作与交流，共同推动乡村文化教育事业的发展。❷

（3）资源整合。整合各类文化资源和教育资源，形成合力推进乡村文化教育体系建设的良好局面。通过建立资源共享机制、搭建合作平台等方式，实现资源的优化配置和高效利用。

综上所述，加强乡村文化教育体系建设是一项长期而艰巨的任务。只有从明确建设目标、完善教育体系、丰富教育内容、创新教育方式、加强师资队伍建设和加大投入力度等多个方面入手，才能逐步构建起符合乡村实际、满足农民需求的文化教育体系，为乡村振兴提供有力支撑和强大动力。

（二）培养乡村文化振兴所需的人才队伍

在乡村振兴战略的大背景下，文化振兴作为关键一环，对于提升乡村软实力、促进经济多元化发展具有重要意义。而要实现乡村文化的全面振兴，离不开一支高素质、专业化的人才队伍。本文将从文化传承与创新者、文化活动组织者、文化教育人才、文化产业开发者、乡村导游与解说员、文化研究与传播者等六个方面，探讨如何培养乡村文化振兴所需的人才队伍。

1.文化传承与创新者：乡村文化的守护者与创新先锋

（1）角色定位。在乡村文化振兴的宏伟蓝图中，文化传承与创新者不仅是历史的守望者，更是未来的开拓者。他们肩负着挖掘乡村传统文化精髓的重任，通

---

❶ 姜纪垒.乡村教师教育高质量发展的内涵、路径与长效机制[J].曲靖师范学院学报，2023，42（5）：88-94.

❷ 陈思伊.24小时城市书房 点亮爱阅之城[N].昆明日报，2024-08-01（006）.

过系统的整理与保护，让古老的文化遗产得以延续。同时，他们勇于探索，将现代元素巧妙融入传统之中，创造出既具时代感又不失文化底蕴的新文化形态，为乡村文化注入源源不断的活力与生命力。

（2）培养路径。

①专业培训。构建多层次、多维度的培训体系，邀请国内外知名专家学者，针对乡村文化的独特性和多样性，设计定制化课程，涵盖传统文化知识、创新理念与方法、市场趋势分析等，为学员提供全面而深入的学习体验。

②师徒传承。珍视师徒传承，鼓励老一辈文化艺人通过口传心授的方式，将毕生所学传授给年轻一代。这种非物质文化遗产的传递方式，不仅保留了技艺的纯正性，更传承了匠人精神与文化情怀。

③实践锻炼。建立文化创新实践基地，为青年才俊提供广阔舞台。通过参与文化项目策划、设计、实施的全过程，让他们在实践中磨砺意志、积累经验、激发灵感，逐步成长为文化传承与创新的中坚力量。

2. 文化活动组织者：乡村文化的编织者与引领者

（1）角色定位。文化活动组织者如同乡村文化的织锦师，他们以创意为线，以热情为梭，精心编织出一幅幅丰富多彩的乡村文化生活画卷。他们策划并执行各类文化活动，旨在丰富村民的精神世界，提升乡村的文化氛围，让乡村成为充满生机与活力的文化沃土。

（2）培养路径。

①专业培训。加强文化活动策划与管理方面的专业培训，提升组织者的专业素养和综合能力。培训内容涵盖活动策划、预算管理、团队协作、宣传推广等多个方面，保障活动既具创意又具实效。

②经验交流。搭建国内外文化交流平台，组织文化活动组织者参加各类交流活动，学习先进理念、借鉴成功经验、拓宽国际视野。通过交流互鉴，不断提升自身的策划与执行水平。

③项目实践。鼓励并支持组织者积极参与乡村文化项目策划与实施，通过实战演练积累经验、提升能力。同时，建立项目评估与反馈机制，对优秀项目进行表彰与推广，激励更多人才投身乡村文化事业。

3. 文化教育人才：乡村文化知识的播种者与培育者

（1）角色定位。文化教育人才是乡村文化教育的灵魂人物，他们肩负着在乡村地区播种文化种子、培育文化新人的重任。通过系统的文化教育，他们努力提升村民的文化素养和综合素质，为乡村的可持续发展奠定坚实的人才基础。

（2）培养路径。

①师资培训。加大对乡村教师队伍的培训力度，提升教师的文化素养和教学

能力。通过定期举办教学研讨会、教学观摩活动等形式，促进教师之间的交流与合作，共同提升教学质量。

②课程设置。结合乡村实际和村民需求，开发具有地方特色的文化教育课程。课程内容应涵盖历史传承、民俗风情、文学艺术等多个方面，以增强课程的吸引力和实效性。同时，注重课程的趣味性和互动性，激发学生的学习兴趣和参与热情。

③社会实践。组织学生参与乡村文化实践活动，如文化调研、民俗体验、艺术创作等。通过实践活动让学生亲身体验乡村文化的魅力与价值，培养他们的文化自觉和文化自信。同时，加强学校与乡村社区的联系与合作，共同推动乡村文化教育的深入发展。

4. 文化产业开发者：乡村文化资源的挖掘者与转化者

（1）角色定位。文化产业开发者是乡村文化产业发展的核心驱动力。他们凭借敏锐的市场洞察力和丰富的创意资源，将乡村的文化资源转化为具有市场竞争力的文化产品。通过推动文化产业与农业、旅游等产业的融合发展，他们为乡村经济的转型升级注入了新的动力。

（2）培养路径。

①创业培训。为有志于从事文化产业开发的创业者提供全方位的创业指导和培训。培训内容涵盖市场分析、产品开发、品牌建设、营销推广等多个方面，帮助创业者掌握创业技能和经营策略。同时，建立创业导师制度，邀请成功企业家和投资人担任导师，为创业者提供一对一的指导和支持。

②政策扶持。出台一系列优惠政策措施，为文化产业开发者提供资金、税收、用地等方面的支持。通过政策引导和市场机制相结合的方式，激发文化产业开发者的积极性和创造力。同时，加强政策宣传和解读工作，保障政策红利惠及广大开发者。

③平台搭建。建立文化产业开发平台或产业园区，为开发者提供资源整合和项目对接的便利条件。通过搭建信息共享、技术交流、产品展示等服务平台，降低开发成本和风险，促进文化产业的集聚发展和协同创新。

5. 乡村导游与解说员：乡村文化的传播者与桥梁

（1）角色定位。乡村导游与解说员是乡村旅游的重要纽带和形象代表。他们凭借专业的知识和热情的服务态度，向游客展示乡村的自然风光、历史文化和社会风情。通过生动的解说和互动体验，他们让游客更加深入地了解乡村文化、感受乡村魅力，并留下美好回忆。

（2）培养路径。

①专业培训。开展系统的导游与解说员培训课程，涵盖专业知识、服务技

能、语言表达等多个方面。通过理论学习与实战演练相结合的方式，提升导游与解说员的专业素养和服务水平。同时，加强职业道德教育和安全意识培训，保障游客的安全和满意度。

②实地演练。组织导游与解说员进行实地演练活动，让他们熟悉乡村景点和解说词内容。通过模拟讲解、现场互动等方式，锻炼他们的解说能力和应变能力。同时，鼓励导游与解说员积极参与乡村旅游活动的策划与实施工作，拓宽他们的视野和知识面。

③语言培训。加强外语培训力度，提升导游与解说员的外语水平。通过开设外语课程、组织外语角活动等形式，为他们提供更多的语言学习机会和交流平台。同时，鼓励导游与解说员参加国际导游资格考试和认证工作，提升他们的国际竞争力和服务水平。

6. 文化研究与传播者：乡村文化的探索者与传播者

（1）角色定位。文化研究与传播者是乡村文化振兴的智囊团和宣传队。他们通过深入研究乡村文化的内涵与价值、探索文化发展的规律与趋势、传播乡村文化的魅力与风采等方式，为乡村文化的传承与创新提供理论支撑和智力支持。同时，他们积极拓宽文化传播渠道、创新传播方式、扩大传播范围，努力提升乡村文化的知名度和影响力。

（2）培养路径。

①学术研究。鼓励高校和科研机构加强乡村文化研究领域的投入和力度，培养一批具有深厚学术功底和创新能力的研究人才。通过设立专项研究基金、举办学术研讨会等形式，为研究者提供必要的研究条件和交流平台。同时，加强与国际学术界的交流与合作，引进国际先进的研究理念和方法，提升我国乡村文化研究的整体水平。

②媒体合作。积极与主流媒体和新媒体建立合作关系，拓宽文化传播渠道和覆盖面。通过制作高质量的乡村文化节目、撰写有深度的文化报道、开展线上线下的互动活动等方式，让更多人了解乡村文化、关注乡村发展。同时，加强新媒体的运用和创新，利用短视频、直播等新兴传播方式吸引年轻受众的关注和参与。

③公众参与。组织公众参与文化研究和传播活动，增强公众的文化自觉和文化自信。通过举办文化讲座、文化展览、文化节庆等活动形式，让公众近距离接触乡村文化、感受文化魅力。同时，鼓励公众积极参与文化创作和传播工作，发挥他们的主观能动性和创造力，共同推动乡村文化的繁荣发展。

综上所述，培养乡村文化振兴所需的人才队伍是一项系统工程，需要政府、社会、学校等多方面的共同努力。❶ 通过加强人才培养、政策扶持和平台建设等措施，可以逐步构建起一支高素质、专业化的乡村文化人才队伍，为乡村文化振兴提供有力的人才保障。

第五节　实践案例

一、成功案例分析

以下是国内具有代表性的乡村振兴与文化振兴案例的分析：

案例一：尹家峪田园综合体

尹家峪田园综合体位于山东临沂沂水县，是一个依托本地山水林田优势打造的乡村振兴项目。该项目通过市场化思维运营，重视品牌推广和农民增收，采取了一系列创新措施推动乡村振兴。例如，他们利用社交媒体进行线上推广，同时结合线下实地推广，有效地提升了项目的知名度。在空间规划上，尹家峪田园综合体采用了"一心一廊三带九区"的布局，将农业、旅游、文化等元素有机结合，实现了产村联动和农旅融合的发展模式。此外，该项目还注重高端农产品的生产，采用有机的标准进行控制，同时结合扶贫精准化，实现了经济和社会效益的双重提升。尹家峪田园综合体的成功实践为其他地区提供了可借鉴的经验，展现了乡村振兴的多种可能性。

案例二：大南坡村的"美学经济"引领

大南坡村位于河南省焦作市修武县，通过发展"美学经济"实现了乡村振兴。当地通过改造闲置公共建筑群等方式，将老建筑转化为具有文化特色的展览、书店等场所，这不仅提升了乡村的文化内涵，还促进了当地经济的发展。同时，大南坡村还充分利用了乡村的山村风貌、民俗人情、历史文化等资源，将这些元素转化为乡村民宿、乡野美食等乡村旅游产品，吸引了大量游客前来体验。此外，当地还通过举办文化活动等方式，增强了乡村的文化氛围，提升了村民的文化素养和归属感。大南坡村的实践证明了文化振兴在乡村振兴中的重要性，也为其他地区提供了文化振兴的新思路。

案例三：三瓜公社（安徽巢湖）

三瓜公社位于安徽省合肥市巢湖市，以"互联网+三农"为发展理念，构建集一二三产业与农旅相结合的美丽乡村发展系统。当地通过保护乡村原有生态，修复水系，打造宜居家园，同时结合电商产业，推动农产品的线上线下销售，拓

---

❶ 张阳阳，杨丞娟，王闰星．基于 PEST-SWOT 模型的乡村旅游发展分析——以浙江白水洋镇为例 [J]．现代化农业，2024 (3)：39-43．

宽销售渠道。此外，还挖掘地方民俗文化，打造特色民俗村，引入乡村旅游服务业，丰富旅游体验内容。在保护和传承地方文化的同时，当地还结合现代元素进行创新，通过开设手工艺坊、文创产品等方式，让传统文化在现代社会中焕发新活力。

这些案例充分体现了乡村振兴与文化振兴的紧密结合，通过产业发展、生态保护、文化传承等多方面的综合施策，实现了农村经济的全面提升和文化传承的良性循环。这类实践为我国广大农村地区提供了宝贵的发展经验和借鉴模式。

二、广东省实践案例分享

广东省在乡村振兴与文化振兴中的实践探索呈现出多样化和创新性的特点，具体体现在以下几个方面：

1. 文化资源的挖掘与利用

在广东省的广袤乡村，文化资源的挖掘与利用犹如一股清泉，滋养着乡村振兴的土壤，成为推动其向前发展的不竭动力。在这里，文化传承与创新不再是简单的复制粘贴，而是被赋予了新的生命与活力。狮前村的"世间香境七溪地"项目，犹如一颗璀璨的明珠，镶嵌在传统文化与现代创新的交汇点上。该项目不仅深入挖掘了古法制香的精髓，更巧妙地融入了现代审美与市场需求，创造出了一系列既保留古朴韵味又符合现代审美潮流的文化产品。游客们在这里不仅能够亲身体验到制香的乐趣，还能在袅袅香氛中感受到传统文化的独特魅力，实现了经济效益与文化传承的合作共赢。

文化旅游品牌的建设亦是广东省的一大亮点。肇庆市贺江碧道画廊，以其得天独厚的自然风光和深厚的文化底蕴，成功打造了一个集体育、旅游、休闲于一体的综合性旅游目的地。通过举办骑行、徒步等户外活动，这里不仅吸引了来自四面八方的游客，还带动了周边餐饮、住宿等服务业的蓬勃发展，成为乡村文化旅游领域的一张闪亮名片。

2. 文化产业的融合发展

广东省在文化产业融合发展的道路上不断探索前行，展现出了强劲的创新能力和勃勃生机。农业与文化产业的融合，为乡村经济发展注入了新的活力。以象窝茶为例，当地通过实施品牌化战略和生态旅游开发，将传统的茶叶种植产业转型升级为集观光、体验、休闲于一体的现代农业综合体。这种转变不仅提升了农产品的附加值，还推动了农业结构的优化升级，为农民提供了更多元化的就业选择和增收途径。

工业与文化产业的融合，也为乡村工业化和农业现代化提供了新的思路。凌丰集团与云敏村的跨界合作，就是这一思路的生动实践。通过工业反哺农业，不仅解决了农村富余劳动力的就业问题，还推动了农村经济的整体发展。这种合作模式不仅促进了资源的优化配置,还实现了产业间的协同发展。

3. 文化活动的组织与推广

为了丰富村民的精神文化生活,提升乡村文化的软实力,广东省各地政府和社会组织积极策划和组织了丰富多彩的文化活动。从"四季村晚"到"书润乡村",这些活动不仅为村民们带来了欢乐和享受,还增强了乡村文化的凝聚力和向心力。同时,这些文化活动也成为展示乡村文化魅力、吸引外界关注的重要窗口,为乡村的发展赢得了更多的机遇和支持。

在文化活动平台建设方面,广东省也取得了显著成效。通过搭建"百歌颂中华""群众艺术花会"等品牌活动平台,为基层群众提供了展示自我、交流学习的机会,进一步推动了文化惠民工程的深入实施。这些平台的建立不仅丰富了群众的文化生活,还促进了文化艺术的普及和提高。

4. 文化研究与传播

广东省深知文化资源的重要性,因此高度重视其保护与传承工作。在非遗保护与传承方面,广东省通过设立非遗工坊、建立非遗代表性项目名录等措施,有效保护了乡村地区的非遗资源。同时,还加强了对非遗传承人的培养与扶持力度,保障这些珍贵的文化遗产能够得以代代相传。

在文化传播方面,广东省充分利用了互联网、社交媒体等现代传媒手段的优势。通过制作宣传视频、开设网络直播等方式,将乡村文化的独特魅力展现给更广泛的受众。这种跨时空的传播方式不仅拓宽了文化传播的渠道,还提高了乡村文化的知名度和影响力。

5. 文化旅游与生态保护的结合

在文化旅游开发的过程中,广东省始终秉持着生态优先的原则。无论是生态旅游项目的规划还是美丽乡村的建设,都注重与生态环境的协调与共生。贺江碧道画廊的成功案例表明,通过科学合理的规划和布局,我们可以在保护生态环境的前提下实现旅游经济的快速发展。同时,这种发展模式还能够带动生态环境的进一步改善和保护,形成良性循环。

美丽乡村建设则是文化旅游与生态保护结合的又一重要体现。通过改善村容村貌、提升生态环境质量等措施,广东省打造出了一批宜居宜游的美丽乡村。河源市仙坑村的实践更是为我们提供了一个生动的范例:通过文化遗址的活化利用和生态环境的综合整治,不仅可以实现乡村文化的传承与发展,还能够促进生态环境的保护与改善。这种双赢的局面正是我们追求的美好愿景。

综上所述,广东省在乡村振兴与文化振兴中的实践探索涵盖了文化传承与创新、文化产业融合发展、文化活动组织与推广、文化研究与传播以及文化旅游与生态保护的结合等多个方面,为其他地区提供了有益的参考和借鉴。

第六节 政策与建议

一、政策层面建议

（一）针对乡村振兴与文化振兴的政策建议

乡村振兴与文化振兴是新时代中国特色社会主义建设的重要组成部分，是实现农村经济社会全面发展的重要途径。为了有效推动乡村振兴与文化振兴的深度融合，促进农村地区的全面发展，以下从人才队伍建设、产业融合发展、文化传承保护、文化设施建设、文化活动开展、乡村环境治理以及政策支持与激励等七个方面提出具体政策建议。

1. 人才队伍建设

（1）加强人才培养与引进。为了构建一支强大的乡村振兴与文化振兴人才队伍，必须加大对农村本土青年才俊、深谙乡土知识的能手以及致力于文化事业的文化工作者的培养与扶持力度。这包括鼓励他们参与系统的培训项目，提升专业技能和创新能力。同时，还可以与高校和职业院校紧密合作，增设相关专业课程，培养既懂农业技术又热爱农村生活，具备文化传播与创新能力的复合型人才。此外，通过制定税收减免、住房补贴、创业资金扶持等优惠政策，吸引城市中的文化人才、科技专家等高端人才向农村地区流动，为乡村振兴注入新鲜血液。

（2）建立激励机制。为了激发人才潜能，持续推动乡村振兴与文化振兴，应设立专门的农村文化振兴奖励基金，对在促进乡村经济繁荣、文化传承与创新、社会治理改善等方面作出杰出贡献的个人、团队或项目给予表彰和奖励。这种机制不仅能提升人才的荣誉感和归属感，还能激励更多人投身于乡村建设事业，形成良好的示范效应。

2. 产业融合发展

（1）推动一二三产业融合发展。依托丰富的农业资源和独特的自然环境，大力发展乡村旅游、休闲农业、农产品深加工等特色产业，促进农业与文化、旅游、康养等产业的深度融合。鼓励农民合作社、家庭农场等新型农业经营主体通过合作与联合，共同开发乡村旅游资源，打造特色农产品品牌，延长产业链条，增加产品附加值。政府应提供政策指导和资金支持，帮助这些主体解决发展中遇到的困难和问题。

（2）打造品牌与产业链。支持农村特色产品品牌化建设，通过品牌策划、包装设计、营销推广等手段提升产品知名度和美誉度。同时，构建完善的产业链和价值链体系，加强上下游企业之间的合作与协调，形成产业集群效应。这不仅可以提高农产品的市场竞争力，还能带动相关产业的发展，为乡村振兴提供持续动力。

3. 文化传承保护

（1）完善非遗保护机制。建立健全非物质文化遗产保护名录体系，对具有重要价值的非遗项目进行认定、记录和建档。加强对非遗传承人的认定、培养和扶持工作，为他们提供学习交流的平台和资金支持。同时，鼓励社会力量和资本参与非遗保护工作，通过商业化运作、文化创意产品开发等方式推动非遗走进现代生活。此外，还应加强非遗保护法律法规的制定和执行力度，为非遗传承提供法律保障。

（2）传承与创新并重。在保护传统文化精髓的基础上，鼓励文化创新活动。通过举办创意大赛、设计展览等活动激发文化创造力；引导设计师、艺术家等创意人才将传统文化元素融入现代设计、文化创意产品中；利用数字技术、互联网等新兴技术手段推动传统文化的传播和普及。这些举措旨在让传统文化焕发新的生机与活力同时满足现代社会的审美需求。

4. 文化设施建设

（1）加大投入力度。政府应将农村文化设施建设纳入公共财政投入的重点领域之一，加大资金投入力度保障农村公共文化服务体系的不断完善。通过新建、改建或扩建等方式建设一批集图书阅读、文化展览、文艺演出等功能于一体的综合性文化设施；同时加强对现有文化设施的维护和升级工作，保障其正常运转和发挥效用。

（2）鼓励社会力量参与。通过 PPP 模式（政府和社会资本合作模式）等方式引导社会资本参与农村文化设施建设和管理运营工作。这不仅可以缓解政府财政压力，还可以借助社会资本的管理经验和市场资源提升文化设施的服务水平和运营效率。同时鼓励企业、社会组织和个人等多元主体参与农村文化建设来共同推动乡村文化事业的繁荣发展。

5. 文化活动开展

（1）丰富文化活动形式。结合当地实际情况和农民群众的需求定期举办农民文化节、乡村运动会、文艺汇演等多种形式的文化活动。这些活动应突出乡土特色和文化内涵以展现乡村风情和民俗文化魅力；同时注重创新性和互动性增强活动的吸引力和感染力。此外还可以结合当地产业特色和旅游资源开展特色文化活动如农产品采摘节、乡村旅游文化节等促进文化与经济的深度融合。

（2）提升活动质量。加强文化活动的策划和组织工作提高活动的专业性和观赏性。可以邀请专业团队进行活动策划和执行以保障活动流程的顺畅和精彩；同时注重活动内容的丰富性和多样性以满足不同年龄层次和文化背景的农民群众的需求。此外还应加强对文化活动的宣传推广力度，提高活动的知名度和影响力来吸引更多农民群众参与。❶

6. 乡村环境治理

（1）推进生态文明建设。坚持绿色发展理念把生态文明建设贯穿于乡村振兴的全过程和各方面。加强农村生态环境保护工作推进生态修复和治理工作；鼓励发展生态农业、循环农业等绿色产业减少化肥农药使用量降低农业面源污染；加强农村生活污水和垃圾处理设施建设改善农村人居环境质量。❷

（2）改善人居环境。加强农村基础设施建设提升农村人居环境质量。加大农村道路、供水、供电、通信等基础设施的投入力度保障农民群众的基本生活需求得到满足；同时注重农村环境卫生整治工作推进农村垃圾分类、污水处理等环保工作打造宜居宜业的美丽乡村。可以通过推广垃圾分类知识，设立垃圾分类收集点等活动来提高村民的环保意识；实施农村污水治理项目，建设污水处理设施，确保农村水体清洁；加强村容村貌整治，推进绿化美化工程，提升村庄整体形象。

此外，还应鼓励村民参与乡村环境治理，建立村民自治机制，通过村规民约、环保志愿服务等形式，增强村民的责任感和主人翁意识，共同维护良好的乡村环境。

7. 政策支持与激励

（1）制定专项规划。为了保障乡村振兴与文化振兴的有序推进，应制定详细的专项规划。这些规划应明确发展目标、重点任务、时间表和路线图，保障各项政策措施的针对性和实效性。同时，建立跨部门协作机制，加强政策之间的衔接和配合，形成工作合力。

（2）加强政策扶持。出台一系列具有针对性的优惠政策，为乡村振兴与文化振兴提供有力支持。这包括税收优惠、财政补贴、贷款贴息、融资担保等多种形式的资金支持；同时，简化审批流程，优化营商环境，降低企业和个人参与乡村建设的门槛和成本。此外，还应加强政策宣传解读工作，保障政策红利惠及广大农民群众。

（3）强化监督评估。建立健全乡村振兴与文化振兴的监测评估体系，定期对

---

❶ 张晶. 乡村振兴战略背景下乡风文明建设研究 [D]. 桂林：桂林电子科技大学，2023.
❷ 杨丛竹. 基于生态系统服务供需的国土空间功能分区 [D]. 北京：中国地质大学，2021.

各项工作进行督促检查和评估验收。通过设立监测点、开展专项调研、组织第三方评估等方式，全面掌握工作进展和成效；及时发现问题和不足，提出改进措施和建议；对表现突出的单位和个人给予表彰和奖励，对落实不力的进行问责和整改。通过强化监督评估工作，保障政策落实到位、取得实效。乡村振兴与文化振兴是一项长期而艰巨的任务，需要政府、社会、农民等各方面的共同努力。

通过上述政策建议的实施，相信能够有效推动农村地区的全面发展，实现乡村振兴与文化振兴的双赢局面。

（二）政策实施中的关键环节与注意事项

乡村振兴与文化振兴政策实施中的关键环节与注意事项，其深远意义与具体实践策略，可进一步细化为以下两个方面：

1. 关键环节

（1）加强农村人居环境整治。这一环节不仅是生态宜居乡村建设的直观体现，更是乡村吸引力提升的关键。通过实施农村生活垃圾处理、污水处理、村容村貌提升等工程，不仅改善了村民的居住环境，还促进了乡村生态环境的良性循环。同时，优美的乡村环境成为吸引外来投资、旅游观光的重要资源，为乡村经济发展注入了新的活力。

（2）推动乡村产业兴旺。产业兴旺是乡村振兴的经济基础。在推动过程中，需注重特色产业的培育和发展，如依托当地资源发展乡村旅游、农产品深加工等产业，形成具有市场竞争力的产业集群。同时，鼓励农民参与产业发展，通过技术培训、资金支持等方式，提高农民的就业创业能力，让农民在产业发展中分享更多收益，实现共同富裕。

（3）促进乡村文化振兴。文化振兴是乡村振兴的灵魂所在。要深入挖掘乡村的文化内涵，保护和传承乡村的优秀传统文化，如非物质文化遗产、传统民俗等。同时，注重乡村文化的创新与发展，通过举办文化节庆活动、建设文化设施等方式，丰富村民的精神文化生活，提升乡村的文化软实力。文化振兴不仅能增强村民的文化自信，还能为乡村经济发展提供新的增长点。

2. 注意事项

（1）坚持农民主体地位。在乡村振兴与文化振兴的过程中，必须始终把农民放在中心位置，尊重农民的意愿和首创精神。政策制定和实施要充分考虑农民的利益和需求，保障农民在乡村振兴中拥有更多的获得感和幸福感。同时，要激发农民的积极性和创造性，鼓励他们参与到乡村振兴的各项工作中来。

（2）注重可持续发展。乡村振兴不是短期的行为，而是需要长期努力的过程。因此，在推进乡村振兴时，必须牢固树立绿色发展理念，注重生态环境的保护和修复。要推动农业绿色发展，减少化肥农药的使用量；加强乡村生态环境保护，防止污染和破坏；推动乡村产业转型升级，实现经济、社会和环境的协调发展。

（3）加强组织领导。乡村振兴与文化振兴是一项系统工程，需要政府、社会、市场等多方面的共同努力。政府应加强对乡村振兴工作的组织领导，制定科学合理的政策规划，明确目标任务和责任分工。同时，要加强部门之间的协调配合，形成工作合力。此外，还要注重政策宣传和舆论引导，营造良好的社会氛围和舆论环境。

综上所述，乡村振兴与文化振兴政策实施中的关键环节与注意事项，不仅关乎乡村的未来发展，更关乎农民的切身利益。只有全面把握这些关键环节和注意事项，才能确保乡村振兴与文化振兴政策的顺利实施和乡村振兴目标的顺利实现。

二、社会层面建议：鼓励社会力量参与乡村振兴与文化振兴

鼓励社会力量参与乡村振兴与文化振兴是一个重要的策略，旨在推动乡村地区的全面发展和繁荣。以下是一些建议措施，以鼓励社会力量参与乡村振兴与文化振兴：

（1）提供政策支持和优惠。为了充分激发企业、社会组织及个人的参与热情，政府应精心设计并出台一系列全面而具体的政策措施。这些政策包括但不限于提供税收优惠政策，如减免企业所得税、增值税等，以减轻参与者的经济负担；实施财政补贴政策，对在乡村振兴与文化振兴领域投资的企业和项目进行直接的资金支持；以及设立专项信贷支持计划，为符合条件的社会力量提供低息贷款、贷款担保等金融服务，进一步降低其融资难度和成本。这些政策举措旨在构建一个良好的政策环境，使参与者能够更加积极地投身于乡村振兴与文化振兴的宏伟事业中。

（2）加强项目合作与对接。为了保障社会力量的精准投入和高效利用，必须建立高效、透明的项目合作与对接机制。政府可以定期组织项目推介会、洽谈会等活动，为乡村振兴和文化振兴项目与社会力量之间搭建起沟通的桥梁。通过这些平台，项目方可以详细介绍项目情况、投资前景及合作需求，而社会力量则能深入了解项目，寻找合适的合作机会。同时，政府还应加强项目库建设，对各类乡村振兴和文化振兴项目进行梳理、分类和评估，为社会力量提供更加精准的项目信息。

（3）培育乡村文化产业。乡村文化产业是乡村振兴与文化振兴的重要支撑。政府应深入挖掘乡村地区的文化资源，包括传统文化、民俗风情、自然景观等，并依托这些资源发展文化产业。通过支持乡村文化创意产业的发展，鼓励创作和

生产具有地方特色的文化产品，如手工艺品、乡村旅游纪念品等，不仅可以为乡村带来直接的经济效益，还能提升乡村的文化软实力和吸引力。此外，政府还应推动文化产业与旅游、农业等产业的融合发展，形成多元化的产业格局，为乡村经济的持续发展注入新的活力。

（4）完善基础设施和公共服务。基础设施和公共服务是乡村振兴与文化振兴的基石。政府应加大对乡村地区基础设施建设的投入力度，重点提升交通、水利、电力等基础设施的完善程度，为乡村的生产生活提供有力保障。同时，还应加强教育、医疗、文化等公共服务设施的建设，提高乡村居民的生活品质和文化素养。❶ 通过完善基础设施和公共服务，可以进一步改善乡村的生产生活条件，提高乡村的吸引力和竞争力。

（5）加强宣传与引导。宣传与引导社会力量参与乡村振兴与文化振兴的重要手段。政府应充分利用各种媒体资源，包括传统媒体和新媒体，加强对乡村振兴与文化振兴的宣传力度。通过报道成功案例、推广先进经验、发布政策信息等方式，提高社会对乡村振兴的认知度和参与度。同时，政府还应加强对社会力量的引导，通过制定科学合理的参与规则和激励机制，保障其以合适的方式参与乡村振兴事业，实现可持续发展。

（6）建立激励机制。为了表彰和激励在乡村振兴与文化振兴中做出突出贡献的社会力量，政府应建立完善的激励机制。这可以包括设立奖项、颁发荣誉证书、给予物质奖励等方式，以表彰其卓越成就和贡献。同时，政府还可以将社会力量的参与情况纳入信用评价体系，对表现优秀的企业和个人给予更多的政策支持和优惠待遇。通过这些激励措施，可以进一步激发社会力量的参与热情和创新活力，推动乡村振兴与文化振兴事业不断向前发展。

综上所述，鼓励社会力量参与乡村振兴与文化振兴需要政府、社会组织和个人共同努力。通过政策支持、项目合作、文化产业培育、基础设施完善、宣传引导以及建立激励机制等措施，可以进一步推动乡村地区的全面振兴与发展。

三、学术层面建议

（一）加强乡村振兴与文化振兴的理论研究

加强乡村振兴与文化振兴的理论研究是一个重要且紧迫的课题。以下是对该问题研究的一些思路和建议：

1. 明确理论基础

首先，我们需要系统而深入地明确乡村振兴与文化振兴的理论基础，这是整

---

❶ 余俊. 农村产业结构调整与布局优化实施路径分析 [J]. 安徽农学通报，2024，30 (1): 138-140.

个研究工作的基石。这要求我们对乡村振兴战略的历史背景、政策导向、时代意义及长远目标有全面而清晰的认识。同时，要深刻理解文化振兴在乡村振兴总体布局中的核心地位与独特价值，认识到文化不仅是乡村振兴的精神内核，还是推动乡村经济社会全面发展的重要驱动力。通过扎实的理论学习，我们能够构建起研究的逻辑框架，为后续的研究工作奠定坚实的理论基础。

2. 深入分析现实问题

在明确理论基础后，我们需要将研究视角转向现实，深入分析乡村振兴和文化振兴所面临的复杂问题和挑战。这包括但不限于农村地区的经济发展状况、产业结构布局、人口流动趋势、文化传承与创新现状、农民文化需求的多样性等方面的调研与剖析。通过实地走访、问卷调查、数据分析等多种手段，我们力求全面、准确地把握乡村发展的实际情况，为制定科学合理的政策和措施提供翔实的数据支持和现实依据。

3. 借鉴国际经验

在全球化的背景下，我们需要具备开阔的国际视野，积极借鉴国际上的先进经验和成功案例。通过深入研究那些成功实现乡村振兴和文化繁荣的国家和地区，我们可以从中汲取有益的启示和灵感。这包括他们的政策设计、实施策略、资金投入、社会参与机制等方面的经验。通过对比分析，我们不仅可以发现不同国家和地区在乡村振兴与文化振兴方面的共性和差异，还能结合我国国情，探索出适合我国乡村发展的独特路径。

4. 构建理论体系

在充分吸收理论养分、深入分析现实问题和借鉴国际经验的基础上，我们需要构建一个全面、系统、科学的乡村振兴与文化振兴理论体系。这个理论体系应该涵盖乡村振兴与文化振兴的目标设定、路径规划、策略选择、保障机制等各个方面。它应该是一个既具有理论深度又具有实践指导意义的体系，能够为我国乡村的全面发展提供坚实的理论支撑和科学的行动指南。同时，这个理论体系还需要保持开放性和动态性，能够随着时代的变化和乡村发展的实际需求而不断进行调整和完善。

5. 推动实践应用

理论研究的最终目的是指导实践、推动发展。因此，在加强乡村振兴与文化振兴的理论研究过程中，我们必须始终注重理论与实践的紧密结合。通过加强与政府、企业、社会组织等各方的合作与交流，我们可以将理论研究成果转化为切实可行的政策措施和实施方案。同时，我们还需要密切关注实践中的新情况、新问题和新需求，及时调整和完善理论体系，力保理论研究始终与乡村发展的实践需求保持同步。通过这种理论与实践的良性互动，我们可以共同推动乡村振兴和文化振兴事业的蓬勃发展。

综上所述，加强乡村振兴与文化振兴的理论研究需要我们从多个方面入手，包括明确理论基础、深入分析现实问题、借鉴国际经验、构建理论体系以及推动实践应用等。通过这些努力，我们可以为乡村振兴和文化振兴提供有力的理论支持和实践指导，推动农村地区的全面发展和繁荣。

（二）鼓励学术界开展跨学科、跨领域的合作与交流

鼓励学术界开展跨学科、跨领域的合作与交流是推动乡村振兴与文化振兴理论研究深入发展的重要途径。这种合作与交流不仅有助于打破学科壁垒，促进知识的交叉融合，还能为乡村振兴与文化振兴提供更为全面、深入的见解和解决方案。以下是一些具体建议：

1. 认识跨学科合作的价值

学术界应深刻认识到跨学科合作对于推动乡村振兴与文化振兴研究的重要意义。乡村发展不仅仅是经济问题，还涉及社会、文化、生态等多个维度，需要综合运用多学科的理论与方法进行深入剖析。跨学科合作能够打破单一学科的局限性，促进知识交叉融合，为乡村振兴与文化振兴提供更为全面、深入的解决方案。

2. 建立跨学科交流平台

为了促进跨学科合作，应建立多样化的交流平台。这包括定期举办跨学科研讨会、工作坊、学术会议等，为不同领域的学者提供面对面交流的机会。同时，利用互联网和信息技术手段，建立在线交流平台，实现资源共享、信息互通，为跨学科合作提供便捷条件。通过这些平台，学者们可以共同探讨研究问题、分享研究成果、激发新的研究思路。

3. 推动跨领域合作项目

鼓励和支持跨学科、跨领域的合作项目，是实现知识创新和应用转化的重要途径。政府、高校、研究机构和企业等应联合发起合作项目，围绕乡村振兴与文化振兴中的关键问题和实际需求，组织多学科团队进行联合攻关。这些项目应注重理论与实践相结合，既要有深入的理论研究，又要有切实可行的实施方案和效果评估机制。通过项目的实施，推动跨学科知识的融合与应用，为乡村振兴与文化振兴提供有力支撑。

4. 培养跨学科人才

跨学科合作需要具备跨学科素养和能力的专业人才。因此，教育机构应调整人才培养方案，加强跨学科课程建设和教学方法改革，培养学生的跨学科思维和实践能力。同时，鼓励和支持学生参与跨学科竞赛、实习和科研项目等活动，提高他们的跨学科综合素质和创新能力。此外，还应加强跨学科师资队伍建设，吸

引和培养具有跨学科背景和经验的优秀教师和研究人员。❶

5. 营造跨学科合作氛围

为了促进跨学科合作与交流，学术界需要营造一种开放、包容、合作的学术氛围。学术界应摒弃门户之见和学科偏见，鼓励不同领域的学者相互尊重、相互学习、相互支持。同时，加强学术道德和学风建设，倡导诚实守信、严谨治学的学术风气。通过营造这种氛围，为跨学科合作与交流提供良好的环境和条件。

总之，鼓励学术界开展跨学科、跨领域的合作与交流是推动乡村振兴与文化振兴研究深入发展的重要举措。通过建立跨学科交流平台、推动跨领域合作项目、培养跨学科人才和营造跨学科合作氛围等措施的实施，我们可以汇聚各方智慧和力量，共同推动乡村振兴与文化振兴事业的蓬勃发展。

---

❶ 李文禹，沈斯文，孟艳辉. 跨界融合型互联网金融专业人才培养模式的实施路径分析 [J]. 老字号品牌营销，2024 (8): 211-214.

后　记

随着《中华优秀传统文化的多维探索》一书的圆满收官，心中充满了难以言表的感慨与激动。从最初的选题策划到最终的定稿出版，每一个环节都凝聚了汗水与心血，每一次讨论与修改都见证了我对中华优秀传统文化的热爱与执着。

在撰写过程中，我深刻感受到了中华优秀传统文化的博大精深与独特魅力。它如同一位智者，以其深邃的哲理和丰富的内涵，引领我们探索人生的真谛与世界的奥秘。同时，我们也深刻认识到，中华优秀传统文化的传承与发展是一项长期而艰巨的任务，需要社会各界的共同努力与持续推动。

在此，要特别感谢那些在撰写过程中给予我悉心指导与无私帮助的专家学者们。是你们的智慧与启迪，让我在探索中华优秀传统文化的道路上更加坚定与自信。同时，我也要感谢家人朋友的理解与支持，是你们的默默付出与鼓励，让我能够心无旁骛地投入这项充满意义的工作中。

展望未来，我深知中华优秀传统文化的传承与发展之路还很长。但我坚信，只要心怀敬畏、勇于创新、不懈努力，就一定能够让这颗璀璨的明珠在新的时代背景下绽放出更加耀眼的光芒。期待本书能够成为引玉之砖，引发更多关于中华优秀传统文化传承与发展的研究与讨论，共同推动中华优秀传统文化的繁荣与发展。

最后，衷心希望《中华优秀传统文化的多维探索》一书能够得到广大读者的喜爱与认可，并在推动中华优秀传统文化的传承与发展中发挥积极作用。同时，也期待在未来的日子里，能够继续与广大读者一道，携手共进、砥砺前行，共同为中华优秀传统文化的繁荣与发展贡献我们的力量与智慧。

姜云霞

2025 年 1 月